BRAND MANAGEMENT
na era digital e humana

TÍTULO
Brand management na era digital e humana: a gestão para o sucesso.

AUTOR
Carlos Manuel de Oliveira

PREFÁCIOS

CONJUNTURA ACTUAL EDITORA
Sede: Rua Fernandes Tomás, 76-80, 3000-167 Coimbra
Delegação: Avenida Engenheiro Arantes e Oliveira, 11 – 3.º C – 1900-221 Lisboa – Portugal
www.actualeditora.pt

CAPA
FBA

PAGINAÇÃO
Aresta Criativa – Artes Gráficas

IMPRESSÃO E ACABAMENTO
Artipol - www.artipol.net
Fevereiro de 2019

DEPÓSITO LEGAL
452613/19

ACTUAL | GRUPOALMEDINA

Biblioteca Nacional de Portugal – Catalogação na Publicação

OLIVEIRA, Carlos Manuel de, 1951-

Brand management na era digital e humana: a
gestão para o sucesso. – (Fora de coleção)
ISBN 978-989-694-272-4

CDU 658

Carlos Manuel de Oliveira

BRAND MANAGEMENT
na era digital e humana

a gestão para o sucesso

ACTUAL

1. O autor não escreve de acordo com o novo acordo ortográfico.
2. Embora exista tradução em português na expressão "Gestão de Marcas", optou-se pela designação inglesa porque se entende que ela melhor traduz o espírito e conteúdo do livro. Embora *brand* tenha a tradução portuguesa de "marca", a palavra portuguesa não é normalmente entendida em toda a extensão do conceito subjacente ao termo inglês, sendo a palavra "marca" comumente entendida como "o logótipo", a figura ou símbolo, que representam, a globalidade do que a palavra inglesa *brand* significam.

   Por isso, não se trata de nenhum anglicismo, mas uma tentativa de melhor expressar o conceito.

Aos meus pais: Manuel que já nos deixou há uma década, mas continua sempre presente no meu espírito; Maria, uma resistente e linda nonagenária
Aos meus filhos, Marta e João
Aos meus netos, Mafalda, Rodrigo e João
À minha mulher, Lina

Think Different!

"Here's to the crazy ones, the misfits, the rebels, the troublemakers, the round pegs in the square holes... the ones who see things differently -- they're not fond of rules... and they have no respect for the status quo. You can quote them, disagree with them, glorify or vilify them, but the only thing you can't do, is ignore them because they change things... they push the human race forward, and while some may see them as the crazy ones, we see genius, because the ones who are crazy enough to think that they can change the world, are the ones who do."

Steve Jobs

ÍNDICE

PREFÁCIOS

Carlos Brito

Professor Associado da Faculdade de Economia do Porto

Quando comecei a dar aulas de Marketing – já lá vão mais de 35 anos – os manuais da especialidade encontravam-se estruturados de acordo com a abordagem clássica difundida pela grande obra de referência que era o *Marketing Management* de Philip Kotler. O subtítulo (*Analysis, Planning and Control*) dizia tudo sobre a sua organização. Assim, depois de um ou dois capítulos introdutórios sobre o conceito de marketing e os desafios da economia e sociedade, abordava-se toda a parte relativa à análise do mercado – com um foco especial no comportamento do consumidor e nas técnicas de *market research* – a que se seguia aquilo que tenho vindo a designar de "pedra angular do marketing": a segmentação, o *targeting* e o posicionamento. A partir daí tratava-se a gestão das componentes tradicionais do marketing mix: produto, preço, promoção (era assim que se dizia e não "comunicação") e distribuição. Para além de um ou outro capítulo sobre domínios de aplicação específicos – como os serviços ou a internacionalização – as grandes obras terminavam com um referência aos sistemas de controlo e à elaboração do plano de marketing.

Curiosamente, a gestão da marca era uma área menor no meio de tudo isto. Em geral, era tratada numa secção incluída no capítulo relativo ao produto tal como, aliás, a embalagem. Por outras palavras, marca e embalagem eram temas de segunda linha que, à falta de melhor, eram abordados com um nível de importância idêntico. Porque, segundo o pensamento dominante, eram os produtos que tinham marcas.

Hoje sabemos que é exatamente o contrário: são as marcas que têm produtos. O que significa que o *brand management* ganhou uma enorme relevância no contexto da gestão das empresas e das organizações em geral. Sendo um fator de posicionamento, é algo que antecede a própria gestão operacional do mix de marketing.

Este é o primeiro grande mérito da obra que agora nos é oferecida por Carlos Oliveira: colocar a Marca no centro da estratégia. A sua segunda virtude não é abordar o tema da digitalização, pois esquecê-lo seria uma falha grave, mas sim enquadrar o *brand management* no contexto de um mundo cada vez mais VUCA (*volatile, uncertain, complex and ambiguous*) onde a economia digital surge, não como um problema ou ameaça, mas como uma solução para lidar com os desafios que as organizações têm pela frente.

O terceiro grande mérito da obra é colocar as pessoas no centro da equação. Sempre soubemos e apregoámos que o elemento humano era importante – mas nem sempre a prática foi nesse sentido. Quando muito, os grandes manuais da especialidade faziam referência ao marketing interno e ao marketing relacional, abrindo, assim, a porta a toda uma vasta literatura nesses domínios. Mas era como se fosse uma coisa à parte: os colaboradores e os clientes são muito importantes, ok, mas ficam aí arrumados num canto. Aquilo que Carlos Oliveira nos chama a atenção é que os colaboradores de uma empresa não são apenas um recurso ou um dos 7 P's do marketing mix dos serviços, mas acima de tudo seres humanos. Tal como os clientes, seja em contexto B2C ou B2B: no primeiro caso, os consumidores, antes de serem clientes, já tinham a sua natureza humana; no segundo, os clientes empresariais não são entidades abstratas mas organizações de seres humanos. Por isso, como nos refere com brilhantismo o autor, o marketing de hoje nem é B2C nem B2B: é, acima de tudo, H2H – Human to Human.

Em suma, e para terminar, resta-me desafiar o leitor a desfrutar a obra cuja proposta de valor (sim, não posso deixar de olhar para o livro numa perspetiva de marketing) assenta na capacidade de colocar a Marca no centro da gestão num mundo que só pode progredir se souber criar valor, não só económico mas também social e ambiental, a partir da interface entre o Humano e o Digital. É esta proposta de valor única que torna o livro atrativo (para o cliente/leitor) e diferenciado (da concorrência)!

Porto, 11 de janeiro de 2019

António Casanova

Chief Executive Officer Unilever FIMA e Presidente Unilever Espanha

A revolução tecnológica deu lugar a uma economia digital dinâmica, que alterou em muito o modelo de negócio tradicional. Houve uma mudança na gestão, cultura e estratégia da organização.

Esta pressão é trazida pelos consumidores, com necessidades cada vez mais diferentes, inseridos no mundo digital e com uma voz ativa.

Os clientes e consumidores têm exigências novas:

— Instantaneidade. Acostumados a não esperar, vêm exigir mais rapidez e eficácia em tempo curto.
— Sustentabilidade, como base fundamental da marca. O consumidor tem uma preocupação crescente com a ética, o ambiente e a economia, buscando esses atributos na própria marca.
— Partilha, com alteração do sentido de propriedade. Surge uma nova dinâmica em que a cooperação e a partilha aumenta, relativamente aos antigos hábitos. O ter fica em segundo plano.

Estas novas lógicas, e os novos instrumentos disponíveis, trazem novas abordagens. Das muitas, há três que estão na ribalta:

One to one marketing – a comunicação personalizada ou o segmento de um, o "nec plus ultra" do marketing. A personalização da interação é associada à lealdade e a um investimento grande na expetativa de um ainda maior retorno.

Precision Marketing – a capacidade de criar conteúdos distintos e relevantes para targets diferenciados. Conseguimos criar e entregar mensagens específicas, dirigindo-nos, com maior relevância e precisão, a segmentos pequenos mas identificáveis. Por acumulação de segmentos, chegamos a um público vasto e diversificado.

Performance Marketing – a otimização da comunicação para gerar uma compra. Criamos a capacidade de analisar à exaustão o ROI de cada ação, de priorizar as que têm retorno e analisar ou modificar as que não o têm.

Ainda assim, continuamos a precisar das bases e princípios fundamentais do marketing e da gestão de marca, para que sirvam de caminho na variação de contexto que possa ocorrer e de centrarmos, como sempre, a organização nas necessidades do consumidor.

Lisboa, 24 Janeiro 2019

Paulo de Lencastre

Professor de Marketing da Faculdade de Economia e Gestão, Universidade Católica Portuguesa, Porto

É sempre um prazer escrever um prefácio quando se tem empatia com o autor e com a obra. É o meu caso, desde há longa data, com o Prof. Carlos Manuel de Oliveira e, desde agora, com este seu novo livro que acabo de ler.

Carlos Manuel de Oliveira faz parte de um núcleo restrito de pessoas que conheci há muito tempo que marcaram a academia do marketing e do branding da primeira geração em Portugal. Está ao lado de grandes professores e amigos pessoais como Luís Moutinho, o nosso pioneiro e grande investigador, Pedro Dionísio e Vicente Rodrigues, os grandes divulgadores, Carlos Brito, o meu parceiro, e de grandes profissionais de branding como Carlos Coelho. O penúltimo acompanha-me como prefaciante deste livro, honra e prazer que muito agradeço ao seu autor.

O livro é uma súmula completíssima de branding: (1) desde os primórdios da sua prática milenar, ao seu previsível futuro na era digital que nos acompanha; (2) desde os grandes divulgadores universais contemporâneos (David Aaker, Jean-Noel Kapferer, Kevin Keller), a jovens autores portugueses (apreço por ver referido Victor Tavares, o meu primeiro doutorando), ao pensamento pessoal do autor.

Think Different! (Steve Jobs). Assim começa o livro, e assim o autor quer que nós pensemos, em marketing e em branding. Think Different é o slogan mais identitário da história da Apple. Steve Jobs é um dos grandes fundadores e estrategas da marca. Quase cinquenta anos depois a Apple é a marca mais valiosa do mundo, representa uma mais valia no comportamento de compra dos consumidores estimado em mais de 200 biliões de dólares (Interbrand 2018, ver capítulo 11 Brand Equity).

Identidade, Estratégia e Comportamento, assim termina o livro, com um excelente triângulo de síntese modelizado pelo autor. Em linha total com o olhar mais completo e simples possível que, a meu ver, podemos ter sobre a marca: um sinal de identidade, uma estratégia (de preferência missionária) como objeto do sinal, um comportamento (de preferência apostólico) como resposta desejada do nosso público alvo.

Leitura indispensável!

19 de Janeiro de 2019

PREÂMBULO

Inicia-se este livro com a mesma citação de Steve Jobs, do meu anterior "O Marketing em Portugal" (2017). Volto a repetir, por considerar essencial ter a predisposição para "Pensar Diferente", numa sociedade com uma evolução tão rápida, que se defronta com a natural inércia das pessoas e das organizações.

Pensar diferente tem riscos, mas "pensar o mesmo" tem certamente riscos maiores. Tudo muda à nossa volta, nas relações sociais, nos negócios, na sociedade em geral, logo quem não for capaz de pensar diferente, está condenado ao insucesso.

"Brand Management na Era Digital e Humana"(*) surge como sequência natural do meu anterior livro e também, em particular, das minhas experiências docente e profissional.

(*) Na língua inglesa existem dois termos que, algumas vezes, são entendidos como designando a mesma realidade, embora tenham na sua essência significados um pouco diferentes, são eles *Branding* e *Brand Management*. *Branding* significa a construção de uma marca, nas suas diversas vertentes. *Brand Management* significa a gestão estratégica e táctica da marca ao longo da sua vida. Neste livro, que cobre todo o processo de criação da marca e da sua gestão, optou-se pela expressão *Brand Management*, para abranger ambas as realidades.

A gestão das marcas não é possível sem uma perspectiva evolutiva no tempo e sem uma visão de futuro, contemplando as esperadas evoluções das sociedades, da economia e, certamente, do marketing, condicionado por estes factores.

"Brand Management na era Digital e Humana", porquê? A resposta é simples, tendo sentido explicitar a razão da escolha no âmbito do tema que se está a tratar.

Era Digital, porque na actualidade e no futuro tudo é/será digital. O digital atingiu os negócios, as sociedades, as pessoas. Um mundo digital, disruptivo, de grande e rápida transformação, vem pondo em causa tudo o que se faz e como se faz, como vivemos e iremos viver no futuro. A era digital vem permitir um maior desenvolvimento dos negócios e melhores resultados para a economia.

Era Humana, porque também como consequência do digital, a personalização e humanização das relações, não obstante o desenvolvimento da Inteligência Artificial e de processos mais ou menos robotizados, tem de passar a constituir a principal preocupação das marcas, se quiserem ser aceites e relevantes, como parte da vida quotidiana dos cidadãos.

Enfatizamos nestas linhas a eminência de um Admirável Mundo Novo, mas este só será Admirável, na medida em que se assista a um desenvolvimento tecnológico em prol do ser humano e da sociedade, com o objectivo de aumentar o bemestar, tornar a vida mais fácil, agradável e sustentável, enfim, mais feliz.

"Brand Management na Era Digital e Humana", começa com as perspectivas que se desenham para o próximo futuro, nos negócios, na gestão e no marketing. Não se trata de um livro de técnicas de "marketing digital", ou de "gestão digital de marcas" stricto sensu, pois não encaramos actualmente o marketing e a gestão de marcas, sem todo o seu envolvimento e desinserido da estratégia global de negócio. Ele é, pois, um livro de gestão de marcas na era presente, que é digital e, desejavelmente, mais humana.

Diversas etapas são abordadas no domínio da estratégia e táctica, desde a criação, lançamento e gestão, para enfrentar os novos desafios que se apresentam. Partindo-se de uma abordagem teórica e estratégica apresentam-se, sempre que possível, casos práticos de marcas em especial de algumas bem sucedidas marcas portuguesas e estrangeiras. Não está presente nenhum critério científico na base das escolhas feitas, mas tão só a visão do autor quanto a algumas que considera mais relevantes, com a limitação da maior ou menor disponibilidade de informação existente e cedida por algumas delas.

Resultado de um vasto percurso pessoal no campo do marketing, no âmbito empresarial, associativo e académico, de mais de vinte e cinco anos, o livro transporta a experiência profissional do autor, de todos esses anos e também do contacto com largas centenas de alunos dos cursos de mestrado e pós-graduação, na cadeira de "Brand Management", no ISCTE-IUL, onde o autor lecionou no Mestrado Executivo de Brand Management, e em PG no ISEG-UL, onde leciona desde 1992. A esses alunos de mestrado e pós-graduação – com as mais diversas formações superiores de base – que, nas aulas e nos trabalhos realizados, mesmo sem o saber, contribuíram para a redacção deste livro, o meu agradecimento.

O contacto com as marcas e seus gestores, nalguns casos na própria gestão; o contacto, também havido a nível internacional, com representantes de diversas associações europeias, designadamente, no âmbito da anterior Presidência e membro do Board of Directors, da Confederação Europeia de Marketing, EMC, em Bruxelas, têm trazido ao autor um enriquecimento só possível através da vivência de tantas e diversas experiências.

Cumulativamente, a presença desde sempre em múltiplos eventos internacionais da área (reuniões, conferências, congressos, palestras, workshops) têm permitido, também o estabelecimento de múltiplas relações conducentes a uma contínua aprendizagem da gestão do marketing e das marcas, em diversos cenários concorrenciais do mundo.

Em termos metodológicos, optou-se por analisar os diferentes casos apontados à luz de uma ou duas das mais consagradas metodologias, nomeadamente, as de Jean-Noel Kapferer e David Aaker, reconhecidas personalidades no âmbito do tema tratado. Em trabalho de campo, estabeleceram-se contactos com gestores das marcas referidas, ou representantes do marketing e da comunicação das empresas que as gerem – sempre que se conseguiu disponibilidade daqueles e informação relevante – tendo-se incorporado na análise, não só a percepção do autor quanto às marcas em causa, a informação disponível e também a perspectiva daqueles que as conceberam e/ou gerem.

À semelhança do meu livro anterior, existem as *Lessons to Learn*, nas quais se pretende condensar o que se considera mais relevante do tema em causa.

Tenho como certo que o conhecimento da gestão de marcas se aprende, com o conhecimento e a investigação académica, mas também com a nossa experiência e de outros que trabalham no campo e apoiam as empresas a atingir o sucesso. Incluem-se neste âmbito, os consultores, autores de livros, agências de branding, comunicação e publicidade, professores do ensino superior.

Certamente que muito tem o autor aprendido, e continua a aprender, com todos aqueles com quem tem se tem cruzado na vida profissional. Em particular, salientaria alguns desses nomes: Prof. Philip Kotler, com quem tive o prazer de contactar em diversas ocasiões; Martin Lindstrom, consultor e grande inovador, um dos gurus do marketing e do branding actual; Professores Carlos de Melo Brito, Associado da Universidade do Porto e Paulo Lencastre, da Universidade Católica do Porto, com diversas contribuições na área do marketing e da gestão de marcas; Professor Luiz Moutinho, da Universidade de Suffolk, um visionário e investigador; Carlos Coelho – "Mr. Brands" – Presidente da Ivity Brand Corp, de quem tive o prazer de ser cliente numa das empresas em que trabalhei e cuja carreira tenho acompanhado, que muito tem contribuído para a construção de marcas em Portugal, assim como para a sua dinamização deste Portugal Genial, de que somos membros e amantes.

Gostaria, ainda, de relevar Cristina Amaro, jornalista, criadora do programa televisivo Imagens de Marca, e da empresa I'm in Motion, que tanto tem contribuído para a divulgação das marcas portuguesas, nos media on e offline; a Marketeer, a revista pioneira de marketing, estratégia e comunicação, que tive o prazer de ser co-fundador e de a dirigir durante alguns anos; a Meios & Publicidade, também por contribuírem para levantar a bandeira do marketing, da publicidade e das marcas em Portugal; a Superbrands e a Centromarca, por razões diversas, têm ajudado a afirmação das marcas portuguesas; a muitos colegas de profissão, directores de marketing e gestores de marcas, com quem me tenho cruzado na minha vida empresarial.

Um agradecimento muito especial a quem se dispôs a prefaciar este livro: os Professores Carlos Brito e Paulo Lencastre e o gestor António Casanova.

Finalmente, um agradecimento também especial à Delta Cafés, na pessoa do seu Presidente Comendador Rui Nabeiro e seu neto e CEO, Rui Miguel Nabeiro, pelo apoio concedido a este e ao meu primeiro livro e ainda à Actual Editora, na pessoa da Paula Valente, por ter acreditado e apoiado esta edição.

Constitui o objectivo e desejo do autor, que este livro sirva principalmente de apoio:

— a pequenos empresários que não disponham de conhecimentos tão específicos na área e que, ao o lerem, sintam algum interesse e uma oportunidade de repensar os seus negócios, modernizarem-nos, desencadeando a sua transformação digital e criando um novo ambiente competitivo em torno da suas marcas.
— aos estudantes do ensino superior, nas áreas de gestão de marcas e marketing.
— aos profissionais de marketing e gestão de marcas das empresas e organizações.
— a outros interessados neste tema tão crucial para o sucesso organizacional.

1

ENQUADRAMENTO

"*We are living in a VUCA world*". Afirmava o US Army War College, em finais da década de 80, findos os tempos da Guerra Fria entre os EUA e a então União Soviética, e os respectivos aliados. Tempos de volatilidade, incerteza, complexidade e ambiguidade, entre os dois grandes Blocos.

No séc. XXI, perduram os tempos de volatilidade da política e geo-estratégia mundiais, podendo um conceito idêntico ser aplicado ao mundo dos negócios.

Todo o envolvimento ambiental evolui a ritmos nunca vistos, a informação, a tecnologia, os comportamentos humanos, dificilmente assumem um padrão estável e previsível. Todos os dias surgem inovações disruptivas que põem em causa os modelos de negócio que, supostamente, tinham provado a sua solidez no passado.

O planeamento empresarial carece de estar atento a essas mudanças, para possibilitar a prossecução de estratégias vencedoras. O mundo está mais exigente e complexo, flexibilidade, adaptabilidade, agilidade, inovação, relevância, personalização, são palavras-chave que têm de estar na base das estratégias e práticas dos negócios.

A gestão e o marketing têm, assim, de se adaptar permanentemente a uma realidade bem menos previsível, que no passado.

We are living in a VUCA world!

VOLATILITY	UNCERTAINTY
A Mudança é inesperada, rápida e instável e de duração desconhecida. Com Riscos e Instabilidade, necessária Decisão rápida **VISÃO e COMUNICAÇÃO** Propósito claro. Agir. Comunicação Personalizada mas Coerente	Imprevisibilidade. Acção com Resultados desconhecidos **COMPREENSÃO** Investir em Informação e na sua Análise. Promessa forte. Qualidade de serviço. Garantias concretas. Omnicanal
COMPLEXITY	**AMBIGUITY**
Envolvimento dinâmico. Existem inúmeras variáveis interconectadas e correlacionadas **CLAREZA** Reestruturação. Flexibilidade e Agibilidade da organização. Liderança Criativa. Focus. Propostas de Valor Simples e Relevantes	Relações causais pouco claras. Ideal vs Actual. Dificuldade de interpretação **AGILIDADE** Decisão Experimentação e Teste. Inovação Personalização Estrutura Organizativa, reflexo da Marca

NOVAS PRÁTICAS

Antecipar o futuro

Conhecer os concorrentes

Inovações disruptivas

Optimização qualidade-preço

Posicionamento claro

Mecanismos diversos de alerta aos clientes, apoiando-os, a progredir no funil de conversão

Ciclos de vida de produtos, mais curtos

Personalização e Relevância

Acarinhar os clientes, optimizando a sua experiência de marca

É necessária uma Visão clara e um Propósito e Promessas fortes, comunicadas, coerentes e sustentáveis; reganhar a confiança dos consumidores e dos clientes, com propostas de valor simples e relevantes, com qualidade de serviço e garantias concretas; a reestruturação interna das organizações, com uma liderança clara e criativa, possibilitando a flexibilidade e agilidade das mesmas; experimentar e testar; inovar e personalizar.

Neste ambiente, o Marketing e o Brand Management, têm sofrido processos de aprendizagem e adaptação, salientado-se grandes criadores e promotores de novos conceitos e marcas, mas também académicos, consultores e agências de comunicação, estratégia e *branding*.

Com o sentido de aprender com o passado, mas principalmente com uma visão de futuro, as melhores práticas vencedoras, são consequência de contribuições teóricas e de práticas de marcas, que concorrem no mercado actual há muitas décadas, e outras já criadas na era digital.

As contínuas e exponenciais transformações que se vão vivendo, a fase 4.0 da indústria, a era do digital, vieram mais fortemente exercer pressão acentuada sobre as formas de gerir as marcas, perante um mercado ultraconcorrencial e um consumidor exigente, com forte poder de intervenção, que vai assumindo o principal papel no sucesso ou fracasso daquelas.

O digital veio trazer novos desafios e ameaças mas, principalmente, veio trazer novas oportunidades àquelas marcas que conseguirem posicionar-se correctamente aproveitando este mundo novo à sua disposição, dando uma resposta capaz e atenta aos seus clientes.

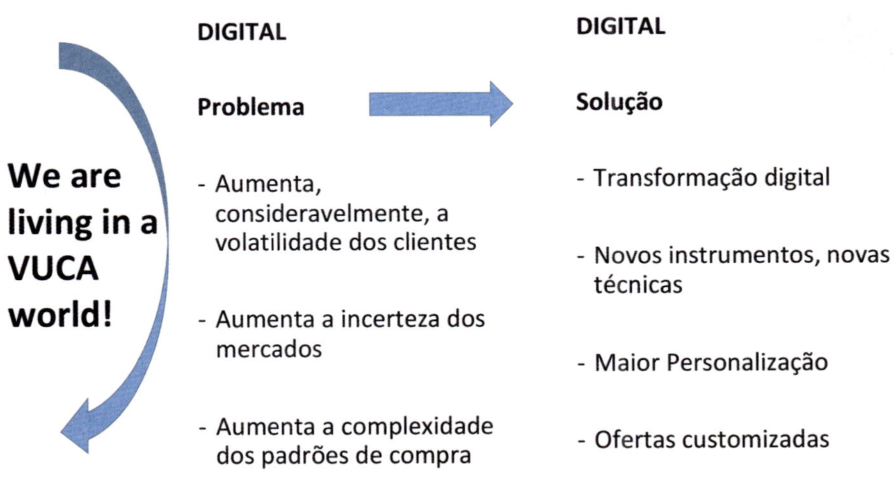

A maior transformação registada no mercado deve-se aos desenvolvimentos da tecnologia e da economia digital e também, concomitantemente, aos novos hábitos, comportamentos e prioridades das novas gerações, no referente ao consumo e à sociedade.

O mundo actual é um mundo de marcas. O mundo do *brand management* é vasto, assim como a panóplia de instrumentos disponíveis é crescente. Conhecer os novos comportamentos do consumidor, criar marcas fortes e relevantes, fazer a sua gestão adequada ao longo do tempo, constituem os principais desafios com que os gestores se têm actualmente de debater.

Em particular, as PME enfrentam um desafio importante, na medida em que saibam aliar ao seu tradicional know-how de produção, a necessária visão do mercado, do marketing, das marcas, da concorrência e dos consumidores – áreas em que, habitualmente são mais débeis.

"Os resultados empíricos revelam que a grande maioria dos proprietários-gestores não encara o processo de gestão de marca numa perspectiva holística e integrada... enfrentando os desafios da marca de forma essencialmente intuitiva, improvisada e pragmática" (Tavares, 2016).

Ao assumir este comportamento, descuram normalmente aspectos fundamentais à gestão dos negócios, em particular a construção de marcas fortes e competitivas, que lhes permitam alavancar o valor acrescentado dos seus produtos.

LESSONS TO LEARN:

- Vivemos num mundo VUCA, onde a Volatilidade, a Incerteza, a Complexidade e a Ambiguidade, predominam no mundo dos negócios.
- A era digital veio trazer ameaças mas, principalmente, novas oportunidades.
- A maior transformação registada no mercado, deve-se aos desenvolvimentos da tecnologia e da economia digital e também aos novos hábitos, comportamentos e prioridades das novas gerações, Millennial e Z, no referente ao consumo e à sociedade.
- O mundo actual é um mundo de marcas, que na era digital assumem um papel de grande relevância na interacção contínua com os consumidores.
- O mundo do *Brand Management* é vasto, dispondo de uma panóplia crescente de instrumentos e técnicas, no sentido de maximizar o valor para os consumidores e para as marcas.

2

MARKETING NA ERA DIGITAL

Técnicas clássicas de marketing não têm lugar na era digital e humana

O paradoxo da era digital?

O digital está presente e no centro da vida pessoal e profissional. Os desenvolvimentos tecnológicos, através da Inteligência Artificial, procuram a humanização dos robots e a sua aproximação aos seres humanos. Contudo, simultaneamente, procura-se a introdução de mecanismos tecnológicos no Homem, objectivando a fusão futura da pessoa e da máquina, até a um hipotético estado de Singularidade.

As pessoas afastam-se umas das outras, comunicando virtualmente, quando muitas vezes o poderiam estar a fazer através da presença física. Estão longe de quem está perto e perto de quem está longe.

O grande desafio actual das sociedades é o de conciliar o desenvolvimento tecnológico e digital assumindo, simultaneamente, o ser humano e a humanização das relações como ponto central. Daí, a importância desta Era ser Digital e Humana.

As alterações tecnológicas da actual era digital vieram introduzir alterações substanciais nos comportamentos dos consumidores, das empresas e das marcas e, por consequência, no marketing e na sua gestão, de tal forma que se começa a falar em "marketing digital", quase como oposição ao então marketing vigente (tradicional).

O marketing – tradicional – assumia um comportamento unidirecional e vertical (da marca para o consumidor), com uma fraca participação destes; no marketing da era digital, partindo do pressuposto que os clientes estão socialmente conectados, individualmente e em comunidades

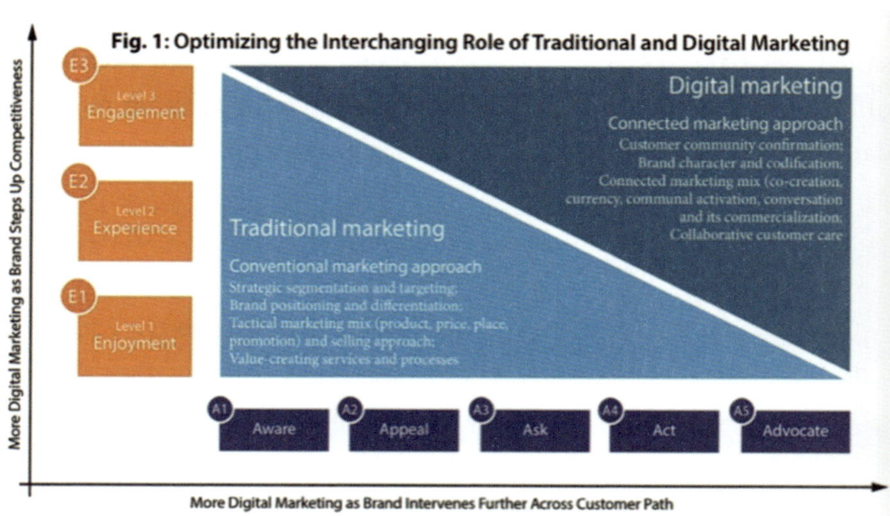

Fonte: Kotler (2017)

são criadas, por iniciativa destes, novos segmentos e o envolvimento das marcas faz-se através da permissão desses grupos na relação, estabelecendo-se relações bilaterais e multilaterais de amizade. A relação, deixa de ser vertical, e passa a ser horizontal e multilateral.

Neste ambiente, passa a haver um acompanhamento permanente, por parte dos clientes, qua acabam por assumir a vigilância da identidade e posicionamento das marcas, criando-se uma maior necessidade para estas respeitarem os seus valores e manterem a sua consistência.

Os consumidores passam, nesta nova era digital, ao interagir com as marcas, a ser contribuidores para o seu desenvolvimento, mas também verdadeiros fiscais do seu comportamento, podendo conhecê-las melhor, tendo a capacidade de avaliar a sua verdadeira personalidade.

Um novo termo e área de actuação surgem então, o *Digital Branding*, como "o resultado da soma de todas as experiências online" (Rowles, 2018). Mas como a percepção de uma marca, por parte do consumidor, não é online ou offline, mas sim uma percepção conjugada global de todas essas experiências, não pode ser correcto desenvolver-se uma estratégia (digital) desintegrada da estratégia (global) da marca, mas também uma oposição e um fosso entre "os dois marketing".

O marketing é uno, porque o consumidor é uno. Este tem um comportamento *blended,* entre o on e offline, conjuga "as suas vidas" profissional, pessoal e social, não raciocina e não decide on, em alternativa a off, ele tem uma percepção integrada das marcas, através da multiplicidade de experiências tidas com elas, no seu conjunto.

A vida é cada vez mais "*blended*"

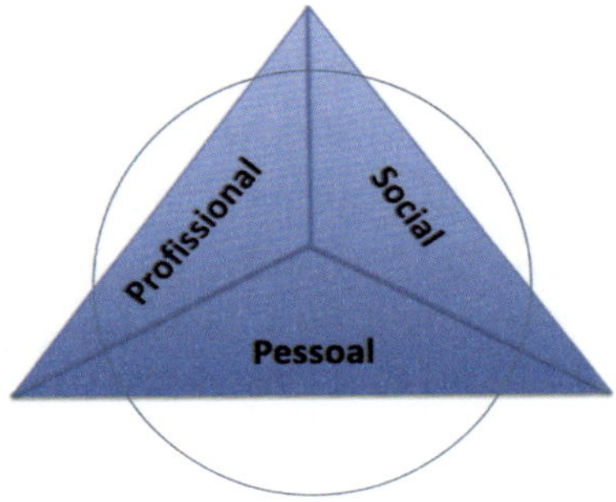

Esta realidade tem vindo a ter um impacto significativo na gestão de marketing, pelo que é correcto dizer que "um novo marketing" – ou "o marketing na era digital" – é a consequência evolutiva do mesmo ao longo dos anos, agora com fortes novas possibilidades de ser mais assertivo, ter maior eficácia, conduzir à melhor satisfação dos clientes e aos melhores resultados das organizações.

Como consequência, o marketing actual carece de novos *skills*, novos talentos, novos instrumentos. O marketing actual pressupõe velocidade, flexibilidade e agilidade: novas estratégias, novas estruturas organizativas, novas formas de trabalhar.

Assim, o que a era digital trouxe à gestão de marketing e das marcas, é a necessidade da reformulação das suas estratégias – integradas – técnicas e instrumentos, num mundo conectado e participativo. Se é necessário desenhar uma estratégia de marketing digital, ela deverá sempre constituir uma sub-estratégia do marketing global, estando em coerência com ele.

Certamente, daqui a poucos anos, não se falará mais de marketing digital, porque todo ele também é digital e *blended*, mas de "marketing", na sua perspectiva global e integrada.

LESSONS TO LEARN:

- O marketing – tradicional – assumia um comportamento unidirecional e vertical (da marca para o consumidor); na era digital a relação, deixa de ser vertical, e passa a ser horizontal e multilateral.
- Os clientes acabam por assumir a vigilância da identidade e posicionamento das marcas, criando-se uma maior necessidade para estas respeitarem os seus valores e manterem a sua consistência.
- Os princípios básicos do marketing mantêm-se inalterados na era digital. O que tem vindo a mudar, e muito, são os instrumentos, as técnicas, os comportamentos, os media, as formas de comunicar e interagir entre os consumidores e as marcas.

- As estratégias de marketing digital deverão sempre constituir sub-estratégias do marketing global, estando em coerência com ele.
- O termo mais correcto a utilizar, assim como as respectivas estratégias são, nos tempos futuros, de "marketing na era digital".

Alguns impactos do digital na gestão de marketing

Philip Kotler, um dos pioneiros a divulgar o conhecido marketing mix dos 4 P's, de Jerome McCarthy, aponta para a necessidade de se ter em conta, não já os 4 P's, mas os 4 C's (Kotler, 2017):

— Do *Product* à ***Co-creation*** (como nova estratégia cocriadora de desenvolvimento de produtos)
— Do *Pricing* à ***Currency*** (um pricing dinâmico, que flutua em função da procura individual)
— Da *Distribution* à ***Communal Activation*** (distribuição *peer-to-peer*; 3D printing)
— Da *Promotion* à ***Conversation*** (relação bilateral e interactiva)

Já em 2008, Christopher Graves, Presidente da Ogilvy, Ásia-Pacífico, tinha sugerido a substituição dos 4 P's pelos 4 E's: Experience (Product), Everyplace (Place), Exchange (Price) e Evangelism (Promotion).

Devido à era digital ter reforçado e maximizado o poder da conectividade dos consumidores, todo o modelo de comunicação tem igualmente de ser ajustado a esta nova realidade.

Para Kotler (2017), um novo modelo AIDA se impõe, sucedendo aos quatro (Atenção, Interesse, Desejo, Acção), os 5A:

AWARE – Eu sei (exposição, experiência, processamento e interpretação da informação)
APPEAL – Eu gosto (marcas com factores e experiências "WOW")

ASK – Eu estou convencido (online, social)
ACT – Eu compro (decisão pessoal, após informação)
ADVOCATE – Eu recomendo (fidelização, lealdade)

Kotler refere que a era digital veio criar – ou, pelo menos ampliar – a necessidade da criação de marcas *Human centric*. Estas marcas têm de assumir atributos humanos, que possam atrair clientes e criar conexões *human to human; têm de* se comportar como humanos, de que se possa gostar, que são vulneráveis, mas não intimidatórias, que são autênticas, honestas e amistosas com os clientes, tornando-se parte integrada do seu *lifestyle*.

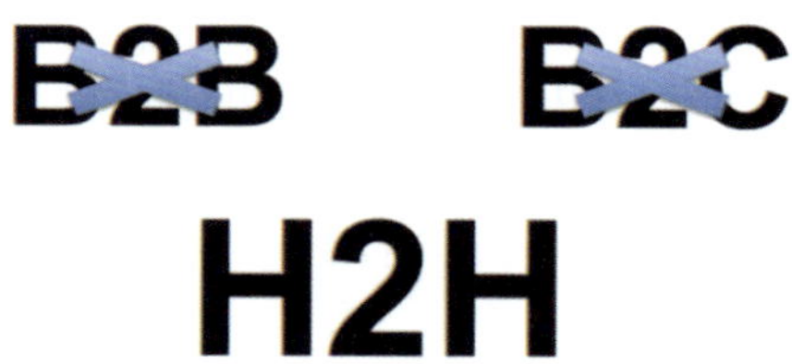

Sampson (2011), refere os atributos das *Human-centric brands*:

— Fisicalidade – Fisicamente atractivas (Google, Apple)
— Intelectualidade – Atraentes (Tesla)
— Sociabilidade – *Engaging*
— Emocionalidade – *Appealing* (Dove)
— Personalidade – Forte (Domino's)
— Moralidade – Éticas; Integridade; preocupação social e ambiental (OMO, Knorr)

Todas estas transformações não vêm alterar a essência e o foco do marketing, mas sim como ele se relaciona com os consumidores através da utilização de técnicas e instrumentos, mais potentes e eficazes, que os disponíveis na anterior "sociedade analógica".

LESSONS TO LEARN:

- É necessário criar marcas *Human centric*. Estas marcas têm de assumir atributos humanos, que possam atrair clientes e criar conexões *human to human*.
- A era digital reforçou e maximizou o poder da conectividade dos consumidores logo, todo o modelo de comunicação tem igualmente de ser ajustado a esta nova realidade.
- É necessário reformular a essência do marketing-mix: dos 4 P's (de McCarthy), aos 4C's (de Kotler) ou 4 E's (de Graves)

3

A GESTÃO DE MARKETING E DAS MARCAS PARA O FUTURO. WHAT NEXT? UM ADMIRÁVEL MUNDO NOVO

Quando se fala de futuro, simplifica-se a realidade, partindo-se do pressuposto que todo o mundo, todos os negócios, todos os países, se encontram em idêntico nível de desenvolvimento e de organização económica, com idêntico nível de tecnologia, o que não corresponde à realidade.

"As realidades" são diferentes logo, de alguma forma, o futuro de alguns já começa a ser o presente de outros; noutros casos, o presente é já uma mistura de ambos.

A abordagem seguida aponta para tendências de futuro, sabendo-se que algumas das situações referidas já se encontram em implementação e desenvolvimento nalguns negócios e em alguns lugares. Contudo, a maior parte, senão a totalidade das situações apontadas, ainda não constituem o *standard* em nenhuma economia.

Como em toda a sociedade, algumas marcas encontram-se num estado de maior evolução, com as capacidades necessárias ao sucesso na era digital – os vencedores do futuro – umas, a dar os primeiros passos, outras ainda cujos gestores não compreenderam, não se adaptaram às novas formas de concorrência, certamente os que dificilmente irão sobreviver.

Falar de tendências do marketing pressupõe uma análise prévia da realidade social, económica, política, ambiental, tecnológica.

As grandes tendências de enquadramento, normalmente designadas por Megatendências, não obstante as diferentes políticas de negócio que se possam pôr em prática, nas diversas actividades e regiões do globo, condicionam estas, quase de forma determinística.

Tendo como pano de fundo a evolução ambiental da sociedade, elenca-se – com base nos macro-desenvolvimentos actuais – o que a nível do marketing e da gestão de marcas, vai ser relevante no futuro.

Considera-se que existem 10 Tendências/Pilares do marketing para o futuro (Oliveira, 2017), com efeitos mais relevantes no enquadramento e gestão das marcas.

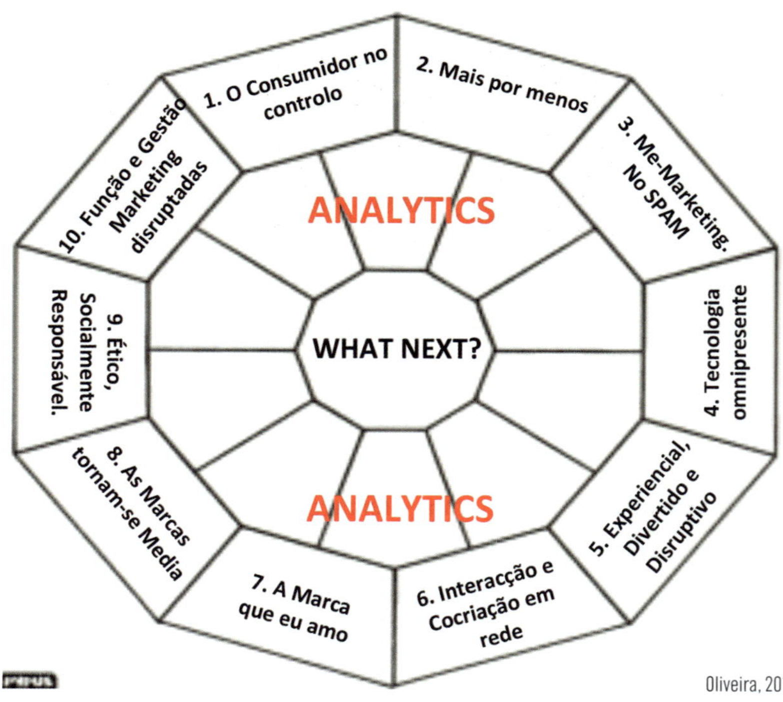

Oliveira, 2017

1. O Consumidor no controlo

O consumidor encontra-se no centro de um ambiente de mudança, no qual é simultaneamente agente passivo e activo. Sofre o impacto das novas tecnologias e novos instrumentos por parte das empresas, que, por sua vez, o tornam num agente activo e interactivo na relação com as marcas vindo, progressivamente, a assumir o controlo dessas relações.

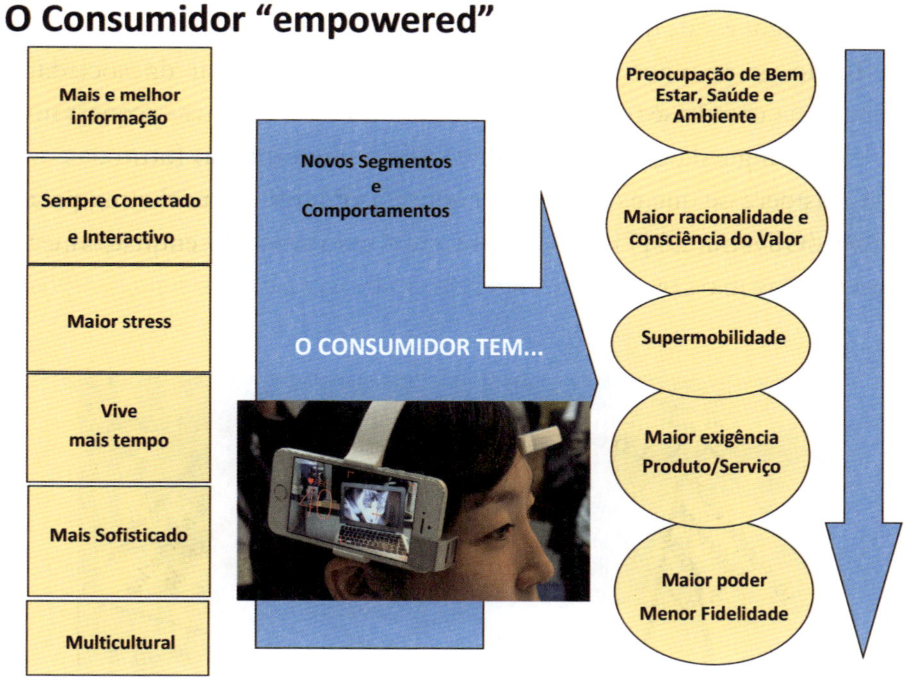

Perante toda esta mudança, é necessário conhecer os seus comportamentos, atitudes e acções, na sua relação com a sociedade e com as marcas. O consumidor exige uma oferta personalizada e um acesso a qualquer hora e em qualquer lugar; rejeita acções de comunicação não dirigidas; desconfia do discurso das marcas.

É indispensável segmentar os consumidores, utilizando as novas tecnologias disponíveis, não só de recolha e tratamento de dados, mas também na compreensão mais profunda das suas verdadeiras reacções emocionais e dos seus processos de decisão.

Diversas técnicas de estudos de mercado vêm ajudando, de entre outras, esta tarefa, como os inquéritos de opinião, testes de produto e conceito, sondagens, etc. Contudo, um dos primeiros obstáculos que surge, é o de as pessoas terem tendência para dar as respostas que julgam mais adequadas, socialmente aceites e "politicamente correctas" não expressando, muitas vezes, aquilo que as move e aquilo que verdadeiramente são. Exemplificando, todas as pessoas concordam na necessidade de prossecução de políticas sustentáveis e ambientalmente amigáveis, mas isso não significa, necessariamente, que transportem essas opiniões para a sua prática de cidadania ou para a decisão das suas compras.

Acresce que, não é ao nível do consciente que grande parte das decisões se processa (mais de 80% do comportamento humano é explicado pelo subconsciente) pelo que, mesmo não querendo mascarar uma qualquer resposta, o consumidor não tem muitas vezes consciência explícita

Fonte: "Mind. Body. Behaviour Iniciative", HBS

daquilo que verdadeiramente prefere. Torna-se necessário "mergulhar mais fundo" para detectar os drivers mais profundos do processo de decisão humano.

A tecnologia e a neurociência vieram dar uma contribuição relevante nesta área, juntando a ciência ao marketing – neuromarketing – técnica já existente, contudo ainda nos seus primórdios de utilização, face ao custo envolvido e a diversas reacções de ordem ética que têm sido levantadas.

No sentido de melhor conhecer os hábitos dos consumidores nos espaços físicos comerciais (supermercados, department stores, outras lojas) estes têm vindo a ser observados no local e não em qualquer sala fechada e isolada da prática do acto de compra.

Algumas técnicas existem para conhecer como o consumidor se desloca, que produtos observa e chamam a sua atenção em função dos lineares onde são apresentados, o que compra, no fim, como se comporta no local de venda. Todos estes aspectos são relevantes para concluir do seu comportamento e melhor adequar a oferta e disposição de produtos aos interesses dos clientes e aos objectivos comerciais das marcas e das lojas.

As técnicas biométricas de neuromarketing, que permitem monitorizar a actividade cerebral, medindo os níveis de atenção, memória, emoção, *engagement* (como a Ressonância Magnética Funcional-fMRI, a Electroencefalografia-ECC), o *Eye tracking*, vieram dar uma contribuição muito relevante para o estudo aprofundado do consumidor, de tal forma que as grandes marcas já as vêm utilizando, como a Coca Cola, Microsoft, Yahoo, Unilever, P&G, Facebook, McDonald's e em Portugal, a SONAE/Continente, Vodafone, RTP, de entre outras.

O neuromarketing permite:

— a análise aprofundada da pessoa
— uma evidência física efectiva, demonstrada pelos níveis químicos de reacção
— Uma observação pura e não enviesada do pensamento, em virtude da captação da reacção do subconsciente
— A captação das verdadeiras reacções emocionais e das "respostas verdadeiras" aos estímulos visuais e sonoros, com que é confrontado o sujeito analisado

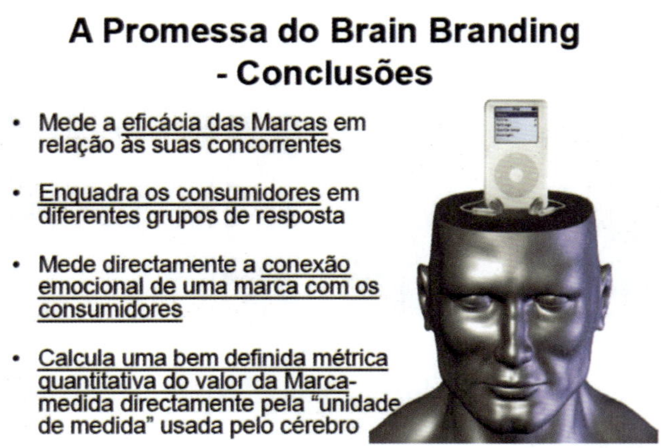

Algumas questões de ordem ética têm sido levantadas, especulando-se até a que nível de privacidade o inquirido testado é sujeito. É também alegado por algumas organizações de cariz de defesa da ética que, ao se penetrar mais profundamente na mente humana, se está a encontrar formas não totalmente aceitáveis de influenciar o ser humano.

Não parece fundamentada e consistente a alegação. No que respeita a quem se dispõe a fazer o teste, esse constitui um acto voluntário e o que, eventualmente, pudesse servir para influenciar uma pessoa, não influenciará necessariamente outra. Esse conhecimento mais profundo permite tipificar reacções, mas não vai influenciar directamente ninguém.

Outras novas técnicas vão surgindo com o mesmo objectivo de conhecer o consumidor, como a automatização, colecta e tratamento de dados (*clouds*), o *Social Media Listening*, o qual permite seguir o comportamento dos alvos nas redes sociais na sua relação com as marcas, a identificação dos principais influenciadores, no *follow up* de campanhas e monitorização de comportamentos, constituindo um instrumento potente pois, aferindo esses comportamentos em tempo real, permite também respostas em tempo real por parte delas.

As Técnicas de Reconhecimento Facial, vêm permitir um ajustamento de mensagens comerciais aos ambientes de consumidores que circulem no meio em causa. Como exemplo, os Billboards de Piccadilly Circus, em Londres, estão agora equipados com múltiplas câmaras fotográficas que, em conjugação com determinados algoritmos, permitem o

Fonte: Evening Standard

reconhecimento facial dos circulantes, desde a raça, a classes etárias, género, permitindo adequar, a cada momento e em tempo real, as mensagens publicitárias a eventuais maiorias de passantes na área.

A conjugação de muitas destas técnicas, nos pontos e momentos de contacto do consumidor com a marca, permite seguir a jornada do cliente – *customer journey* – podendo-se, assim, seguir e adequar convenientemente, a comunicação e a oferta atempada ao cliente, consoante a detecção, em tempo real, das necessidades demonstradas.

No entanto, mais do que seguir o *customer journey* do cliente, algumas empresas começam a ter uma maior proactividade "criando" a própria jornada, gerando condições desenvolvendo experiências, criando valor, para que o cliente dê o passo seguinte nesse caminho, não abandonando a relação, desde a compra, até à fidelização e advocacia da marca.

As capacidades necessárias para a prossecução de uma estratégia activa neste campo são (HBR, 2016):

— automação (digitalização e reconfiguração de anteriores tarefas manuais)

— personalização proactiva (o mecanismo de recomendação da Amazon, baseia-se em informação recolhida anteriormente do cliente, sugerindo novos passos aos mesmos; a *L'Oréal Makeup Genius* tem já 14 milhões de utilizadores. A app fotografa o cliente, analisa as suas características, sugerindo diversos *looks* virtuais online)

— interacção contextual (A rede Starwood Hotels, disponibiliza aos seus clientes uma app que permite o check in, a abertura da porta do quarto, e recomendações personalizadas de restauração e entretenimento)

— inovação na jornada (a app da Delta Airlines, permite várias funcionalidades desde a reserva até ao check in e ao *boarding*, até à reserva de uma viatura, à chegada, através da UBER)

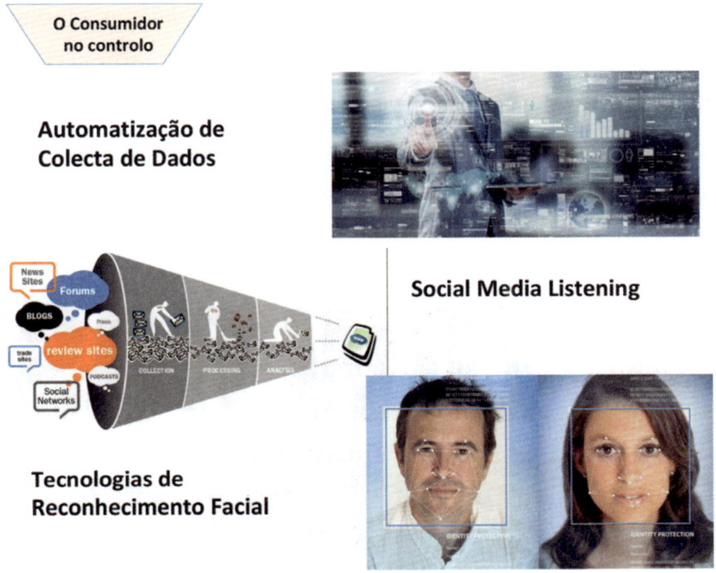

Actualmente, as marcas devem o seu sucesso, não só à qualidade e valor dos produtos que vendem, mas à superioridade das jornadas de cliente que criam.

HBR, 2016

LESSONS TO LEARN:

- O consumidor encontra-se no centro de um ambiente de mudança, no qual é simultaneamente um agente passivo e activo.
- Torna-se necessário, "mergulhar mais fundo" no conhecimento do consumidor, para detectar os drivers mais profundos do processo de decisão humano.
- O *Social Media Listening* e as Técnicas de Reconhecimento Facial, vieram permitir um ajustamento de mensagens comerciais aos ambientes de consumidores que circulem no meio em causa.

> É necessário seguir o *customer journey*, de forma a adequar convenientemente a comunicação e a oferta atempada ao cliente, consoante a detecção, em tempo real, das necessidades demonstradas.

2. Mais por menos

Mais por menos (*low-cost fashionable trend*) – Os consumidores exigem cada vez mais, querendo um valor acrescentado superior pelo que pagam para obter os produtos ou os serviços.

As soluções *low cost* começam a surgir em muitos sectores de actividade e começam mesmo a assumir um fenómeno de *lifestyle* (desde as companhias aéreas aos supermercados, das agências de viagem aos automóveis, até aos seguros).

VANTAGEM COMPETITIVA

ÂMBITO COMPETITIVO	LOW COST	HIGH COST
LARGO	Liderança global de preço	Diferenciação
ESTREITO	Foco no preço	Foco na diferenciação

Algumas marcas tornam-se, paradoxalmente, *commodities* nomeadamente de vestuário, em que os consumidores vacilam entre elas procurando encontrar o preço baixo, dentro de um dado, limitado, standard de moda, como a Primark, Lefties, Sfera.

Marcas vencedoras no mercado, apresentam estratégias de *Low-cost Brands* ou de *Premium Brands*. As primeiras, privilegiam a liderança no preço, como Ryanair, InterRent, Logo Seguros, com ofertas competitivas face às incumbentes.

As segundas, as *Premium Brands*, lideram a diferenciação continuando a crescer no mercado. Segmentos mais afluentes avaliam positivamente as "propostas de valor" que lhes são oferecidas, privilegiando a qualidade, a experiência dos consumidores, a exclusividade e o estatuto reconhecido e apoiado, subjacente aos seus clientes, como a Chanel, Versace, Hermés, Prada, de entre muitas outras.

A noção de valor torna-se um imperativo na gestão: valor para os accionistas, para os clientes, para os diferentes *stakeholders*. Tornou-se socialmente correcto e mais sustentável, fazer opções de produtos e serviços de forma "mais racional", avaliando a relação custo (preço)/benefício (funcional e emocional, experienciado e percebido).

LESSONS TO LEARN:

- Os consumidores exigem cada vez mais, querendo um valor acrescentado superior pelo que pagam para obter os produtos ou os serviços.
- Assiste-se à expansão das *Low Cost Brands*, em diversos territórios de actuação, algumas vezes fruto de novas soluções disruptivas, que permitem a oferta de produtos e serviços a mais baixo custo.
- As *Premium Brands*, lideram a diferenciação continuando a crescer no mercado, oferecendo propostas de valor apreciadas pelos segmentos mais afluentes.
- Paralelamente, começa a ser encarado como socialmente correcto as opções com um carácter mais racional.

3. Me-marketing

Os consumidores exigem e valorizam "um marketing", uma oferta e uma comunicação personalizada, para si relevante e adequada às suas reais necessidades e interesses individuais. Surgem também comportamentos de grupo – "tribais" – em que se integram (*lifestyle*), que é destino de ofertas adequadas a esse grupo, como os surfistas, os "*backstreet boys*", os fãs da Harley Davidson.

A gestão de marketing e relacional assume um carácter de maior complexidade, pela coexistência dos fenómenos de globalização, generalização e padronização de comportamentos-tipo, ao mesmo tempo que os mercados se atomizam pelas necessidades e exigências de satisfação individual dos consumidores. A "industrialização" de processos de serviço defronta-se com a necessidade de ultra-personalização.

Neste ambiente, assume especial relevância o Marketing de Permissão, não só regulamentarmente, como é o caso do recente RGPD-Regulamento (Europeu) Geral de Protecção de Dados, mas também a permissão expressa do consumidor a campanhas a si dirigidas, evitando o SPAM online e offline.

Em termos de comunicação com o consumidor, o *Native Advertising*, procura de uma forma não tão assertiva, criar histórias – *storytelling* – que possam ser relevantes para o alvo, em termos de conteúdo e marca. A actual Publicidade Nativa manifesta-se na inclusão de anúncios de páginas ou marcas visitadas anteriormente pela pessoa, em páginas que visite posteriormente e nos *feed* das suas redes sociais. Neste ambiente, esta publicidade paga pela marca, pressupõe um interesse anterior do

consumidor por esse produto, serviço ou marca logo, embora não haja a permissão, há a presunção do interesse pelo conteúdo, face aos contactos anteriormente havidos.

Outra das técnicas que se começam a usar é a do *Geo Fencing*. Esta técnica consiste na marca definir uma área de influência – *fence* – para mensagens que queira enviar para seus clientes, pressupondo uma relação de cliente já existente e a recolha anterior de dados do mesmo. Quando um dos seus clientes, previamente registado na base de dados da marca, passa dentro da área pré-definida, uma mensagem automática pode ser emitida em coerência com o *track record* das compras do cliente na loja, desta forma de relevância e e interesse para o mesmo. Por exemplo, caso o cliente goste de uma determinada marca ou de um determinado produto, quando haja uma novidade poderá ser emitida uma mensagem. Também poderão ser desenhadas campanhas, cliente a cliente, consoante as suas preferências.

A proliferação e diversificação de meios de comunicação passa a coexistir, paradoxalmente, com a maior dificuldade em se atingirem os alvos pretendidos.

Um cliente ao passar pela *fence*, é impactado com uma mensagem promocional personalisada no seu telemóvel, em função das relações anteriores com a marca/loja

↓ *Fences*, áreas de influência das mensagens

As pessoas começam a não dar atenção à publicidade não dirigida inserida pelos anunciantes em diversos meios de massas, de alguma forma interpretando-as como SPAM, isto é não desejadas. Isto não significa, no entanto, que a publicidade tradicional tenha já os seus dias contados, mas uma maior exigência na gestão dos meios e da sua eficácia.

Os consumidores tendem a rejeitar as mensagens que lhes não são directamente dirigidas e que não consideram relevantes, qualquer que seja o meio utilizado. Mas este fenómeno não se passa unicamente nos ambientes digitais, na net ou outros, mas também no referente a todas as mensagens publicitárias qualquer que seja o suporte e que não sejam dirigidas e personalizadas.

LESSONS TO LEARN:

- Os consumidores exigem e valorizam "um marketing", uma oferta e uma comunicação personalizada, para si relevante e adequada às suas reais necessidades e interesses individuais.
- Em virtude dos comportamentos dos consumidores e da regulamentação existente, assume especial relevância o Marketing de Permissão.
- Novas técnicas de *Native Advertising* e de *Geo Fencing*, procuram melhor adequar a comunicação aos interesses dos clientes das marcas.

4. Tecnologia omnipresente

Milhões de operações, com crescimento exponencial, são processadas em cada minuto na internet, seja ou não nas redes sociais: 18 milhões de mensagens de texto são enviadas, 4,3 milhões de videos são visionados, 3,7 milhões de interacções no Google.

Este ambiente traduz a efectiva ligação das pessoas aos meios digitais, constituindo mais um meio de interacção das marcas com os seus clientes e com o mercado.

A tecnologia avança a ritmos exponenciais nunca existentes. Ray Kurzwell, reconhecido futurista e Chief Technologic Officer da Google, afirma que no séc. XXI decorrerá uma mudança equivalente a 20 000 anos anteriores.

A nível do hardware, tudo é cada vez mais digital, portátil e miniaturizado. O acesso à informação, ao entretenimento, em qualquer lugar, a toda a hora, em qualquer suporte. O consumidor exige uma integração, coerência e disponibilidade de informação, no meio que entenda, a cada momento, no computador, PDA, telemóvel, etc. Em particular, este último já constitui um elemento indissociável – quase que uma extensão orgânica do ser humano – do quotidiano, pessoal e profissional.

Tecnologia omnipresente

...experiencing 20 000 years of change in the 21st century **(Ray Kurzweil, Head of Engineering da Google)**

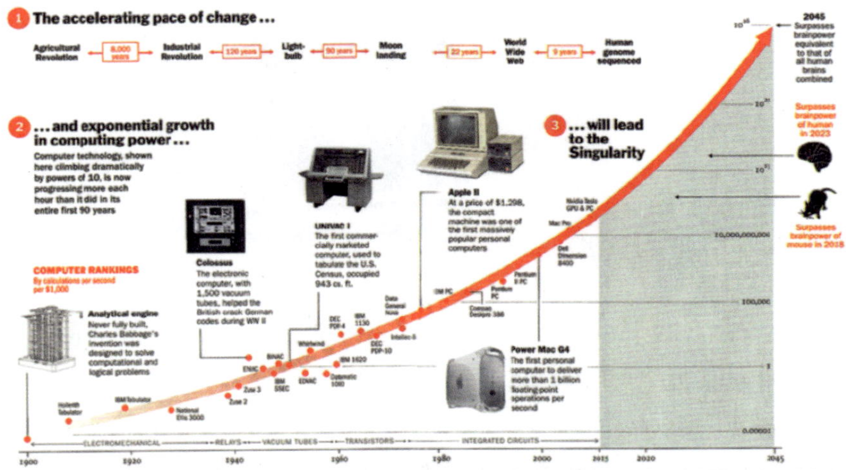

Fonte: "The law of accelerating returns", Ray Kurtweil, 2001

A digitalização de documentos, processos, de imagem som e música, a impressão 3D, constituem já a realidade natural e expectável. O digital implica e possibilita também a miniaturização e a integração de soluções múltiplas num mesmo equipamento, cuja caracterização e nome começa a ser difícil de estabelecer: telemóvel com computador, rádio, TV, PDA, etc, ou computador, com TV, rádio e telemóvel?

A tecnologia está e estará, cada vez mais, omnipresente em toda a vida do consumidor, do cidadão. A *Internet of Things* (IoT) começa a povoar todos os equipamentos e acessórios, utilizados pessoalmente ou em casa – a consultora Gartner projecta que em 2020, mais de 67% das empresas adoptem a IoT – tornando-se verdadeiramente na IoE (*Internet of Everything*).

A nível de *wearables*, o mobile começará a ser a plataforma dominante, interligada com diversos *devices* domésticos e do meio profissional,

O Mobile vai ser a plataforma dominante

devido à sua comodidade, transportabilidade, e funcionamento como extensão da própria pessoa.

A proliferação de instrumentos ligados à net, conjuntamente com as novas soluções de armazenamento de dados – Cloud, Big Data – disponibilizam um manancial de informação à disposição das marcas, para melhor conhecerem os seus clientes e melhor adaptarem a sua oferta e o timing de colocação e relacionamento com eles. Contudo, a maior parte da informação hoje recolhida ainda não é tratada.

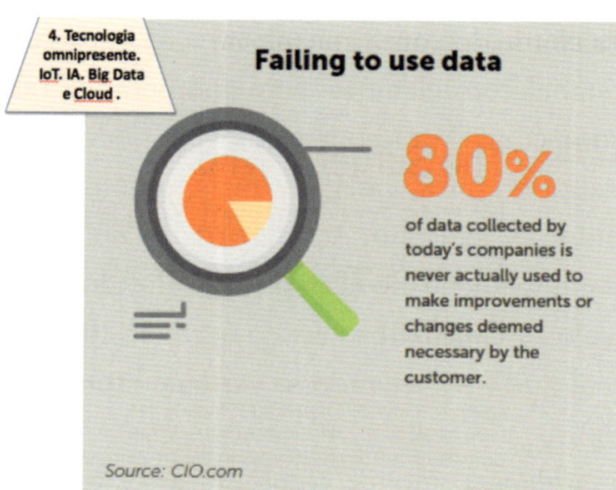

Fonte: CIO.com

A Cloud permitirá a disponibilidade e a utilização da informação, da Big Data, integrada em qualquer lugar e em qualquer momento, melhorando marcadamente a transformação dos dados em informação útil para o consumidor e para as marcas.

Estes grandes conjuntos de dados, acessíveis em qualquer local, devidamente tratados, permitem o desenho de perfis reais e em tempo real dos consumidores.

Num ambiente em que tendencialmente tudo se parece resumir à Big Data, alguns autores como Lindstrom (2016) colocam a questão da Big Data vs Small Data. A Big Data, na perspectiva da segmentação, permite tipificar grandes grupos e grandes comportamentos, a aplicação de algoritmos a essas grandes massas de dados, pelos diversos analistas, conduz a conclusões iguais e, em seu entender, por vezes não são totalmente relevantes. Contudo, defende que só uma observação tópica, individual, minuciosa, da actuação dos consumidores, permite conclusões mais eficazes e relevantes e até verdadeiras e diferentes. Logo, defende a utilização e interpretação, não só da Big Data mas também do que designa por Small Data.

Lindstrom cita vários exemplos em que se instalou em casa particulares de alguns cidadãos de alguns países, para poder observar detalhadamente os seus interesses, gostos e atitudes e, dessa *small data*, inferir tendências comportamentais generalizáveis para os ambientes, culturas e países, onde era chamado como consultor.

Tecnologia omnipresente

The Surgeon Who Wants to Connect You to the Internet with a Brain Implant

"Eric Leuthardt believes that in the near future we will allow doctors to insert electrodes into our brains so we can communicate directly with computers and each other"
(Scientist and brain surgeon at the Washington University in St. Louis)

MIT Technology Review, November 30, 2017

A Inteligência Artificial, continuará a expansão marcada – exponencial – substituindo os humanos em múltiplas tarefas pessoais e domésticas e profissões, não só as tradicionalmente automatizáveis e mecanizáveis, mas algumas outras de valor acrescentado, que requerem mecanismos de decisão.

Redação 27 de Abril de 2018

China inaugura primeira agência bancária operada inteiramente por robôs

Um banco chinês acaba de abrir uma filial operada inteiramente por robôs. Localizada em Xangai, a nova agência do China Construction Bank conta com recepcionistas humanoides simpáticos, caixas automáticos

Fonte: Futuro Exponencial, Medium.com, 2018

A IBM, através do seu computador Watson, tem vindo a desenvolver projectos em diversas áreas do retalho. Alguns exemplos:

— a cadeia Macy's dispõe de uma assistente digital para as suas lojas físicas – *Macy's on call* – que dá indicações aos clientes sobre a localização de produtos na loja.

— A The North Face, dispõe de um assistente que, para além de indicar a localização, dá sugestões, por exemplo, se o cliente quer ir para a neve para um dado local, o assistente digital recomenda os produtos a utilizar.

— A Starbucks tem uma app de pagamentos móveis. O cliente faz a encomenda através de assistente virtual online, a app encaminha o pedido para a loja mais próxima e o cliente faz o levantamento sem passar pela caixa.

— A Amazon Go. O cliente entra na loja, recolhe os produtos e sai da loja, sem necessidade de ir às caixas de pagamento.

— A criação automática e gráfica da 1ª marca, através de Inteligência Artificial, na sequência de um briefing elaborado e programado, a marca de Hotéis Nexo.

Nexo hotels

"Welcome to the Nexo, the smart, affordable hotel for social people, powered by AI. "SMART Hotels for Social People""

Outras tecnológicas dispõem de outras soluções de assistentes virtuais: Siri (Apple); Google Now; S Voice (Samsung); Cortana (Microsoft) ou a Alexa (Amazon). A Amazon Echo, solução de hardware de *smart speaker*, trabalha sobre a solução Alexa.

A expansão do uso de soluções de IA é enorme, em particular nos sectores das telecomunicações, consumo (serviços de internet), publicidade, saúde, automóvel e retalho.

Alexa (Amazon)

A consultora tecnológica americana Tractica estima que as receitas de software de IA, passem de 5,4 mil milhões de USD em 2017, para 105,8, em 2025.

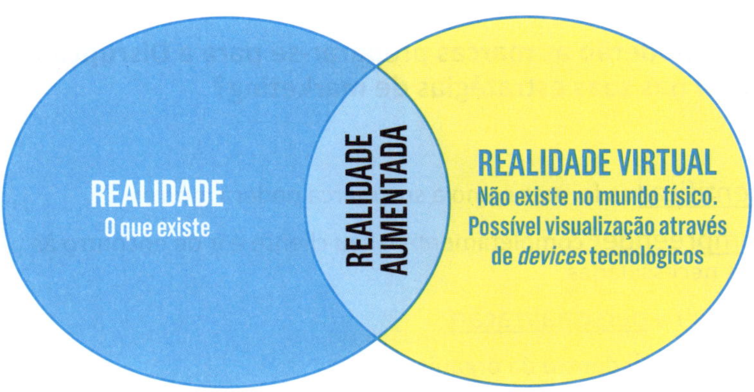

REALIDADE AUMENTADA: a intersecção entre o Real e o Virtual. Complemento e interacção entre os "dois mundos".

Estas tecnologias têm vindo a provocar o aparecimento de negócios e marcas disruptivas. Perante esta disrupção, tem surgido a necessidade do próprio marketing ter de sofrer igualmente um processo disruptivo, que permita uma adaptação às novas realidades.

Tecnologia omnipresente

Como vai a IA disruptar o marketing?

- Conteúdos gerados pela IA - Actualmente, processam e interpretam dados; futuramente, farão também trabalho criativo (apoio à elaboração de anúncios)

- Interfaces de conversação e comunicação - Chatbots (Siri), Amazon (Alexa)

Compreensão do consumidor, personalização, personalização, personalização... agilidade e humanização, constituem base para uma reacção interventiva do marketing e da gestão de marcas.

Tecnologia omnipresente

Como poderão as marcas preparar-se para a Disrupção digital nas suas estratégias de marketing?

- Identificar as formas como a sua marca poderá morrer
- Compreender completamente o seu cliente e ir de encontro às suas necessidades
- Investir na personalização
- Ser mais ágil dentro da organização
- Humanizar o seu marketing

Em suma, Big Data, IoT, Realidade Aumentada, Inteligência Artificial, Chatbots, Impressão 3D, Nanotecnologias, Mobile, constituirão as bases da revolução que o marketing, os negócios e as sociedades, em geral, já estão e irão atravessar com maior intensidade.

LESSONS TO LEARN:

- A tecnologia evolui a ritmos exponenciais.
- A *Internet of Things* (IoT) começa a povoar todos os equipamentos e acessórios, utilizados pessoalmente ou em casa, tornando-se na IoE (*Internet of Everything*).
- O *mobile* vai ser a plataforma dominante, interligada com todos os equipamentos domésticos e do meio profissional, devido à sua comodidade, transportabilidade, e funcionamento como extensão da própria pessoa.
- A Cloud e a Big Data permitirá a disponibilidade e a utilização da informação integrada em qualquer lugar e em qualquer momento, melhorando marcadamente a transformação dos dados em informação útil para o consumidor e para as marcas.
- A Inteligência Artificial e a Realidade Aumentada, começam a disruptar o marketing e a gestão das marcas.

5. Experiencial, Inovador e Disruptivo

Estamos num mundo de inovação e experiências. Para melhor envolver o consumidor com a marca, esta deve propiciar experiências memoráveis, que o levem a querer voltar a ter contacto com ela e mesmo a ter prazer nisso.

Algumas marcas vêm disponibilizando novas experiências aos seus contactos e clientes. Não basta só ser criativo e inovador, é necessário envolver positiva e emocionalmente o consumidor, de forma a ganhar a sua atenção, gosto, preferência e desejo de voltar e manter a relação.

GAMING

A utilização de jogos digitais – gaming – começa a ser amplamente utilizada por diversas marcas. A interacção conseguida com o utilizador, num ambiente de entretenimento, conduz a bons resultados.

Não se trata unicamente de colocar cartazes de "publicidade tradicional" no ambiente de jogo, mas gerar curiosidade e experiências de *gaming* de interacção e recompensa com a marca, através do incentivo a tomar alguma acção.

Por exemplo, a Starbucks desenvolveu o projecto "*My Starbucks Reward*". Através de uma app, a marca pontua os seus clientes consoante o seu grau de fidelização, dando-lhes recompensas nos seus produtos.

Uma outra marca, neste caso de luxo, a Cartier desenvolveu uma campanha para o Dia dos Namorados, através da gamificação. A app permitia que os utilizadores jogassem um jogo semelhante ao *PacMan*, que incluía as jóias "*Amulette de Cartier*". O jogo tinha cinco labirintos, cada um com uma peça da colecção, nos quais os jogadores iam progredindo.

Quando o objectivo era atingido, surgia a palavra *Love*, oferecendo descontos na compra de produtos.

A comunicação assumir-se-á então, cada vez mais, como experiencial.

As marcas procurarão, na sua relação com os clientes e potenciais clientes, criar situações experienciais que possam conduzir a situações sensoriais e emotivas condutoras de melhor reconhecimento, afectividade e mais elevada memorização.

O marketing sensorial, estabelecendo formas de impacto dos diversos sentidos humanos, continuará a desempenhar um papel relevante nos objectivos das marcas.

O *tryvertising* constituirá, crescentemente, um meio de levar a oferta disponibilizada ao potencial cliente, pois pressupõe um carácter de permissão, não intrusivo, experimentado por decisão do potencial consumidor, permitindo a experimentação pelo consumidor e a experienciação dos produtos e serviços oferecidos, provocando uma melhor memorização e adesão às diferentes ofertas.

A inovação, ao ser disruptiva, cria novos modelos de negócio e de relação com a marca.

A Inovação continuada desperta a curiosidade e a confiança no consumidor. As empresas e as marcas disruptivas, continuar-se-ão a afirmar e a transformar o mercado. A Google, Apple, Facebook, Amazon, Netflix, UBER, AirbNb, e outras que surgirão, liderarão a inovação disruptiva, criando novas formas de fazer as coisas e novas coisas.

Ideias loucas? Papel higiénico às cores. Papel higiénico com creme? Criar, para além do óbvio, disruptivamente, fazer saltar o click e a emoção! O WOW!

LESSONS TO LEARN:

- Estamos num mundo de inovação e experiências. É necessário envolver positiva e emocionalmente o consumidor, de forma a ganhar a sua atenção, gosto, preferência e desejo de voltar e manter a relação.
- A gamificação começa a ser amplamente utilizada por diversas marcas. A interacção conseguida com o utilizador, num ambiente de entretenimento, conduz a bons resultados.
- O marketing sensorial, estabelecendo formas de impacto nos diversos sentidos humanos, vai desempenhar um papel relevante nos objectivos das marcas.
- O *tryvertising* constitui um meio que permite a experimentação pelo consumidor e a experienciação dos produtos e serviços oferecidos, provocando uma melhor memorização e adesão às diferentes ofertas.
- A inovação disruptiva, cria novos modelos de negócio e de relação com a marca.

6. Interacção e Cocriação em rede

Networks sociais – A interacção no seio dos grupos tende a aumentar e a ganhar relevância como forma de aproximação e afinidade. As marcas têm de continuar a aproximar-se desses grupos de forma a melhor compreenderem os seus interesses e ambições e melhor penetrarem os seus alvos.

A interacção dos meios online e digitais continuará a permitir um papel cada vez mais activo dos consumidores no seio dos grupos organizados e de afinidade de todo o tipo, permitindo a rápida difusão de mensagens positivas ou negativas. A mesma tende a aumentar e a ganhar relevância como forma de contacto, aproximação e afinidade, assumindo um papel de relevo na cocriação dos produtos e dos serviços.

Começa a verificar-se que, algumas empresas lançam versões beta dos seus produtos, com o objectivo de serem experimentados e melhorados pelos seus próprios clientes.

As empresas dispõem, assim, de um instrumento indispensável para acompanhar o ajustamento dos seus produtos às necessidades e interesses do mercado, e a imagem e performance das marcas que gerem.

Outros impactos vão-se traduzindo em novos processos colaborativos e de *crowdfunding*, não só financeiro, mas também de acesso a recursos e expertise humana, qualquer que seja a sua localização no globo.

As marcas continuarão a penetrar esses grupos, procurando os ambientes em que melhor se possam aproximar dos seus alvos.

O *word-of-mouth* passa a ser uma técnica gerida estrategicamente pelas marcas, de forma integrada e activa nas suas estratégias de comunicação e não de forma reactiva como tem sido a situação na maioria dos casos, tentando criar e explorar os advogados e apóstolos dessas marcas.

O *Relationship Loyalty Branding*, encontra neste campo um meio mais favorável para o referido relacionamento dos consumidores com as marcas.

Como os consumidores se fidelizam a estilos de vida, a "ambientes" com os quais se identificam e a marcas, que se tornem para eles relevantes. O investimento nas relações será cada vez mais forte, tendo de passar pelo conhecimento aprofundado do consumidor e pela relação individualizada.

As empresas bem sucedidas são as que conseguirem, não só criar marcas relevantes mas que, em consequência, souberem investir no seu reforço e penetração junto dos seus alvos.

LESSONS TO LEARN:

- A interacção dos meios online e digitais permite um papel cada vez mais activo das marcas junto dos consumidores no seio dos grupos organizados e de afinidade.

- Processos colaborativos, de *crowdfunding* e de *crowdsourcing*, começam a assumir um papel de relevo.
- O *word-of-mouth* tem de ser gerido estrategicamente pelas marcas, de forma integrada e activa, nas suas estratégias de comunicação e não de forma reactiva.
- As empresas bem sucedidas são as que conseguirem criar marcas relevantes para os diversos extractos de consumidores.

7. A marca que eu amo

Haverá sempre marcas mais relevantes para cada grupo. As marcas confrontam-se com pessoas desde aqueles que as desconhecem, até aos que as preferem, são leais ou mesmo seus apóstolos estatuto que, naturalmente, nem todas as marcas conseguem atingir.

As marcas tentam sempre aproximar-se dos consumidores, ajustando-se aos seus interesses e tentando acompanhar e antecipar os seus estilos de vida, através da transparência e da referida relevância.

Uma marca *cool* tem maior possibilidade de ser bem sucedida. Ser *cool* tem a ver com conseguir relevância para um grupo em particular. Mas, "*o cool será sempre tão escorregadio como o mercúrio líquido. Uma vez conseguido, nada garante que se mantenha*" (Kerner e Pressman, 2007). É por isso, necessário estar atento. Tudo muda rapidamente, a concorrência, os gostos dos consumidores, a cultura. De alguma forma, é necessário que a marca surpreenda o consumidor quando ele não está à espera, mas no momento certo e, para isso, há que ser capaz de ler as tendências, de antecipar as necessidades dos mesmos.

Algumas marcas encetam um tipo de comunicação disruptiva, face aos cânones tradicionais, como o exemplo da Dove – *The real beauty* – as pessoas "reais" face à utilização de estereótipos de beleza, como os modelos da moda.

A marca, com a sua campanha "*Campaign for real beauty*", já desde 2004, fala das pessoas reais do mundo, que são de diversas raças, pesos, medidas, cores, criando, assim, uma maior proximidade com todos os consumidores. "*You are more beautiful than you think*", foi o tema de diversos vídeos, onde se expressava este conceito, em que os dois primeiros da série, tiveram mais de 35 milhões de visualizações, nas primeiras duas semanas em que estiveram no You Tube.

Caso igualmente da marca de lingerie feminina, americana, Lane Bryant com a "contra-campanha" que efectuou com pessoas "normais" da sociedade – "*A body for everybody*", em que se afirmava como uma marca para todos, que não discriminava nenhum tipo de mulher – face aos modelos da Victoria Secret e da campanha "*The perfect body*", que tanta celeuma levantou nos EUA.

A resposta imediata da Lane Bryant e de outros concorrentes e de um movimento viral gerado nas redes sociais, sugeria a alternativa que as suas marcas se dirigiam a todo o tipo de mulheres e não só ao estereótipo da VS.

Atendendo a estas reacções, a VS reformulou a campanha anterior para "*a body for every body*", a qual não afastou totalmente o movimento criado na net, devido à manutenção – "obrigatória" – das suas Angels no novo anúncio.

A Marca que eu amo

Aspiração sim... ...mas também Transparência e Relevância na Comunicação

DV – Dove Real Beauty

Kevin Roberts, CEO da Saatchi & Saatchi (2005), estabelece que para se amar uma marca, esta deve conter alguns ingredientes especiais, como o Mistério (grandes histórias do passado, a existência de Mitos e Ícones e a exploração dos Sonhos), a Sensualidade (pela afectação dos 5 sentidos do ser humano) e a Intimidade (através do Compromisso, da Empatia, da Paixão). Para ele, estes são os ingredientes-chave para que uma marca atinja fortemente o consumidor, sendo capaz de o envolver profundamente.

A Marca que eu amo

O que despoleta o verdadeiro amor por uma marca?

AMOR

MISTÉRIO
- Grandes histórias: passado, presente e futuro
- Exploração de sonhos
- Mitos e Ícones

SENSUALIDADE
- Audição, Visão, Olfacto, Tacto, Paladar

INTIMIDADE
- Compromisso, Empatia, Paixão

Fonte: Roberts (2005)

Nos media antigos e actuais, as Marcas pagam por espaço e tempo.

Nos media emergentes, as Marcas pagam pela audiência e atenção.

Um dos factores que tem de constituir o foco da comunicação das marcas, é a captação da audiência desejada e a atenção dos seus alvos, mais facilmente mensuráveis nos novos media.

LESSONS TO LEARN:

- Um dos segredos do sucesso da marca é o de conseguir tornar-se uma marca amada, despertando curiosidade, interesse e desejo.
- Num ambiente em que prolifera a informação e a diversificação dos media gerais e sociais, a maior preocupação das marcas é atingirem audiências e a atenção dos seus alvos.
- Algumas marcas continuam a comunicar utilizando os seus arquétipos de beleza; outras procuram uma maior aproximação ao mundo real.

8. As marcas tornam-se media

A aplicação de soluções de Realidade Aumentada, começarão a desempenhar o papel de novos media, através da difusão e da produção de conteúdos de informação complementar ao observado, por exemplo, por um consumidor numa dada loja, ou na leitura de uma dada publicação.

As marcas constituem as suas plataformas e novos meios de comunicação com o consumidor. Como exemplo, a Red Bull torna-se numa *media company* produzindo os seus próprios conteúdos, com uma narrativa própria e reconhecível, não se assumindo como uma marca de bebidas, mas como uma marca de *empowerment* e de grandes e épicos eventos, em que a bebida surge naturalmente, como indispensável aos *achievement*s que transmite. Os consumidores, acabam por não conseguir desligar a bebida do significado, história e sucessos radicais que captam na relação com a marca.

As Marcas tornam-se Media

SEP 30

Brands, The New Media Companies/MCNs? Red Bull and Now Marriott

Red Bull MEDIA HOUSE

Disruptive times. Transformational times. That's the media and entertainment world we are living in. The rise of premium short-form video. Related to the ascension of mobile as the most important single screen. With you 24/7. Especially for millennials born and bred with smarthphones in their hands.

MARRIOTT

It's about engagement. A new form of engagement. Ongoing engagement. Creating a real relationship with the user. With different types of video content. Authentic video content.

It's no longer just about "traditional" media companies. And, it's not just about "new world" media companies (like MCNs, about which I consistently write).

Fonte: Digital Media Update

LESSONS TO LEARN:

- Algumas marcas tornam-se media, produzindo os seus próprios conteúdos, as suas histórias, através dos seus próprios meios, substituindo-se aos media tradicionais.
- Os verdadeiros fãs das marcas dão uma credibilidade particular às informações que lêem nestes meios.

9. Ético, Socialmente Responsável

Fonte: Adaptado de "Marketing and Sustainability", Martin Charter & al

Ética, Responsabilidade Social e Sustentabilidade – As marcas intensificam a adopção de estratégias privilegiando a cidadania e a eficiência eco-ambiental.

A preocupação com os diversos Stakeholders é um desafio para novas estratégias de marketing que permitam dar resposta a esta problemática, cada vez mais sentida pelas novas gerações e pela sociedade como um todo.

A prossecução de estratégias coerentes de marketing sustentável, pressupõe o repensar total do negócio e das políticas do mix de marketing, devendo os princípios de sustentabilidade e responsabilidade social estar presentes em todas as etapas do negócio e do referido mix.

A Sustentabilidade, a Responsabilidade Social e a Ética, assumem um papel crescente e fulcral na Reputação empresarial, por sua vez relevante para as opções dos cidadãos.

Transparência, Promessa cumprida, sentido de Recompensa, assumem comportamentos relevantes para o sucesso das estratégias empresariais, do marketing e dos resultados.

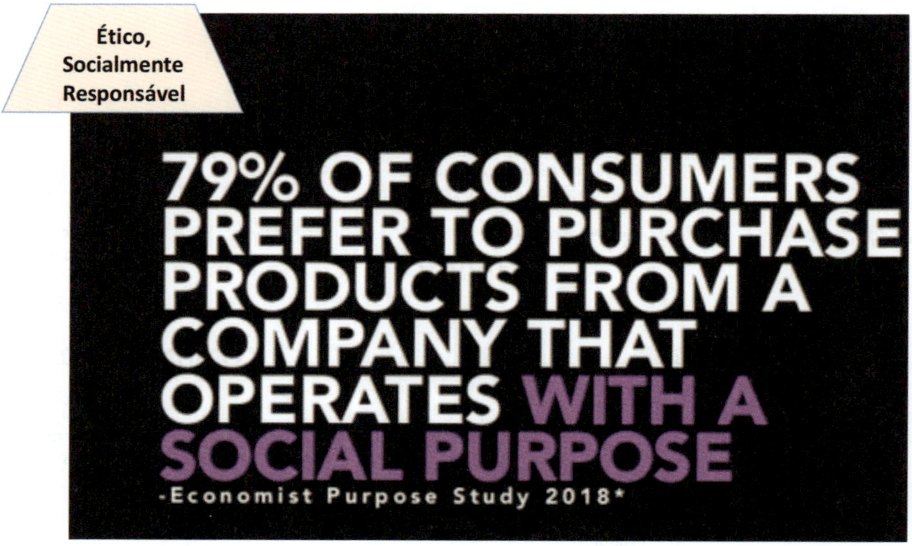

A Sustentabilidade, em particular a nova disciplina do Marketing Sustentável, na sua plenitude estratégica, terá de abranger o reequacionamento de todos os elementos do mix de marketing (desde os processos de produção, abrangendo recursos renováveis, não utilização de mão de obra infantil; utilização de tarifas verdes; comunicação transparente para o consumidor, tratamento adequado de reclamações, participação em actividades locais e comunitárias; localização e acessibilidade, optimização dos espaços nas cadeias de produção e distribuição numa perspectiva de consciência social, colectiva e ambiental, de melhor afectação dos recursos, não só tendo em conta o consumidor, mas a sociedade e o ambiente.

Cada vez mais marcas se vão preocupando com os impactos ambientais. Em Portugal, isso também acontece com diversas marcas. Um bom exemplo e um dos pioneiros é o da Delta Cafés, que desde há alguns anos tem posto em prática políticas de sustentabilidade, cidadania e ecoeficiência, não só em Portugal, mas em países de onde importa os seus cafés, como o caso de Timor. Neste país, a Delta tem desenvolvido acções continuadas de formação dos agricultores que plantam o café, assim como a construção de várias escolas para as suas crianças.

Ético, Socialmente Responsável

As marcas intensificam a adopção de estratégias privilegiando a cidadania e a eficiência eco-ambiental

LESSONS TO LEARN:

- Ética, Responsabilidade Social e Sustentabilidade, constituem factores de atracção e valorização das marcas. As marcas têm de intensificar a adopção de estratégias privilegiando a cidadania e a eficiência eco-ambiental.

- Transparência, Promessa cumprida, sentido de Recompensa, assumem comportamentos relevantes para o sucesso das estratégias empresariais e do marketing.

10. Função e Gestão de marketing, disruptadas

Se os tradicionais departamentos de marketing parecem perder as funções típicas (em torno dos "4 P's"), o marketing começa a invadir todos os departamentos empresariais. Assumem um maior papel de relevo, algumas áreas com crescente especialização, como o *Trade Marketing*, a Comunicação Corporativa e de Marca, a Comunicação Integrada, o CRM.

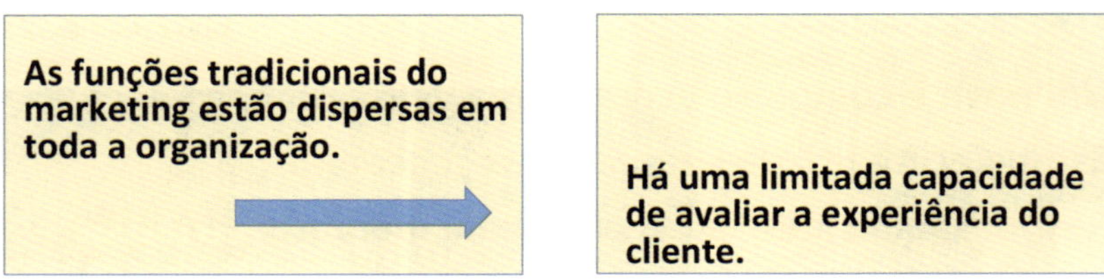

A organização tradicional do marketing era top-down, unilateral, da marca para o consumidor. As alterações surgidas neste ambiente, requerem não só uma nova prática, mas também uma reorganização das funções de gestão de marketing, que suporte essa nova forma de relacionamento. Contudo, as grandes empresas continuam a estar organizadas naquela perspectiva, "os gestores de produto", "os gestores de marca", perdendo-se um pouco a noção de "cliente", no seu todo e nas suas jornadas de relação com a marca.

Novas formas organizativas vão despoletando, com uma base multifuncional e multi-especialista, centrada em processos e em clientes.

> *The wrong way to go digital is to set up separate digital units that work in isolation*
>
> BCG, 2017

Para que isto aconteça, há que derrubar os tradicionais silos organizativos, a excessiva organização funcional e proceder à transformação digital das empresas.

Transformar digitalmente não é "informatizar" ou "digitalizar" processos. É muito mais que isso. Trata-se de reorganizar, de alto a baixo a organização, de forma a responder cabalmente ao novo ambiente em que actua. Mais uma vez, essa transformação tem de obedecer aos princípios do marketing. Olhar e acompanhar o cliente e reorganizar a empresa, de forma a responder atempada e coerentemente a ele. Trata-se de uma verdadeira revolução organizativa, que muitas empresas receiam enfrentar. As que não o fizerem, mais cedo ou mais tarde, não irão resistir num mercado marcadamente global, concorrencial e sem fronteiras.

Em síntese, o foco da transformação digital das empresas e das marcas, não é a automatização de processos (vários casos de insucesso no passado, em que empresas "automatizavam" processos, sem uma visão global dos sistemas e da organização; ou, posteriormente, outras que compraram sistemas de CRM, sem terem previamente concebido e desenhado estratégias de relacionamento com os seus clientes), tem de ser a "transformação" efectiva da empresa, mais do que a tecnologia digital.

E isto é verdade, não só para grandes empresas, mas também para as de dimensão mais reduzida, a da concepção de raiz de uma organização concebida para a nova era digital. Certo que uma pequena ou média empresa não tem possibilidade de dispor de uma estrutura tão complexa, o que não invalida que a sua gestão tenha de ser concebida e dirigida com a centralização funcional e operativa no cliente.

O que fazer?

Função e Gestão de Marketing Disruptados

A "mentalidade de Silo" (Giacoman, Trautham, Ribeiro, 2016).

Design is just not it looks like and feels like. Design is how it Works

Steve Jobs

Design, inteligência emocional e empatia com o consumidor, são a chave do novo marketing disruptivo.

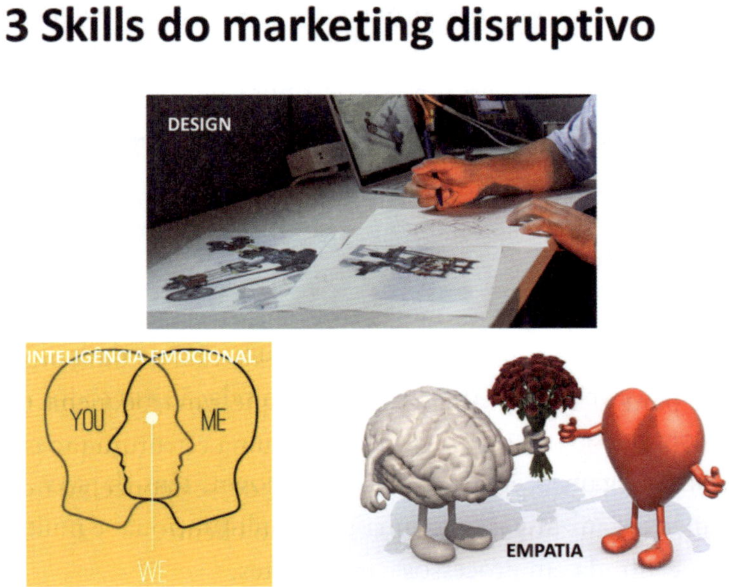

O design tem de ser, cada vez mais, um factor diferenciador para conquistar a preferência do consumidor. Mas design não é só forma e estética; design é funcionalidade, simplicidade e adaptabilidade aos requisitos de utilização. Design é estética e funcionalidade.

Inteligência emocional e empatia constituem a chave de uma boa relação, de proximidade e relevância, de modo a melhor cativar o cliente.

A gestão de marketing das empresas, tem de ser reequacionada de acordo com o percurso que o cliente estabelece na sua relação com a marca, desde o conhecimento de que existe até a uma sua eventual acção.

Surge já, no topo de algumas organizações, a figura do *Chief Customer Officer*, entidade pertencente à administração da empresa que centra a sua preocupação profissional na defesa dos clientes e sua satisfação.

Começará a firmar-se igualmente a tendência para a interdisciplinaridade e interfuncionalidade na condução de grupos de trabalho, projectos e até unidades de negócio, centrados já no "*customer journey*".

Outras novas funções, ligadas à gestão da marca e dos clientes, terão igualmente de surgir sempre com o mesmo objectivo, de dar uma resposta cabal e única à relação existente.

Os *Product Managers* passarão a coexistir com *Relationship Brand Managers*. A avaliação da fidelização dos clientes, na medida em que aporte resultados no médio e longo prazo, constituirá um dos elementos fundamentais de avaliação da performance empresarial e dos seus colaboradores.

LESSONS TO LEARN:

- As marcas e as empresas têm ainda uma capacidade limitada de avaliar a experiência do cliente, na sua relação em todos os pontos de contacto.
- A uma organização tradicional top-down, têm de suceder novas formas organizativas com uma base multifuncional e multi-especialista, centrada em processos e em clientes.
- É necessário implementar um novo e complexo ecossistema de marketing, eliminando silos organizativos que causam entropias na eficácia e eficiência das empresas.
- É urgente a "transformação digital" das empresas, com a tónica principal na transformação de processos que não permitam a fluidez de relação e acompanhamento dos clientes.
- O design, a inteligência emocional e a empatia com os clientes, constituem elementos imprescindíveis de sucesso, na era digital em que se vive.

Resultados Mensuráveis (Analytics)

Accountable é uma palavra-chave na realidade actual e futura do marketing. Cada acção de marketing carece de ser avaliada, em termos previsionais e depois de decorrida, quanto aos seus efeitos e resultados.

Os *analytics* têm de estar presentes na definição de cada estratégia e de cada política a prosseguir.

O marketing e os marketers sempre têm lutado com os CFO, quanto à dificuldade de mensuração da eficácia de algumas das suas acções. Fazer marketing hoje constitui uma verdadeira aliança entre a arte, a tecnologia e a ciência, com o objectivo de atingir resultados mensuráveis.

As empresas exigem que cada acção de marketing seja avaliada, em termos previsionais e depois da acção decorrida, quanto aos seus efeitos, valor e resultados. Necessidade crescente de avaliação de cada "euromarketing" despendido (*Return on Marketing Investment*), seu resultado sobre as vendas, sobre a rentabilidade da acção, sobre a rentabilidade total da empresa, mas também sobre o reforço imagem e valor da marca.

Maior exigência de novos instrumentos e metodologias de avaliação da eficácia dos media – as existentes para o *offline* são nitidamente insuficientes – sem um forte rigor e, por vezes, condutoras de conclusões insatisfatórias ou erradas.

O marketing existe para que sejam atingidos objectivos, para o consumidor, para o cidadão, para a empresa, para a organização. Desta forma, os resultados têm de ser objecto de previsão – ex-ante – e de mensuração – ex-post e, neste domínio, a era digital vem trazer diversas soluções (vide Zeferino, 2016 e Celeste e Moniz, 2015).

Este campo tem sido e continuará a ser objecto de grande desenvolvimento, pelo estabelecimento das métricas mais adequadas e de *Key Performance Indicators* (KPI).

Atinge-se, desta forma, uma melhor afectação de recursos e uma melhor validação das estratégias e tácticas utilizadas.

LESSONS TO LEARN:

- Accountable, accountable, accountable, é a receita para o sucesso das marcas e das empresas.

- Novos *analytics* encontram-se à disposição dos gestores de marketing e de marcas, para medirem a eficácia das suas acções.

Um Admirável Mundo Novo?

Perante tudo isto, o futuro previsível – sempre incerto – poderá ser um Admirável Mundo Novo, em função do rumo que a condução da tecnologia siga, desde que posta ao serviço da melhoria da qualidade de vida dos consumidores e dos cidadãos.

Fonte: The Economist, página Facebook

Certamente, não será a recente experiência chinesa, de *tracking* comportamental público dos cidadãos e a atribuição de uma pontuação em função disso, o desejável para a utilização das novas tecnologias de reconhecimento, que mais motivará a humanidade a andar em frente, no caminho para a felicidade, com o apoio da tecnologia.

Grandes desafios se colocam, então, à tecnologia nesta era digital, que também tem de estar ao serviço do ser humano. Em particular na relação das marcas com os seus clientes, nos esforços de captação e fidelização. O sucesso tanto maior será, quanto as mesmas forem capazes de captar a sua atenção, de os seduzir, propondo produtos e experiências que eles queiram e desejem repetir, para uma maior felicidade e para um mundo melhor.

DE:	**PARA:**
• **Ciência. Tecnologia. Engenharia.**	• **Creatividade. Reciprocidade. Intuição. Empatia**
• **Mundo Racional, Lógico, Predictivo**	• **Mundo mais Aleatório, Empático e Emocional**
• **Mecanicista e Desenvolvimentista**	• **Ecológico**
• **Competição e Manipulação**	• **Colaboração e Resolução de problemas**
• **Posse**	• **Usufruto**
• **Crescimento**	• **Desenvolvimento**
• **Economia e Lucro desenfreado**	• **Economia de Bem Estar**

LESSONS TO LEARN:

- ➢ No novo ambiente em que se vive, novas exigências e interesses dos cidadãos despoletam, pelo que é indispensável que as marcas saibam acompanhar essa evolução e as sociedades introduzam nos seus objectivos empresariais, não só financeiros, mas também sociais, ambientais, tendentes à prossecução de uma economia de bem estar.

- O mundo das marcas é exigente, na inovação, criatividade, de novas soluções que satisfaçam, não só os desejos actuais dos consumidores, mas que consigam antecipar o futuro.
- As marcas que conseguirem antecipar estas tendências, que colaborem na resolução de problemas, que sejam empáticas, criando soluções que surpreendam os consumidores, serão aquelas que irão vencer.

WHAT NEXT?

1. **O Consumidor no controlo**
2. **Mais por menos**
3. **Me-marketing**
4. **Tecnologia omnipresente**
5. **Experiencial, Divertido e Disruptivo**
6. **Interacção e Cocriação em rede**
7. **A Marca que eu amo**
8. **As Marcas tornam-se media**
9. **Ético, Socialmente Responsável**
10. **Função e Gestão marketing, disruptadas**

RESULTADOS MENSURÁVEIS (ANALYTICS)

4

A MARCA

4.1. Marca, o maior activo estratégico da empresa

> *A brand is the set of expectations, memories, stories and relationships that, taken together, account for a consumer's decision to choose one product or service over another.*
>
> Seth Godin

Um dos problemas com que as empresas se debatem, é o da dificuldade de produzir bens e serviços diferenciáveis aos olhos dos seus clientes e potenciais mercados.

No estado actual de divulgação da informação, por parte dos produtores e dos clientes, as tecnologias e o know-how disponíveis para a produção, encontram-se disseminadas pelo mundo real e virtual, acessíveis por todos. É cada vez mais difícil fazer diferente, produzir bens novos não copiáveis, ou serviços tão distintos que levem à inevitável procura desse dado fornecedor e não de outro.

Produto e marca

Uma marca é o sonho de um homem perpetuado na economia.

Carlos Coelho, Presidente Ivity Brand Corp

Sell dreams not products.

Steve Jobs

Um produto tem existência e características físicas. Um produto serve para satisfazer uma necessidade funcional, qualquer que ela seja. Uma marca enquadra um produto ou um serviço, dispondo de um conjunto de características que ultrapassam o próprio produto.

Uma marca tem uma dada identidade e personalidade, um conjunto de símbolos que a identificam, dispõe de diversas associações a causas, possibilita certos benefícios emocionais, de reconhecimento e autoimagem, tem a possibilidade de fomentar relações com os utilizadores dos seus produtos.

Uma marca, tem a capacidade de aportar ao produto ou ao serviço um conjunto suplementar de benefícios emocionais intangíveis percebidos que, se para os consumidores forem considerados relevantes, os poderão levar à escolha e preferência, face a outros produtos concorrentes.

Uma marca, mais que um produto – normalmente copiável – tem uma identidade própria e única e dificilmente copiável, reflecte um sonho de alguém, materializado numa ideia e num projecto identitário, ao abrigo do qual se poderão produzir bens ou serviços. Uma marca "viaja" no subconsciente dos consumidores, podendo causar-lhes sensações e emoções positivas ou negativas.

Uma dada marca tem, ainda, a capacidade de aportar um grau de confiança suplementar ao consumidor, em especial quando há maior risco associado à compra: um bem duradouro, um automóvel, um electrodoméstico de preço elevado.

Products are made in a factory, but brands are created in the mind.

Walter Landor

Marcas de Serviços

Não obstante ser cada vez mais inseparável o julgamento e percepção, por parte dos consumidores, dos produtos e dos serviços, certo é que estes têm algumas particularidades que se têm de ter em conta.

Numa marca de automóvel o "produto" e a sua marca assumem um papel fundamental na escolha do consumidor, mas os serviços a ele ligados têm um papel importante nessa escolha: o serviço de assistência pós-venda, eventuais outros serviços associados, como a garantia, seguros, de entre outros.

Quando se trata do que possa ser entendido como um "serviço puro", por exemplo um "produto" bancário, um serviço de viagens, um seguro, há que ter em conta da sua particularidade, no que se refere à construção da proposta de valor e à sua gestão ao longo do tempo.

Fonte: "7P of Services Marketing", Kumar, 2014, website "tech-talk.org"

Tomando como base o tradicional mix do marketing, aos 4 P's: produto, preço, comunicação e distribuição, há que juntar, como refere Kotler, mais 3: pessoal de contacto, evidência física e processos de prestação.

Pessoal de contacto – Talvez o mais importante dos três. Devido à intangibilidade dos serviços, a prestação do pessoal de contacto, assume um dos mais relevantes papéis. O serviço de um supermercado é avaliado em função de múltiplos factores, nomeadamente a qualidade do serviço. Em particular, numa grande estrutura de retalho onde existem centenas e milhares de empregados, a manutenção da consistência do serviço, on e offline, constitui um factor de extrema relevância. Apesar disso, e visto que as pessoas são diferentes umas das outras, nem sempre é fácil assegurar a coerência e a consistência da prestação em todos os locais de contacto.

A formação e a informação, nomeadamente dos valores da marca deverão ser amplamente difundidos por todos os colaboradores, de forma a que o comportamento da marca respeite as características que a definem.

O pessoal de contacto constitui um dos elementos mais importantes na recolha de informação dos clientes, quer no contacto directo em loja, quer na recolha de informação online, através de websites e redes sociais.

Evidência física – Ainda devido à imaterialidade, qualquer evidência física que rodeie a marca tem de ser cuidadosamente criada e gerida, desde o design das instalações da prestação, ao estacionário, comodidade de instalações, sinalética, ambiente exterior em redor, aparência e eventuais fardas dos colaboradores.

Processos – A definição dos processos de prestação, a sua simplificação e adequação, e toda a organização de suporte da empresa, constituem igualmente elementos importantes na definição da marca dos serviços. Os processos devem ser construídos de forma a facilitar a vida ao cliente e estar em coerência com a arquitectura da marca, no momento da prestação e no pós-venda.

Atendendo a que todas as experiências tidas pelos consumidores no contacto com a marca, determinam as suas opiniões e a valia dessa marca para si próprios, é de particular importância a gestão atempada de todos esses contactos, em particular os expressos numa plataforma digital.

A internet e as redes sociais vieram acentuar a necessidade da resposta imediata e a clareza da mesma, que vão ter impacto pessoal naquela percepção e, ainda, a influenciar outros e comunidades a que o consumidor está ligado.

Idealmente, a gestão de contactos on e offline deve estar integrada, através de um qualquer sistema de CRM – numa abordagem global, CRM do cliente – que esteja permanentemente actualizado e, logo, permita ao assistente de contacto (do *contact center*, da loja, ou do gestor de comunidades) ter uma perspectiva integrada do cliente e da sua jornada de relação.

É totalmente negativo para a marca a desarticulação entre os meios de contacto do cliente, assim como a prática de campanhas *outbound* entregues a entidades de outsourcing, não devidamente integradas e que não correspondam aos interesses desses clientes.

LESSONS TO LEARN:

- Uma marca, tem de aportar ao produto ou ao serviço um conjunto suplementar de benefícios emocionais intangíveis percebidos que, se para os consumidores relevantes, os poderão levar a escolha e preferência, face a outros produtos concorrentes.
- Uma marca reflecte o sonho de alguém, materializado numa ideia e num projecto identitário, ao abrigo do qual se produzem bens ou serviços.
- A gestão de contactos on e offline deve estar integrada, através de um qualquer sistema de CRM, que permita ao assistente de contacto ter uma perspectiva integrada do cliente e da sua jornada de relação.

Can anything be branded? (Poderá tudo ter uma marca?)

Uma questão que se pode colocar é a de se poderá ser atribuída uma marca a qualquer coisa. Na realidade, sendo uma marca um conjunto de percepções que residem na mente dos consumidores, se for possível criar uma identidade diferenciável, que possa ser considerada relevante por aqueles, então a resposta será sempre positiva.

Existem inúmeros exemplos de *commodities* que se têm transformado em marcas como, por exemplo: Chiquita (bananas), Perrier (água), Delta, Nescafé e Nespresso (cafés), Intel Inside (microprocessadores).

Sam Hill, em "*How to brand sand*", coloca esta questão, concluindo-se que desde que se construa uma dada identidade diferencial será sempre possível atribuir uma marca a qualquer coisa.

Observando a realidade económica e dos negócios mundial, facilmente se conclui que virtualmente a qualquer área e tipo de produtos e serviços, se pode atribuir uma marca, se se elaborar uma dada identidade e personalidade, que possa fazer sentido para os consumidores, desde as mais diversas *commodities*, até a pessoas, clubes desportivos, religiões e localidades.

Alguns produtos, no entanto, têm a capacidade de se impor, independentemente de não terem marca ou terem uma marca não conhecida, caso de produtos em que o nível de preço não seja determinante da compra e se tratem de casos inovadores, em que só o produto constitui incentivo suficiente para a compra: exemplo, pequena carteira inovadora, um gadget tecnológico inovador, uma novidade absoluta em que a curiosidade de o deter suplanta a inexistência de "garantia da marca".

Muitos destes produtos são comercializados online e promovidos directamente ao consumidor, nomeadamente através das redes sociais. Constituem exemplo disso, a QVC americana e muitas outras pequenas empresas, americanas, chinesas, ou de outras proveniências, que promovem largamente as suas ofertas, como de oportunidade única e limitada de compra, criando a ideia de escassez, logo de encomenda imediata.

Algumas destas empresas criam websites e páginas diferenciadas para cada produto que comercializam, tendo a marca promotora um papel secundário, não conhecida ou mesmo inexistente. Nestes casos, o consumidor é, de alguma forma, desafiado a confiar directamente no produto e no site e não em qualquer marca de suporte.

Em Portugal, existem muitos e bons exemplos de empresas de dimensão variável, quase sempre de pequeno ou médio porte, capazes de produzir com qualidade, devido à preocupação dos seus gestores, em muitos casos tendo precisamente iniciado a sua vida como operários ou pequenos produtores. Por isso, por motivação própria e pela concorrência vieram-se especializando em "fazer bem" e produzir com qualidade e rigor.

Se por um lado, isso é positivo, a consequência tem sido a do âmbito da sua produção envolver subcontratações muitas vezes de marcas de relevo internacional, mas cujo maior valor acrescentado vai ser apropriado pelos detentores dessas marcas e não pelos restantes elementos da cadeia de produção.

Esse caminho não tem sido totalmente abandonado por algumas das bem sucedidas empresas portuguesas, por vezes trabalhando em nichos, qualidade e escala de produção, na qual os grandes produtores do Oriente não conseguem competir. Esta continuará a constituir uma boa via para algumas dessas empresas.

O valor acrescentado, traduzido na capacidade de se praticar um *pricing* adequado e, embora competitivo, desejavelmente mais elevado, do ponto de vista empresarial, é directamente proporcional à capacidade que essa marca tenha de conquistar a mente do consumidor, isto é o "*Share of Mind*", "*Share of Heart*" e o "*Share of Experience*".

Em virtude do Homem ser um ser social e gregário, a marca vem responder a um conjunto de necessidades humanas de integração em ambientes, grupos e comunidades, com que se identifiquem, ajudando a aportar-lhes satisfação, realização e segurança.

As marcas vêm apoiar essa integração através de símbolos e códigos reconhecidos pela sociedade, trazendo aos consumidores a satisfação funcional, experiencial e emocional, pela utilização e contacto com os produtos dessas marcas.

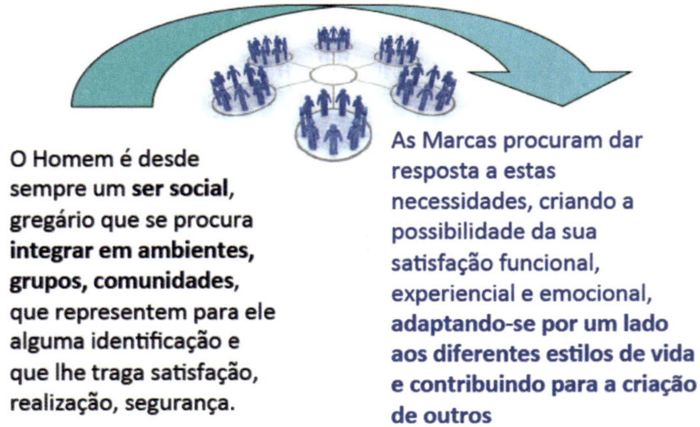

Em termos económicos, a marca é um dos principais activos que as empresas detêm. Há empresas em que a marca, enquanto activo incorpóreo, representa mais de 2/3 do total do seu valor de mercado (ex: Coca Cola, Microsoft).

A causa e, simultaneamente, consequência desta situação é a identificação e preferência dos consumidores. Em muitas situações, o produto e as suas características são um dado que, à partida, não provoca per si a escolha daqueles. Com o desenvolvimento tecnológico e a banalização de alguns processos produtivos, há produtos no mercado que tecnicamente não se distinguem e que, em consequência, basicamente têm as mesmas características, são *commodities*. O mesmo se passa em relação aos serviços. Assim, o consumidor faz a sua opção face ao reconhecimento, valores e afinidades que tem com uma dada marca.

Perante esta situação, torna-se hoje uma das áreas mais relevantes para o sucesso de uma empresa, a gestão da sua marca.

Um produto sem marca, um produto que não é comunicado
É como uma pessoa "sem nome", sem personalidade

Não é recordada
Não é preferida
Não existe!

Muitas vezes, os consumidores não sabem avaliar se o vodka de melhor qualidade é o russo, se o prazer que sentem em beber um Absolut (sueco) é maior, porque os consegue transportar para um referencial e um imaginário a que pertença ou aspire pertencer.

Para muitos consumidores, não interessa vestir uma óptima camisa Made in Portugal, sem marca ou de marca pouco impactante, mas sim vestir uma Polo ou Calvin Klein, exactamente pela mesma razão apontada.

LESSONS TO LEARN:

- Com o desenvolvimento tecnológico e a banalização de alguns processos produtivos, há produtos que tecnicamente não se distinguem e que, em consequência, têm as mesmas características, são *commodities*.
- A marca surge como resposta à diferenciação pretendida, constituindo um dos principais activos que as empresas vencedoras detêm.
- É sempre possível criara uma marca a qualquer coisa, desde que se construa uma dada identidade diferencial e relevante para um dado alvo.
- As marcas procuram dar resposta a necessidades de identificação do ser humano, em grupos, comunidades e ambientes, possibilitando a sua satisfação funcional, experiencial e emocional.

Marca. Definição

> *"Your brand is what people say about you, when you are not in the room"*
>
> Jeff Bezos, CEO Amazon

Numa definição jurídica, o website do Ministério da Justiça Português, define marca como: "*Uma marca é um sinal utilizado para identificar e distinguir os produtos ou serviços de uma empresa dos produtos ou serviços de outras empresas*". Trata-se esta de uma definição jurídica, não contemplando o conteúdo mais alargado da definição de marketing.

Define, ainda, o mesmo Ministério, que a marca pode ser:

- ***nominativa:*** *composta por palavras (incluindo nomes de pessoas, letras ou números)*

- ***figurativa:*** *composta por desenhos, imagens ou figuras*
- ***mista:*** *composta por palavras (incluindo nomes de pessoas, letras ou números) e por desenhos, imagens ou figuras*
- ***sonora:*** *composta por sons, desde que graficamente representáveis*
- ***tridimensional:*** *composta pela forma do produto ou da sua embalagem (por exemplo, a garrafa da Coca-Cola, a embalagem do Toblerone)*
- ***um slogan:*** *composta por uma frase publicitária, mesmo que a frase já esteja protegida pelo direito de autor.*

É importante ter estes elementos em consideração pois, após a criação de uma dada marca, é necessário protegê-la da cópia e contrafacção, através do seu registo legal, no país/es onde irá ser estar presente e onde irão ser comercializados os seus produtos.

Assim, a marca, legalmente, é um símbolo e um nome que, devidamente registados, certificam a origem e a propriedade do seu detentor; financeiramente, é um valor que está relacionado com a capacidade de representar algo de exclusivo, positivo e significativo para um conjunto de consumidores. É um verdadeiro activo.

Uma marca é também uma fonte de informação e de valor para o consumidor: afirma-se e tem relevância quando existe um risco percebido pelo consumidor: preço alto, "má escolha", garantia de qualidade (bem de consumo duradouro, certos produtos alimentares).

Uma marca é uma identidade que é construída a partir de uma ideia, de uma dada visão, mas que se consubstancia na experiência que um consumidor tem com ela.

São esses conjuntos de experiências, positivas e negativas, do consumidor com a marca, através da eventual utilização dos seus produtos, das suas características funcionais, da apreciação dos seus valores subjectivos, que o mesmo adquire um dado valor percebido, que o vai posteriormente conduzir à preferência ou à rejeição dessa marca.

E uma *lifestyle brand*? É uma marca que corporiza os valores e aspirações de um dado grupo ou tribo (etnicidade, classe social, cultura,

nacionalidade, preferências), para fins do marketing. Uma marca de *lifestyle* potencia a identidade central dos seus clientes, constituindo um elo de ligação desle próprios com a marca.

Uma marca contribui para um dado *lifestyle* que o consumidor pretenda seguir. As *lifestyle brands* corporizam os valores e as aspirações de determinados grupos ou culturas, constituindo um potenciador e um suplemento à identidade desses grupos, contribuindo para a associação desses elementos ao grupo que desejam pertencer. Exemplificando, as marcas de *lifestyle*, tribais como, nas motos, a Harley Davidson, ou no surf, a Billabong, QuickSilver, RipCurl, na música, a MTV.

> *Uma mota é uma mota, mas uma Harley Davidson não é uma mota, é uma Harley Davidson*

As marcas assumem, também, uma representação figurativa de algumas realidades para os consumidores, criando o mesmo uma certa aura em torno delas. Por exemplo, a marca Marlboro representa masculinidade, a Camel, aventura, a Dunhill, estio clássico e conservador inglês, a Apple, o mito Californiano, da inovação, da liberdade, da convivialidade.

A Marca é um ser vivo dinâmico, porque nasce, é alimentada, desenvolve-se, cresce e pode morrer, mas contrariamente aos seres humanos, pode sobreviver para sempre.

Cada marca tem o seu próprio ADN visto que, de alguma forma, contém um programa genético único (características, semelhanças, território), tem uma memória viva e selectiva (imagem, referência), assumindo ainda um contrato de responsabilidade com o mercado, no cumprimento da promessa nela contida.

A American Marketing Association (AMA) define marca como: "*A brand is a "name, term, design, symbol, or any other feature that identifies one seller's good or service as distinct from those of other sellers.*"

A Organização Mundial de Propriedade Intelectual (WIPO) define marca como: "*a combinação de activos tangíveis e intangíveis, como a trademark, design, logotipo e o conceito, imagem e reputação, que esses elementos transmitem com respeito a determinados produtos e serviços*".

Numa tentativa de definição própria:

O que é uma marca?

É uma plataforma de relação, simultaneamente afectiva e racional – uma ponte por onde circulam mensagens comunicacionais – que se estabelece entre um cliente e as manifestações externas dessa marca, que se assume com uma dada personalidade, características e valores

Oliveira, 2014

Numa perspectiva sintética, mas esclarecedora, "a marca é o sinal de um benefício junto de um segmento-alvo" (Lencastre, 2005), explicitando os 3 vectores em que assenta o conceito:

Sinal – Diferenciação
Benefício – Posicionamento
Alvo – Segmentação

Marca. Estratégica, porquê?

Atendendo às componentes de valorização da marca, de entre os seus activos corpóreos e incorpóreos, a "marca em si" tem-se revelado, em casos bastante significativos, o activo mais relevante e que aporta maior valor.

Ela é verdadeiramente estratégica, e deverá ser tratada como tal, em tudo o que tenha a ver com a sua gestão, assegurando que a sua Missão e os seu Valores estejam presentes em todos os momentos de contacto do mercado com ela. Para assim ser, toda a estrutura organizacional tem de estar montada de forma a assegurar a necessária coerência, entre a sua Visão, Missão e Identidade e a prática que coloca no mercado.

A empresa e toda a organização, têm de estar montadas de forma a poder corporizar os valores da marca, assegurando a sua presença, desde a definição da oferta, à sua comunicação e comercialização, aos contactos e pontos de contacto com os clientes, à imagem total que a marca pretenda ter no mercado.

A marca tem de constituir um elemento de enquadramento e integrador da Visão do seu criador, de forma a não permitir incoerências de actuação no mercado e eventuais erradas percepções por parte dos consumidores. É, portanto, necessário que a marca se comporte no mercado de forma a que a sua imagem corresponda à identidade e ao posicionamento pretendido, pelos seus gestores.

É crucial a concepção exacta da identidade da marca e das suas dimensões, os seus respectivos valores, para que a estrutura organizativa da empresa seja concebida e gerida, de forma a corporizar esses valores, assegurando um nível de coerência que permita transmitir uma imagem para fora, para o público, para o consumidor, em linha com o posicionamento pretendido.

Ciclo virtuoso da Marca - Organização da empresa - Satisfação dos clientes

Só a submissão de toda a estrutura organizativa à lógica do cliente e da marca, um serviço consistente com os valores, poderá assegurar uma percepção coerente e una da promessa da marca.

LESSONS TO LEARN:

- A marca é um dos activos mais estratégicos das empresa, face ao valor que lhe é possível aportar.
- A marca tem de integrar a visão do negócio do seu criador e estar na base de toda a organização e funcionamento da empresa que a gere, de forma a ser credível, e gerar uma percepção coerente com a sua identidade, posicionamento e valores.

4.2. Do ferro de marcar gado, ao customer experience. Breve evolução histórica

Uma marca é algo que permite identificar qualquer coisa, em relação a outras. Desde os tempos mais primários que os Homens, começam por "marcar" os seus animais, mais tarde com a sua sedentarização, marcam os seus terrenos e as suas propriedades.

Mesmo em tempos remotos, a marcação dos animais serve para identificar o seu dono, a sua espécie, a sua proveniência. A relativa qualidade dos mesmos pode, assim, ser reconhecida e preferida, quanto às suas características e valor.

À medida que o comércio se vai desenvolvendo, mais necessário se vai tornando a "marcação" das espécies e das propriedades.

A "marca" passa a ser um elemento indispensável no reconhecimento das características do "produto" que é comercializado, quer por parte do vendedor, quer por parte do comprador.

O reconhecimento gráfico de um símbolo, de uma cor ou de uma assinatura, passa a significar todo um conjunto de características que tornam mais fácil a escolha do produto a adquirir, no sentido de materializar a sua preferência e efectuar uma relação custo-benefício.

Actualmente, as marcas são fontes de informação que simplificam as decisões dos agentes económicos e, sem os quais, o comércio seria praticamente inviável.

O valor da marca (*brand equity*) é "*o conjunto de activos (e passivos) ligados ao símbolo e ao nome de uma marca, que adiciona (ou subtrai) ao valor de um produto ou serviço disponibilizado aos clientes por uma empresa*" (Aaker, 1996).

A origem da marca (*branding*) pode ser encontrada ainda antes dos fenómenos de sedentarização humana mas, mais marcadamente, com esta.Desde cedo que o Homem sentiu necessidade de marcar o que produzia e comercializava.

O termo *brand*, provém do nórdico arcaico *brandr*, que significava o acto de queimar, para identificar e distinguir qualquer coisa, em primeiro lugar os animais. Assim, "a marca" representa uma forma de marcar e identificar um objecto ou uma coisa.

Começa, assim, a marca por ser um veículo de informação, identificação e de comunicação, das características distintivas dos diversos produtores, não só de gado, mas também de todos os outros produtos que vieram a ser comercializados.

Ainda hoje a marca – neste caso, o logotipo usado – serve para identificar fisicamente cada um dos produtores de dado produto ou serviço. Mas, a marca, veio a assumir características identitárias, não só da origem, como das particularidades diferenciadas de cada produtor.

As marcas vêm a assumir uma maior relevância, quando se começam a verificar no mercado, aquisições de empresas e de marcas por outros investidores, nos finais da década de 60, início da década de 70, à medida que as economias se vão internacionalizando e as multinacionais começam a surgir e a proliferar no mundo.

Esses valores de aquisição ultrapassavam largamente os valores que poderiam ser encontrados nos balanços das empresas que as geriam, apresentando múltiplos muito significativos, face ao seu valor contabilístico. Alguns dos primeiros casos foram:

- No domínio das Fusões e Aquisições, nos anos 80, a L'Oréal comprou a Lanvin, Seagram a Martell
- No fim da década de 80, a Nestlé comprou a Rowntree (KitKat, After Eight) por 3x o valor bolsista e 26x o valor dos seus *earnings*. Tratava-se de um valor intangível, não incorporado no goodwill contabilizado e invisível.
- A Danone pagou 2.5 bio USD pela Nabisco Europe (PER = 27)

A origem e justificação destas transacções a valores tão mais elevados que os valores contabilísticos e de mercado destas marcas, deve-se a que na realidade estas empresas estavam a "comprar posições" nas mentes dos potenciais consumidores, que lhes iriam garantir a realização de resultado futuros.

Verificava-se, assim pela primeira vez, a existência de activos incorpóreos de algumas marcas, que excediam largamente os activos corpóreos dessas empresas, até aí determinantes do valor total dessas empresas e marcas. Até aí, nos tempos da pós-revolução industrial e durante a maior parte do séc. XX, as empresas mais valiosas eram aquelas que possuíam um vasto património de imobiliário, de equipamentos, stocks e matérias primas, realidade que começava a ser negada pelo próprio mercado.

Breve evolução histórica

Primórdios da História – O conceito de marca nasce naturalmente com a Natureza, com a diferenciação de todos os seres vivos.

Pré-história – 20 000-30 000 anos atrás.

Existem já na Pré-História pinturas rupestres supostamente "assinadas" pelos seus autores, as quais poderão ser consideradas como os primórdios das marcas.

Quer os trabalhos artesanais, quer o gado comercializado no mercado, desde sempre eram "marcados", com aquele objectivo. À medida que os produtos fabricados vão adquirindo maior qualidade e diferenciação, e o comércio se estende a locais mais longínquos, "a marca" começa a assumir um factor importante na referida identificação e até garantia de qualidade.

4 000 anos atrás

Marcação do gado.

1º Milénio – Marca = Identificação e Propriedade.

Mais de um milénio A.C. já se poderiam encontrar objectos artesanais com uma dada marca identificada, desde as antigas porcelanas chinesas, até a artefactos da antiga civilização Grega, Romana ou Indiana.

Séc. I DC – Cruz de Cristo – Símbolo (marca) da religião cristã.

Séc. XI

A heráldica medieval poderá ser interpretada como "*...a parente mais próxima da marca moderna...*" (Lencastre, Paulo, 2005). Ainda segundo Lencastre, "*...a partir do séc.XI expande-se por toda a Europa, a prática de de expressar figurativamente a identidade pessoal e familiar*", através dos brasões. Começam, aliás, séculos mais tarde, por ser os nomes de família de alguns empreendedores, os nomes de algumas das mais famosas marcas, como Bayer, Ford ou Nestlé.

Uma lei inglesa de 1266 obrigava os padeiros a identificarem os pães fabricados, de forma a poderem ser verificadas eventuais falsificações.

Do mesmo modo, os ourives eram obrigados a identificar os seus produtos com a sua assinatura ou outra marca que os pudessem identificar e, desde cedo, foram estabelecidas penas para quem falsificasse qualquer marca.

Séc. XVI-XVII

A partir dos séculos XVI e XVII, com a colonização do continente americano, por parte dos europeus, estes levaram estes procedimentos e leis para aqueles territórios. Seguiu-se a identificação dos diversos produtos medicinais, os quais começaram a servir de base à promoção comercial dos mesmos.

Também a nível das bebidas, a identificação serve de apoio à comercialização.

Séc. XIX

No séc. XIX, em particular, nos EUA, começam a proliferar diversas marcas em todos os produtos transacionáveis e começam a ser desenvolvidas, não só as marcas, mas também as embalagens, no sentido de identificar e atrair potenciais compradores.

1820's – Marca = Garantia de Qualidade; Benefícios Funcionais.

1876 – Surge a primeira *trademark*, da cerveja *Bass Ale* no Reino Unido.

1886 – Coca Cola: primeiros logos

1892

Coca Cola – "*Coca Cola revives and sustains*"

Marca Pessoal – Napoleão usou um chapéu diferente, que marcava a sua identidade

A utilização de marcas em grande escala é um fenómeno dos finais do séc. XIX, princípios do séc. XX:

Séc. XX

As marcas de produtor começam a assumir um maior papel de relevo, a partir de 1915 (Keller,2003), crescendo significativamente a sua aceitação nas décadas seguintes. A comercialização das marcas (o marketing, na sua acepção inicial, significando "as formas de comercialização e apoio à mesma") e as diversas técnicas foram, assim, naturalmente se desenvolvendo, primeiro pelos especialistas da produção, na promoção e venda. Começam a surgir especialistas de design e publicidade, como base do futuro desenvolvimento das técnicas mais globais de marketing.

Os anos subsequentes à 1ª Guerra Mundial e à Grande Depressão de 1929, nos EUA e, posteriormente, na Europa, vieram colocar grandes desafios. O mercado da publicidade começa a ser regulado, com o objectivo de proteger os cidadãos de eventuais práticas publicitárias fraudulentas. A seguir à crise, uma empresa se destaca, a Procter & Gamble, a qual põe em prática o "1º sistema de gestão de marca", no âmbito do qual cria "gestores de marca" responsáveis por toda a gestão e resultados das diversas marcas da multinacional.

Logo Bibendum da Michelin

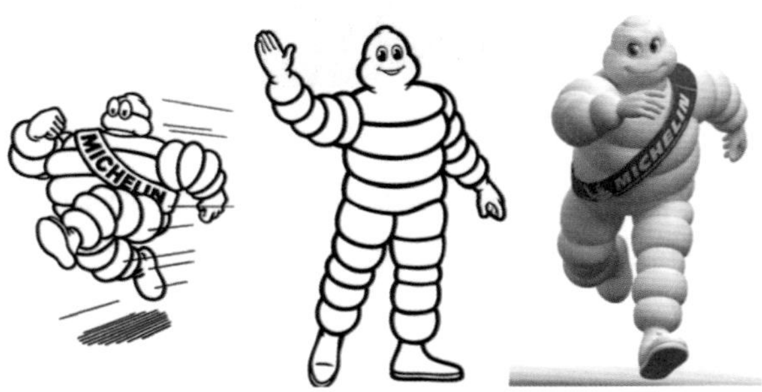

Os anos que se seguiram à 2ª Grande Guerra Mundial foram, naturalmente, de crescimento, após os anteriores tempos de escassez e de convulsão, não só na Europa, mas um pouco por todo o mundo.

Novos produtos e serviços surgem no mercado, novas necessidades e segmentos da população vão aumentando o seu poder de compra, requerendo novas ofertas. Um novo e crescente ambiente concorrencial, conduz ao aparecimento de novas marcas e de novos sistemas de gestão de marca, por parte das empresas mais competitivas.

A função de gestor de marca (*brand manager*) começa a assumir um papel cada vez mais relevante, tornando-se o elemento mais importante e decisivo na definição do seu plano de marketing, na identificação de oportunidades de negócio, no lançamento, comunicação, comercialização e resultados da marca.

1958 – Gordon Lippincott, cria o termo *Corporate Identity.*

60's – Marca = Benefícios Emocionais, Contextos Aspiracionais; *Lifestyle Branding.*

1965 – Wally Olins, um dos percursores da criação de marcas, lança a consultora Wolf Olins

1976 – Criação da Apple Computers.

80's – Marca = Reconhecimento; Lealdade; Apoio à construção de Identidade de diversas Comunidades.

Coca Cola – "*Have a Coke and a smile*"

1984
Apple – "*Think Different*"; lançamento do Apple Macintosh.

1988 – A Nestlé compra a Rowntree, por um valor duplo do seu valor bolsista.

1988 – Nike "*Just do it*"; *Swoosh.*

NIKE

90's – Marca = Coparticipação na construção de Conteúdos; *Brand Equity.*

1997

NETFLIX

Séc. XXI

00's – Marca = Media; Comunidades de Marca; Razão para existir; *Stand for something*.

2004 – Facebook.

You Tube; Facebook; Amazon

2008's – Novas gerações de marcas intangíveis, baseadas em plataformas digitais.

A marca não é já, pois, um único elemento gráfico identificador, mas uma verdadeira identidade relacional entre um dado emissor – proprietário ou gestor de marca – e um consumidor, receptor e, simultaneamente, emissor activo.

A marca é hoje uma entidade que, ultrapassa a mera figuração identitária gráfica, ela constitui uma entidade "personalizada" e "personalizável", com uma dada personalidade e comportamento, que se projecta no mercado, percepcionada até de forma diferente consoante o consumidor. Ela procura criar experiências, no meio onde se relaciona, aos seus clientes, potenciais consumidores e ao mercado em geral, de forma a tornar mais atractiva e desejada por eles.

Vários são os casos da criação dessas experiências, como as referidas em capítulo próprio.

LESSONS TO LEARN:

- A marca surge por necessidades de identificação física e de diferenciação face a produtos concorrentes e, na essência, ainda hoje se mantém como tal.
- A história da marca tem atravessado diversas fases, constituindo hoje um elemento indispensável na gestão empresarial, tendo não só uma representação gráfica mas, mais do que isso, uma representação emocional e experiencial para o cliente, através da projecção de uma clara identidade.

5

COMPREENDER O CONSUMIDOR E ANTECIPAR O FUTURO PARA CONSTRUIR UMA MARCA DE SUCESSO

Verifica-se, ao longo dos anos, que as marcas de sucesso são as que conseguem antecipar o futuro e a vida das pessoas. Assim o fez a Sony, com a criação dos *walkman*, antecipando uma vida activa, em que o cidadão passa muito tempo nos transportes, com deslocações que chegam a ocupar diversas horas do dia. A música e a imagem portáteis, são um meio de apoio à mobilidade e a suportar os muitos tempos de espera.

A McDonald's – com a *fast food* – actuou no mesmo sentido, com o tempo reduzido para as refeições, a necessidade de comer fora de casa, a preços mais baratos.

A Google, com o seu motor de pesquisa, dá uma resposta à necessidade de pesquisa e disponibilidade de informação, sistematizada e rápida.

O Mini criou, em primeiro lugar, um veículo utilitário e citadino, antecipando a necessidade das múltiplas deslocações urbanas de que o cidadão passou a ter necessidade.

A Netflix veio a disponibilizar o acesso ao *streaming* de filmes e séries televisivas, de uma forma simples, evitando a publicidade.

Segmentação B2C - *Business to Consumer*

Tradicional; Psicográfica

Desde sempre que uma das bases do marketing é a segmentação, aliada à preocupação sempre presente de se encarar e servir individualmente o cliente.

São muito conhecidas e objecto de prática, diversas técnicas de segmentação, desde as tradicionais – mais estáticas – baseadas em aspectos etários, patrimoniais, género, situação profissional, etc, até às técnicas psicográficas ou comportamentais – mais dinâmicas – preferentemente usadas, na perspectiva de melhor conhecer as preferências e estilos de vida dos consumidores.

Contudo, o aspecto geracional, embora como técnica tradicional não possa explicar tudo, tem um peso importante na análise do mercado. Na realidade, as gerações condicionam e são condicionadas, por múltiplos factores que rodeiam a sua vivência no mundo.

Desta forma, é comum a utilização da segmentação geracional, não exclusiva mas complementar, para melhor explicar o contexto que condiciona, em cada época, os cidadãos.

Segmentação B2C

1. Demográfica/Tradicional (idade, sexo, rendimento)
2. Geográfica (local de residência, de trabalho)
3. Comportamental (ocasiões de compra; benefícios procurados; lealdade)
4. Psicográfica (valores, atitudes, opiniões, actividades, lifestyle)

SEGMENTAÇÃO	Seniores < 1945	Babyboomers (1945-1960)	Geração X (1961-1980)	EmailGeração Y (1981-1995)	Geração Z (1996-)
AMBIENTE	Guerra Mundial Racionalismo Famílias nucleares	Boom pós-guerra Cultura jovem Estado Social	Fim da Guerra Fria 1º PC Tecnologia móvel emergente	Ataques terroristas Google Earth *Social Media* Playstation	Crise económica *Mobile devices* *Cloud* Produção media própria
ASPIRAÇÃO	Casa própria	Segurança Emprego	Balanço trabalho/ vida pessoal	Liberdade e Flexibilidade Generation Me Experiência, em alternativa a posse	Segurança e Estabilidade
TECNOLOGIA	Desinteresse	*Early adopters*	Migrantes digitais	Nativos digitais	Tecnoólicos
CARREIRA	*Job for life*	Aspiração Carreira	Fiéis à profissão	Empreendedores digitais	Carreiras multitask
PRODUTO	Automóvel	TV	PC	Tablet Smartphone	*Google Glass* 3D
MEIOS DE COMUNICAÇÃO	Carta	Telefone fixo	Email SMS	SMS, MMS *Social Media*	Integrados Têxteis técnicos
MEIO DE COMUNICAÇÃO POR EXCELÊNCIA	Cara-a-Cara	Telefone Email	SMS Email	Online Móvel	Facetime

Fonte: "O Marketing em Portugal", Oliveira, 2017.

Geração Baby Boomer (1945/1960) Devem o nome à "explosão demográfica" que se verificou nos Estados Unidos no pós-guerra. No seu tempo foi criado o Estado Social e viveram a era do emprego para a vida, da conquista de direitos laborais.

Os fenómenos de contracultura dos anos 60 deixou marcas de idealismo, preocupação e bem estar social.

Geração X (1961/1980) Geração a viver pior do que os seus pais, que pode ser definida pelos elevados níveis de ansiedade perante a perspectiva de que não haverá Segurança Social quando chegarem à idade da reforma. São frequentemente caracterizados como individualistas e carreiristas. São a geração do computador pessoal e da internet. A geração X é filha da democratização e da libertação da mulher.

Geração Y — Millennials — (1981/1995) São nativos digitais e comunicam através do texto. São multiculturais, tolerantes, filhos da globalização. Também são conhecidos como Generation Me. São mais empreendedores que as gerações anteriores. São mais racionais a consumir, ambientalmente responsáveis, menos fiéis às marcas. Privilegiam a experiência à posse. Privilegiam os constantes novos desafios profissionais às carreiras.

Geração Z (nascidos após 1996) Nativos da era digital. Viciados em comunicação nos meios e redes sociais, comunicando com imagens e símbolos. Passam a maior parte do seu tempo online. São tecnoólicos. Interagem com as marcas, mas as suas opções são mais racionais. Criam e são participantes activos em comunidades virtuais. Produzem e divulgam conteúdos e dão maior credibilidade às opiniões dos seus pares, do que às marcas. É uma geração de multitarefa. Dão valor à vida extraprofissional.

Respondendo a estes novos comportamentos, algumas empresas oferecem, por exemplo, durante as horas de trabalho, a frequência de aulas de fotografia, escultura, pintura, cinema. A Google oferece refeições grátis, massagens no local de trabalho, aulas de fitness e deixa os funcionários levarem o cão para o trabalho; a Apple inaugurou uma nova sede, com diversas actividades para os seus colaboradores; muitas agências de publicidade têm alguns espaços de lazer, para quebrar as rotinas diárias e criar um ambiente gerador de maior criatividade.

A consultora Deloitte, em relatório de 2018, que abrangeu cerca de 10 450 entrevistas a millennials em 36 países (que não incluiu Portugal), e 1 840 pertencentes à geração Z, aponta no que respeita à percepção deste grupo face ao mundo dos negócios, um seu certo desapontamento face ao comportamento dos empresários, no que respeita às suas principais preocupações: ética profissional, desenvolvimento de carreiras, flexibilidade e remunerações, balanceando os objectivos de lucro com objectivos sociais e ambientais.

O que privilegiam, então, as novas gerações?

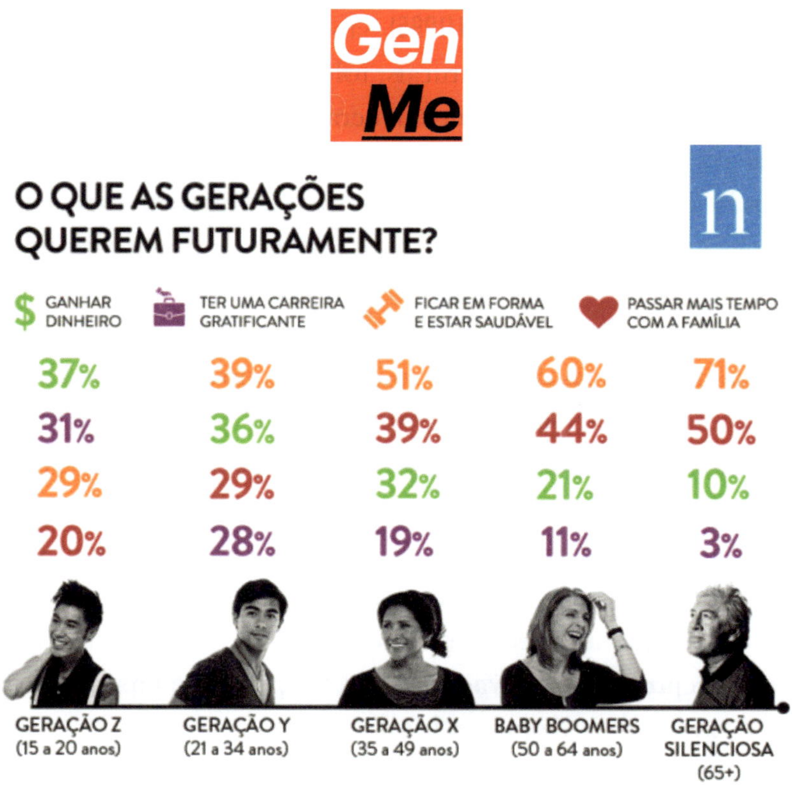

Fonte: Estilo de Vida das Gerações - Nielsen Global - Novembro/2015

A preocupação dos marketers com as novas gerações é relevante, no entanto não é possível descurar a geração *Babyboomer*, a qual continua a representar a maior parte dos consumidores em todo o mundo. Um relatório da McKinsey, *The global consumers to watch*, revela que o maior poder de compra dos consumidores dos próximos quinze anos, se situa na classe etária dos mais de 60 anos, enquanto que os *Millenialls* representarão menos de 2%, pelo que será de ter em atenção o não foco exclusivo nas novas gerações, erro de análise por vezes cometido.

Atendendo a estas diversas gerações e aos seus diferentes interesses e preferências, e ao facto de diversas marcas se dirigirem a mais do que uma delas, há que analisar os diversos condicionantes e identificar os seus comportamentos e expectativas, perante um mundo que os rodeia, no sentido de definir uma oferta que seja relevante para "a geração", ou o universo em causa.

A estratégia de qualquer empresa tem de passar pelo melhor conhecimento possível dos seus clientes, criando não só "um retrato" dinâmico do seu perfil, mas também uma "memória" viva da sua relação com eles, analisando-a e tentar incorporá-la na posterior relação de serviço.

O consumidor do séc XXI é mais racional, tem maior sensibilidade ao valor e à relação custo/benefício, daquilo em que está interessado em comprar. Logo, a par dos progressivos investimentos em marketing das empresas em esquemas de fidelização, paradoxalmente, os consumidores são cada vez menos fiéis aos produtos e às marcas, pelo que há que ter uma atitude activa na relação com eles, de forma a cativá-los e a surpreendê-los.

O "novo consumidor" tem de ser servido "*anywhere, anytime, anyplace*". Numa perspectiva mais utilitarista da vida, muitos consumidores começam a dar menos importância à propriedade, tornando-se defensores de uma nova economia de partilha, em que recursos, bens e serviços, são procurados para utilização temporária e limitada, e postos à disposição de quem deles necessita.

Como referido, as designadas Gerações Y e Z têm um comportamento perante a tecnologia, a vida, as relações sociais e o consumo, naturalmente diferentes dos seus antecedentes. A sua vida é *blended*, não se podendo separar as suas actividades on e offline.

Em consequência, o fenómeno de segmentação revela-se complexo, pois nos domínios referidos a estas duas gerações, juntam-se muitos outros elementos (da geração X, dos *baby boomers* e mesmo seniores) que utilizam também largamente as redes sociais, formando um novo grupo comportamental – a Geração C – a geração conectada e transversal aos grupos etários.

Todos estes factores geracionais e psicográficos, têm um impacto claro a nível do seu comportamento não só perante a sociedade, mas também perante a obtenção de informação, o consumo, a interactividade com os outros e com as marcas, e a partilha.

Genericamente, e em suma, as novas gerações são mais conscientes da utilização do seu orçamento; são preocupadas com a sociedade, com

Most loved brands by young adults, ages 18–29

RANK	COMPANY	RATING
1	YouTube	82%
2	Google	81%
3	Netflix	80%
4	Amazon	74%
5	Sony	72%
6	Pixar	71%
6	Hershey	71%
8	UPS	69%
8	Dollar Tree	69%
10	Colgate	68%
11	Kellogg	67%
11	Nike	67%
11	Warner Bros Entertainment	67%
11	Microsoft	67%
11	Home Depot	67%
11	Target	67%
17	Samsung Electronics	66%
17	Pillsbury	66%
19	Tostitos	65%
19	FedEx	65%
21	Dove	64%
21	Visa	64%
21	LEGO	64%
21	Subway	64%
21	Walt Disney	64%

Note: Each brand was surveyed, on average, 12,000 times from a pool of adults aged between 18 and 29 years old between January and March 2018. These adults were asked to rate their opinion of over 1,000 brands.

Fonte: Morning Consult, Business Insider, 2018

o ambiente e o consumo de produtos saudáveis; dão privilégio à utilização, em detrimento da posse; têm interesse na participação e na defesa de causas sociais.

Em termos de marcas e acentuando os seus interesses na comunicação e interacção social, as marcas mais preferidas pelos jovens adultos são precisamente algumas que se situam nessa área, como o YouTube, Google, Netflix e também, de um modo geral, marcas que assumem preocupações sociais e ambientais.

Segmentação digital

Tomando unicamente a segmentação nos meios digitais, os alvos mais comuns são (Rowles, 2018):

— Demográficos: critérios normalmente utilizados, como idade ou sexo, desde que se trate de utilizadores previamente registados.
— Comportamentais: por exemplo, correlação entre site de automóveis e anúncios de sistemas de crédito automóvel, ou seguros para automóvel.
— *Content matched*: inclusão de anúncios sobre temas correlacionados com o temas de sites visitados.
— *Re-targeting/Native advertising*: No caso de uma visita a site de uma dada marca, a possibilidade de gerar anúncios dessa marca noutros sites visitados.

Na era actual, em particular na economia digital, os alvos de segmentação devem-se focar nos grupos mais activos neste meio:

— Os Jovens (normalmente *early adopters*)
— Nativos digitais (estes, que podem servir de evangelistas dos meios e das marcas)
— E, em geral, os elementos pertencentes à Geração C, grupo etariamente transversal

Assume especial relevância na definição de uma estratégia global de marketing e, em particular, no meio digital, a procura da segmentação por perfis de utilização, para além dos critérios habituais, demográficos, sócio-económicos: por audiências, hábitos de presença online, preferências de consumo, transformação de leads em clientes, de entre outras.

As Personas

Uma técnica importante trazida pelo digital é a definição de "Personas", entidades abstractas que personifiquem os alvos-tipo principais – estereótipos – para cada marca.

Para isso, há que atender a um conjunto vasto de critérios como: atribuição de um nome, sexo, idade, profissão, educação escolar, objectivos, principais desafios da persona. Após a criação da persona, há que definir a estratégia de relacionamento baseada na definição da jornada de cliente e automatizar procedimentos e campanhas.

Segmentação B2B – Business to Business

A problemática da marca é mais comummente tratada, na prática e academicamente, na perspectiva B2C, do produtor para o cliente final, mas assume igualmente grande importância, na perspectiva B2B, entre duas ou mais empresas.

Por exemplo, a marca dos processadores INTEL, embora assuma relevância para o consumidor final, é sinal de garantia para muitas outras marcas de computadores pessoais, suas clientes; a Saint Gobain, no fornecimento de vidros para automóveis, ou a Air Liquide.

Embora no mundo das relações B2B a empresa assuma a maior importância, na escolha de parceiros e fornecedores, muitas empresas tornaram-se verdadeiras marcas, pela sua qualidade, imagem, reputação.

No domínio da Reputação empresarial, a força das marcas assume um valor relevante no mundo dos negócios.

Algumas marcas empresariais têm a capacidade de provocar o mesmo sentimento "de pertença" que as B2C provocam. A utilização de algumas marcas de ferramentas, por parte de profissionais, é também sinónimo de os mesmos se sentirem parte "do grupo" que utiliza as melhores ferramentas.

Como particularidade, na perspectiva B2B, há que ter em conta, diversos ciclos de compra e diferentes processos de decisão. A gestão da marca neste campo, tem igualmente de mapear estes ciclos e ser capaz de disponibilizar informação relevante, ao longo do processo (desde a procura de informação do produto até à procura de fornecedores; disponibilizar endereços de sites sobre a actividade), mesmo antes da decisão de gestão como, por exemplo, artigos da indústria e da actividade, e outros que possam a ajudar a informar (procura de opiniões nas redes sociais e outros contactos pessoais e profissionais), fundamentar e contribuir para o processo de decisão.

- Natureza da mercadoria
- Tipo de compra
- Localização da compra
- Código CAE
- Número de empregados
- Número de estabelecimentos
- Volume de vendas

Não obstante a referida importância, no mundo B2B outros factores são considerados de maior importância, na escolha de um fornecedor ou parceiro de negócio, como o preço, prazos de entrega, capacidade rápida de resposta a encomendas urgentes, de entre outras.

Em Portugal, também algumas empresas/marcas assumem relevância naquele tipo de escolha, como a Cimpor, Logoplaste, Mota-Engil, Microsoft, Oracle, SAS, Cisco, de entre tantas outras.

LESSON TO LEARN:

- Marcas de sucesso são aquelas que conseguem antecipar o estilo de vida das pessoas.
- O necessário conhecimento individual do consumidor, deve ser complementado com a análise da segmentação geracional. A dar atenção especial às novas gerações Millennial, Y e Z, em especial estes últimos nascidos na era digital.
- Com o desenvolvimento das redes sociais, é possível segmentar audiências através do seu comportamento nas mesmas.
- As novas gerações são mais conscientes da utilização do seu orçamento; são preocupadas com a sociedade, com o ambiente e o consumo de produtos saudáveis; dão privilégio à utilização, em detrimento da posse; têm interesse na participação e na defesa de causas sociais.
- As redes sociais e o ambiente digital, permitem a criação de "Personas", entidades abstractas que personificam os alvos-tipo principais – estereótipos para cada marca.

6

BRANDING. CONSTRUIR UMA MARCA

"As Marcas são símbolos. Vivemos num mundo dominado por ícones comerciais, onde os produtos são consumidos ***menos por aquilo que são*** *(materialmente)* ***e mais por aquilo que representam*** *(espiritualmente ou socialmente)."*

Douglas Atkin, "O culto das Marcas", 2008

"O símbolo é ao mesmo tempo um meio de comunicação e um território comum de entendimento")

R.M.MacIver, 1950

6.1. Metodologias de Kapferer, Aaker e Keller

São de referir no âmbito académico, principalmente, três autores no âmbito da produção académica em torno da problemática das marcas: os professores, americanos, David Aaker e Kevin Lane Keller e o francês,

Jean-Noel Kapferer, responsáveis pelas maiores contribuições a nível académico na área do *brand management*.

Metodologia de Kapferer

O "Prisma de Identidade" de Kapferer estabelece os aspectos essenciais da definição da identidade de uma marca.

Graficamente, o prisma hexagonal divide as várias da identidade, em 6 zonas: Física, Personalidade, Relação, Cultura, Reflexo do Cliente e Autoimagem do cliente. Lido verticalmente, cria 2 grupos: o aspecto exterior da marca e a personalidade incorporada na marca. Horizontalmente, estabelece 3 grupos: características relativas à empresa, características relativas aos clientes e a junção-relação entre eles.

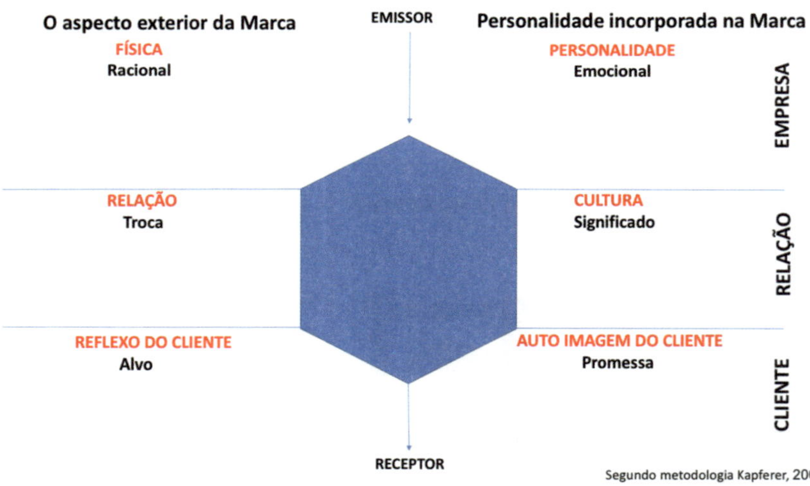

Segundo metodologia Kapferer, 2008

Os 6 grupos têm as seguintes características:

— **Física (Racional)** – Características físico-materiais da marca; os seus valores tangíveis. Constituem os atributos físicos da marca. O que é. O que faz. Qual a sua aparência. Exemplos: produtos, nome, logotipo, design, cor, símbolos, embalagem, assinatura (slogan).

— **Personalidade (Emocional)** – Aspectos imateriais, emocionais, comunicados ao mercado, que constroem e definem o carácter da marca. Na realidade, trata-se de construir uma dada personalidade, através da conjugação de atributos humanos. A forma como a marca se refere aos seus produtos vai determinar "que tipo de pessoa" seria, se fosse humana.
Exemplos: Discreta, Agressiva, Auto-confidente, Madura, Criativa, Ambiciosa, Inovadora, Inocente, Honesta.

— **Relação (Troca)** – Uma marca é uma relação multilateral e interactiva entre emissores (empresa e gestores da marca) e receptores (mercado, consumidores, clientes)
Exemplos: Distinção, Exclusiva, Qualidade reconhecida, Boa relação qualidade/preço, Preocupa-se comigo, Ajuda à integração social, Glorifica o corpo humano, Grandiosidade, Ostentação.

— **Cultura (Significado)** – Conjunto de valores que é comunicado e que liga a marca à empresa.
Exemplos: Individualismo, Ideais aristocráticos, Classicismo, Luxo, Internacional, Arte, Música, Desportos radicais, Desafia os limites, Desafia estereótipos, Promove a Autoestima e o Bem estar.

— **Reflexo do cliente (Alvo da comunicação)** – Uma marca dirige-se a um dado alvo, projectando uma imagem do potencial consumidor a que se dirige, embora haja uma percepção subjectiva de cada consumidor.
Exemplos; Lifestyle, Jovem, Quer ser especial, Confortável com si mesmo, Estilo, Segurança, Confortável, Classe Social alta, Transgeracional.

— **Auto-imagem do cliente (Promessa)** – A marca contém uma promessa implícita, ajudando à projecção pessoal de uma dada imagem que o comprador pretende ter. Como exemplo típico, o Porsche 911 projecta uma imagem do vencedor, daquele que profissionalmente atingiu uma posição de relevo.
Exemplos: Sentimento de pertença a um clube, Discretamente elegante, Pertenço ao meu tempo, Estou na moda, Pertença à

elite, Confiante, Único, Dinâmico, Enérgico, Quero viver a paixão, Ultrapasso os limites, Faço parte de uma bonita comunidade, Optimista.

Os factores apontados servem de base e são suficientes à definição e construção da identidade de uma marca. Cite-se o exemplo da aplicação desta metodologia à marca Lacoste.

PRISMA DE IDENTIDADE - EXEMPLO

Fonte: Kapferer, 1995

No cap. 4, por opção do autor, é utilizada esta metodologia para caracterizar algumas das marcas objecto de estudo deste livro.

Metodologia de Aaker

Aaker estabelece um "Sistema de Identidade de Marca", encarando-o em diversas perspectivas da sua construção como um produto, uma organização, uma pessoa e um símbolo.

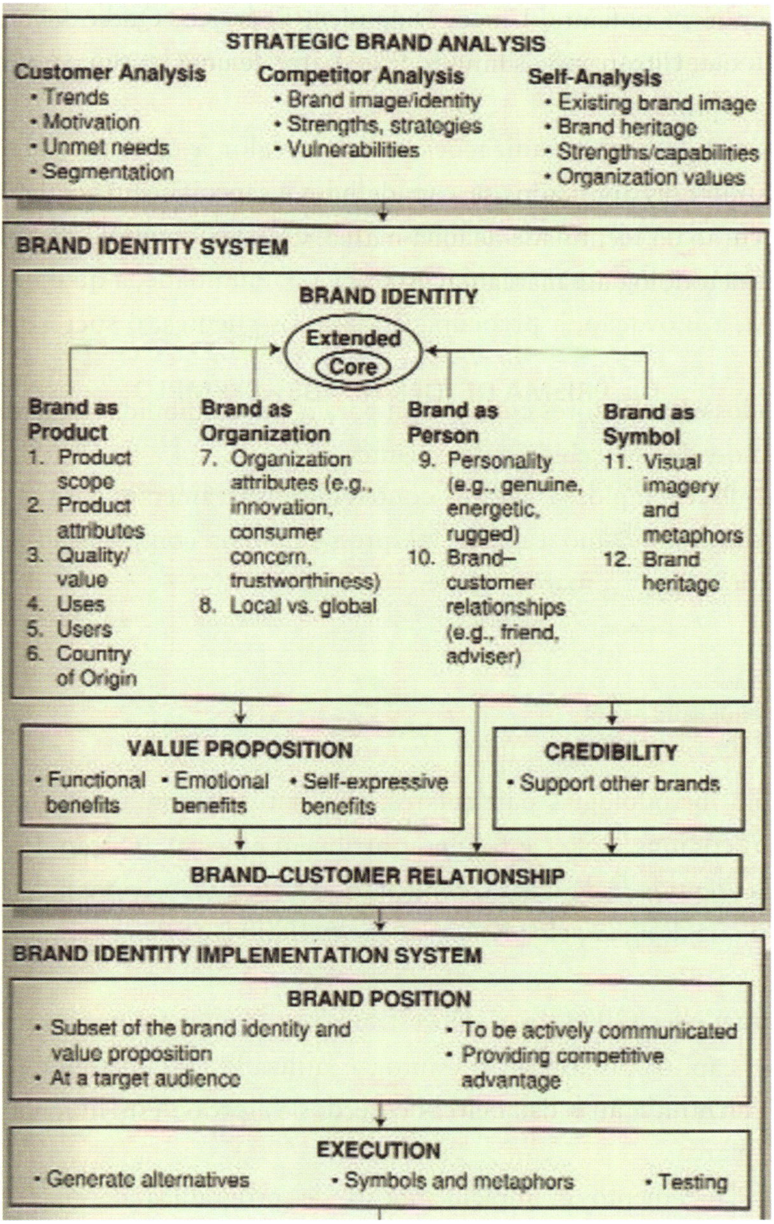

Aaker, 1996

Em função disso, deve ser definida na construção da marca, uma proposta de valor que contemple benefícios funcionais, emocionais e de auto-realização pessoal.

A implementação do sistema de identidade passa pela definição do Posicionamento e pela sua execução e, finalmente, o seu acompanhamento (*tracking*).

Para Aaker, as organizações aportam valor à marca, fundadas na sua cultura, valores, activos, capacidades e especialização; igualmente, também o fazem, as associações organizativas, como a sensibilidade ao ambiente, eventual orientação para a comunidade, a qualidade percebida, a inovação, a preocupação com os clientes, o sucesso empresarial.

Todos estes factores contribuem para a sua credibilidade no mercado e para o valor percebido pelos clientes.

Como exemplo, a Nestlé contribui positivamente para a marca Nescafé, assim como a marca Nespresso dá uma contribuição positiva, de retorno, para a marca Nestlé.

Metodologia de Keller

Com metodologias particulares, mas naturalmente cobrindo alguns pontos comuns, Aaker e Kapferer atribuem especial atenção à construção da identidade da marca, explicitando Keller, o posicionamento, através do que designa pelos *Points-of-Parity* (PoP) e os *Points-of-Difference* (PoD).

Para Keller (2003), a gestão estratégica da marca comporta 4 fases:

1. Identificação e Estabelecimento dos Valores e Posicionamento da marca
2. Planeamento e implementação de programas de marketing e branding
3. Medição e interpretação da performance da marca
4. Sustentação do crescimento da marca

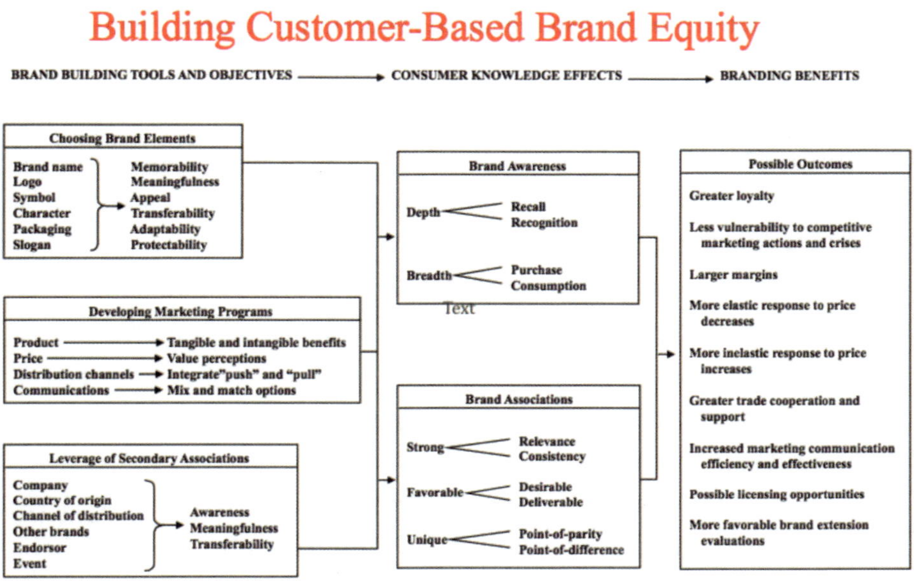

Source: Keller (2008) Strategic brand management, Pearson.

Keller e Kotler (2006), apresentam o Modelo de Ressonância da Marca, o qual aborda o processo da construção do valor da marca. Esta construção é também encarada como uma sequência crescente de passos, desde o conhecimento da sua existência (saliência), até ao desejo de relação.

Kotler, Keller, 2006

Proeminência/Saliência – Frequência da evocação da marca em situações de consumo

Performance/Desempenho – Capacidade do produto satisfazer as necessidades funcionais do consumidor

Imagem – Propriedades extrínsecas que permitem que a marca satisfaça as necessidades psicológicas do consumidor

Julgamentos – Opiniões, juízos e avaliações dos consumidores

Sensações – Respostas emocionais e reacções perante a marca

Ressonância – Natureza da relação dos consumidores com a marca, salientando de que forma os consumidores se encontram em sintonia com a mesma.

Marcas como a Apple, Harley Davidson, Ducatti, têm uma elevada ressonância.

Metodologia de Chernatony

Chernatony (2012), estabelece o processo de construção estratégica da marca, desde a Visão até à Implementação, fechando-se o ciclo, com a preocupação da avaliação da marca ser testada e reavaliada, a cada momento, face às diferentes etapas da sua construção.

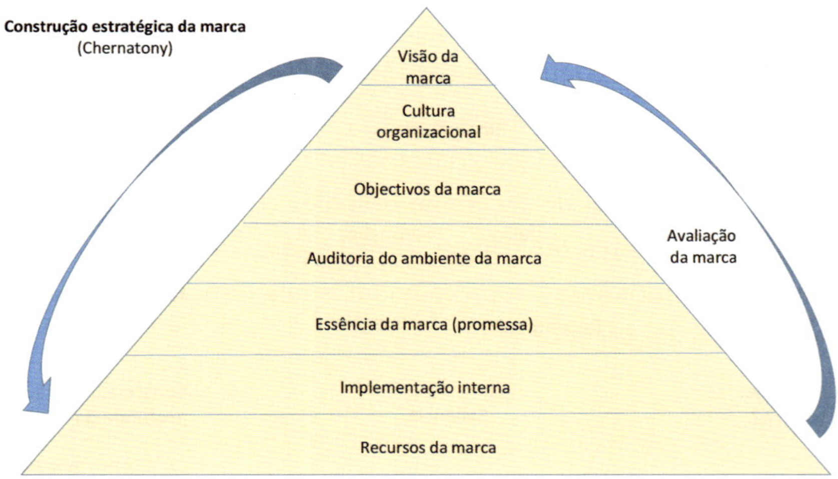

Chernatony (2009), acentua o necessário envolvimento social, ambiental e económico da marca, referindo a existência de 5 passos para a definição de uma marca:

1. Diferenciação – Construção de uma Proposta Única de Valor, que consiga ficar na mente dos consumidores
2. Posicionamento
3. Personalidade – como é comunicada interna e externamente
4. Visão – Envolvimento social, ambiental e económico (como a marca contribui para o bem estar dos empregados e dos clientes e contribui para a sua satisfação)
5. Valor acrescentado, na perspectiva do cliente, na medida em que possa aumentar a sua própria identidade, dando ênfase à cocriação participativa do cliente, na personalização das suas ofertas (ex: websites da Nike e Lego).

A construção da *brand equity*, assim como de identidade e imagem de marca, é um processo que estabelece vínculos tangíveis e intangíveis. Ultrapassa a escolha de elementos racionais como nome, logos, embalagens, produtos e serviços oferecidos, actividades e acções de marketing, até associações indirectas e mais irracionais com irracionais como sensações e experiências. A equidade de marcas é um processo que depende da execução sistemática e planeada de acções de branding. Destacando não apenas as qualidades palpáveis do bem ou serviço oferecido, mas estimulando a imaginação e a promessa da marca como forma de agregar valor e conquistar o topo da pirâmide.

A definição da Identidade da Marca pressupõe a resposta às seguintes questões:

- Qual é visão e o seu objectivo particular?
- O que a torna diferente?
- Qual a necessidade que ela preenche?
- Quais são os seus valores?
- Qual a sua área de concorrência?
- Quais os sinais que a tornam reconhecível?

6.2. Arquitectura e plataforma da marca: identidade, posicionamento, imagem

6.2.1. Da Visão à Construção da marca

(O quê?) O que somos? (VISÃO)

Uma marca pressupõe uma determinada Visão que o seu criador tenha do mundo, do mercado e do ambiente em que irá viver o seu negócio. Uma Visão da sociedade, do mundo, das tendências comportamentais mais relevantes dos consumidores e dos cidadãos, a percepção de para onde vai o mundo e quais irão ser as novas oportunidades daí decorrentes.

Essa Visão irá determinar qual o papel que a sua marca irá desempenhar no mundo, de forma a preencher esse objectivo. Por exemplo, se determinada Visão pressupõe que o mundo irá melhorar para as pessoas e que o objectivo da vida será a felicidade humana, há que criar uma definição de negócio (Missão) que contribua para essa situação.

Uma Marca constitui, então, na sequência de uma determinada Visão da sociedade, um sonho de alguém transformável numa identidade própria e única, que aporta uma dada personalidade e um conjunto de valores.

De alguma forma, este sonho transmite-se na incorporação e personalização em algo "quase físico", incorporado em produtos ou serviços, que vai provocar diversas percepções a quem com ela contacta.

(Como?) Como definimos a nossa marca? (MISSÃO e OBJECTIVOS)

A partir de uma dada e particular Visão do mundo e do negócio, há que definir a Missão da marca nesse contexto. Que necessidades pretende satisfazer? Qual o papel que quer desempenhar? Qual a sua contribuição para com todos os *stakeholders* com que se irá relacionar? Quais os objectivos que pretende atingir?

Que tipo de marca deverá ser criada atendendo a isso?

Missão definida, há que delinear quais os objectivos que a marca pretende atingir. De que forma ela definirá o seu negócio, de forma a atingir aquele fim?

Para quem nos queremos dirigir? Quais os Segmentos a atingir? Qual o nosso Alvo?

A segmentação, estática ou dinâmica, vai assumindo um papel cada vez mais importante na relação das marcas com o mercado.

É necessário ter em consideração a segmentação geracional, não tanto para conhecer individualmente o comportamento dos seus elementos, mas para enquadrar e perceber o ambiente social, económico, tecnológico, em que cada uma dessas gerações foi formada. Grandes linhas comportamentais podem daí ser detectadas, perante a sociedade, o valor relativo do património, o consumo.

Contudo, o novo ambiente concorrencial permite, para além desse enquadramento, conhecer os hábitos efectivos e reais de consumo dos clientes perante as marcas. A recolha e sistematização da sua presença on e offline, permite conhecer "de facto" cada um dos consumidores, permitindo disponibilizar "um marketing", "uma comunicação" e "uma oferta", devidamente adequadas aos verdadeiros interesses e relevância dessas propostas de valor perante eles.

Se uma marca existe para satisfazer um dado conjunto de necessidades, tem de definir quais os segmentos que pretende atingir e qual o seu alvo principal. O imperativo da definição de um alvo decorre das necessidades, naturalmente, variarem consoante os diversos segmentos de consumidores existentes na sociedade e no mercado onde a marca quer actuar.

Uma marca deve, assim, concentrar-se num dado alvo comportamental, embora os seus produtos possam ser eventualmente adquiridos por todas as pessoas que os desejarem.

Conhecidos são os exemplos das operadoras móveis, as quais disponibilizam, por exemplo, ofertas e marcas diferentes para diferentes segmentos: marca NOS, generalista, e WTF, para o segmento jovem; Vodafone, generalista, Yorn, para o segmento mais jovem. Ambas as dirigidas ao segmento jovem, com uma personalidade mais irreverente e uma linguagem comunicacional mais perto desse segmento, no fim, apresentando propostas de valor mais adequados ao perfil de utilização e comportamental desse segmento.

O exercício de segmentação não pode ser feito como no passado, datado, estático, de comportamentos anteriores, que se considerassem relevantes para o futuro. O mesmo tem de ser realizado através de uma análise continuada no tempo, dos comportamentos online, dinâmica, de forma a detectar todas as variações comportamentais do consumidor, em tempo real.

Análise SWOT, dinâmica

A análise SWOT (Pontos Fortes, Pontos Fracos, Oportunidades e Ameaças), tem constituído uma metodologia utilizada para tentar encontrar o "lugar certo" em termos concorrenciais.

Em termos teóricos, esta análise é importante e útil. Contudo, a evolução exponencial das tecnologias e a velocidade concorrencial dos negócios, vieram aportar grandes dificuldades à sua utilização. Com esta velocidade, o ambiente concorrencial de ontem já poderá estar hoje desactualizado. A interacção constante dos concorrentes com as marcas e a resposta célere de algumas, veio alterar constantemente este ambiente concorrencial. Assim, mais do que tentar fazer uma análise SWOT, mais ou menos estática ou datada no tempo, há que acompanhar permanentemente todos os momentos de contacto dos consumidores com a marca e as *customer journey* dos clientes. Para isso, há que utilizar a tecnologia, a *big* e a *small data*, a análise "algoritmizada" dos dados, permitindo uma resposta actualizada, "na hora", conveniente e relevante para os clientes.

Há, quase sempre, tendência para resistir à mudança dos métodos de análise que, de alguma forma, provaram "até esse momento" a sua eficácia, mas há que construir novos modelos de análise para uma realidade que se apresenta nalguns casos anticonvencional e disruptiva. Há que encontrar novos desenvolvimentos tecnológicos de aplicativos que permitam efectuar análises online e imediatas.

6.2.2. Arquitectura da marca

A construção de uma marca pressupõe a atribuição a esta, de características marcadamente humanas.

Cada pessoa tem a sua Identidade, a sua Personalidade, os seus Valores, os seus Comportamentos, a sua Unicidade e o seu ADN, a sua Imagem, que se constroem e vão evoluindo ao longo do tempo, em função do seu comportamento e dos impactos do, e com o ambiente em que vivem.

Uma Marca é algo que é definido à partida, pelo seu mentor e gestor, mas é também uma construção dinâmica ao longo do tempo, assumindo um carácter objectivamente relacional.

A definição à partida de uma marca, pressupõe a elaboração – à semelhança de uma pessoa – de uma dada Arquitectura: a sua Identidade, Personalidade, Valores, Imagem. A construção de uma marca vencedora implica que ela possa ser distinta e diferenciável das suas eventuais concorrentes, por isso dizemos que tem de ter um ADN, que seja próprio ou percebido como único pelo mercado a quem se dirige.

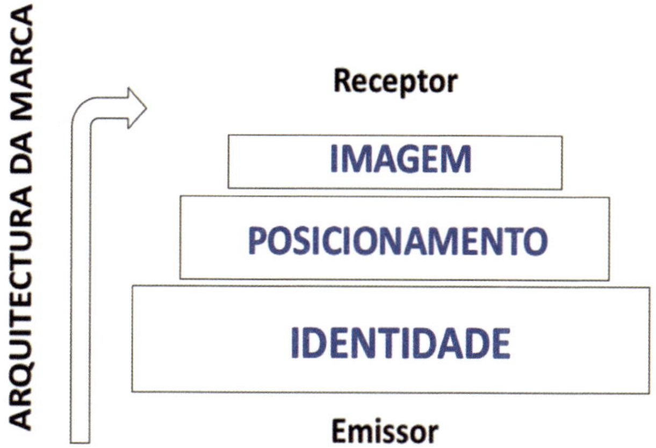

Mas, para que isso aconteça, pressupõe uma dada Visão do seu criador, que vá determinar não só a construção da sua Identidade, mas também de toda a orgânica que a irá gerir no futuro, incluindo a própria organização ou empresa.

6.2.3. A construção de uma marca

> *The process of branding is very like the process of writing. A good brand, like a good novel or poem, is capable of translating complex human thoughts into simple language.*
>
> Haig, 2006

Uma marca nasce com uma ideia. Uma ideia, um sonho, uma visão do mundo e do negócio. Uma forma de alterar o mundo. Uma ideia que tem de ser "materializada" em algo imaterial, na construção de uma identidade e uma forma de relação. Uma relação, desejavelmente, afectiva e próxima, que possa conduzir ao amor e à paixão.

É essa a essência fundamental da marca, criar no "parceiro" uma necessidade emocional que a torne parte indispensável da sua vida. E, assim é com a Harley Davidson, com a Apple, ou com a Billabong.

A arte de criar uma marca tem de ser complementada com a ciência de a gerir. Gerir o relacionamento, com os consumidores, os seus apóstolos, os seus concorrentes e todos os stakeholders.

Algumas questões prévias se devem colocar à definição de uma marca. À semelhança de um ser humano, uma marca necessita de ter uma identidade própria, que a caracterize e diferencie no mundo alargado dos negócios.

VISÃO
MISSÃO
IDENTIDADE-PERSONALIDADE
PROPÓSITOS - VALORES
SEGMENTOS-ALVO
ANÁLISE SWOT
OBJECTIVOS
ESTRATÉGIAS
TÁCTICAS-POLÍTICAS
RESULTADOS - AUDITORIA
BRANDING
BRAND MANAGEMENT

O que é o mundo para nós
Como definimos a nossa marca
O que somos e como somos
Quais os nossos valores
A quem nos queremos dirigir
Pontos Fortes e Fracos, Oportunidades e Ameaças
Que objectivos queremos atingir
Que metas queremos atingir
Como vamos atingir os objectivos e metas
Que resultados atingimos – O que correu bem e o que correu mal

6.2.4. Identidade da marca

A Identidade de uma marca é um conjunto de associações que os estrategas de Marca aspiram a criar e manter. Estas associações significam o que a Marca representa e implicam uma promessa aos clientes por parte da organização.

A Identidade da Marca ajuda a estabelecer uma relação entre ela e o cliente, através de uma Proposta de Valor que envolva Benefícios Funcionais e Emocionais.

Os Benefícios Funcionais, são aqueles que os utilizadores dos produtos dessa marca irão obter, em termos materiais e corpóreos:

— Preço
— Durabilidade
— Performance
— Usabilidade

Os Benefícios Funcionais têm a ver com a funcionalidade dos produtos: um automóvel serve para o transporte e deslocação entre dois locais; um sabonete serve para lavar as mãos; uma cadeira serve para sentar.

O consumidor tem um nível de escolha de cada um destes produtos, atendendo à sua funcionalidade e utilização. Por exemplo, na escolha de um automóvel, o consumidor compara e avalia, os preços relativos, as características técnicas, a performance, a segurança, a durabilidade, de entre outros factores. Mas, acresce a esta análise, a avaliação de outro tipo de benefícios emocionais, na qual a marca, a sua personalidade, valores, o que ela significa, o que ela permite atingir, o estatuto reconhecido, complementam e, por vezes, suplantam a análise dos benefícios funcionais, por exemplo em áreas em que poderão estar em causa aspectos de lifestyle, prestígio, reconhecimento social, de pertença a um dado grupo, vertente aspiracional, experiência de compra.

Os Benefícios Emocionais são, em termos de marca, os mais relevantes, pois são aqueles que vão ser entendidos pelos consumidores como únicos, através da sua intangibilidade. Deverão ser igualmente benefícios aspiracionais, pois isso conduzirá a uma elevada potencial ligação e desejo de consumir os produtos dessa marca.

Alguns desses benefícios, são:

— Sentimento de Pertença
— Experiência de compra
— Prestígio/Reconhecimento
— Empatia com os Valores e com a Identidade

Iphone

Benefício principal: instrumento de Comunicação.

Benefícios genéricos: telemóvel, acesso à Internet, máquina fotográfica, acesso a múltiplas aplicações, *user friendly*.

Benefícios emocionais: ter um produto de vanguarda da tecnologia, de uma marca *cool*, disruptiva, inovadora e líder, californiana, descontraída e informal, representativa de um *lifestyle* actual (um iPhone não é somente um *smartphone*, é um iPhone, assim como um Mac não é um PC, é um Apple).

No exercício de construção de uma marca, há que ter em conta aspectos físicos, materiais e aspectos psicológicos e estratégicos.

De entre os primeiros (físicos): o nome, embalagem, design, logotipo, os símbolos e a assinatura ("slogan").

Identidade da Marca

Física

- **Nome**
- **Embalagem**
- **Design**
- **Logótipo**
- **Símbolos**
- **Assinatura ("slogan")**

Psicológica/Estratégica

- **Território**
- **Personalidade**
- **Valores**

De entre os segundos (psicológicos/estratégicos): o território, a personalidade, os valores.

Identidade da marca

A Identidade da Marca ajuda a estabelecer uma relação entre ela e o cliente, através de uma Proposta de Valor que envolva Benefícios Funcionais e Emocionais

Benefícios Funcionais
- Preço
- Durabilidade
- Performance
- ...

Emocionais/Intangíveis/Aspiracionais
- Pertença
- Experiência de compra
- Prestígio/Reconhecimento

Identidade visual

Olins (2003), foi um dos pioneiros a encarar o design estratégico da marca como parte da identidade corporativa. Desta forma, a concepção da identidade visual deve estar sujeita e precedida de uma análise estratégica da marca, desde a Visão do seu criador, à Missão que quer desempenhar, aos Valores e Objectivos.

Não é correcto, pois, o desenho de um logotipo e de todos os restantes elementos gráficos, sem uma análise prévia profunda da estratégia do que a marca "é", e quer prosseguir no mercado.

Para Olins, o processo de construção da marca e o seu planeamento deve passar por diversas etapas, a saber:

- **Análise dos quatro vetores:** estudo do produto. Qual o ambiente em que o produto vai ser vendido, o modo como a comunicação irá ser feita aos consumidores;
- **Arquitectura da Marca:** como se estabelece a estrutura da marca, desde corporativa a individualizada;
- **Qualidade do produto ou serviço:** a comunicação do produto ou do serviço deve especificar a sua qualidade relativa;
- **O que está dentro e o que está fora:** a marca assume duas funções: convencer quem está fora a comprar e persuadir quem faz parte dela a crer no seu ideal;
- **Diferenciação:** se a marca conseguir transformar um objeto em desejo de consumo, a marca possui um diferencial e uma identidade própria;
- **Sair do óbvio:** para se ser bem sucedido, é importante "sair da caixa", pondo em causa os modelos de negócio existentes, lançando algo revolucionário e novo;
- **Pesquisar para reduzir o risco:** Analisar o mercado, recolher informações sobre os consumidores, o seu segmento-alvo e as tendências de mercado;
- **Promoção:** a comunicação é fundamental;

- **Distribuição:** para a perfeita gestão deste tópico é necessário conhecer o potencial do mercado, a sua capacidade de produção e, principalmente, a melhor logística para o processo de distribuição;
- **Coerência e Clareza:** a marca deve externalizar e reforçar a confiança, em coerência com a sua missão, imagem, posicionamento, segmentação, público-alvo, em unidade consistente com a cultura divulgada e a sua assinatura.

Após o exercício de *branding*, há que assegurar um correcto *brand management*, isto é, o desenvolvimento de acções estratégicas que assegurem a manutenção da coerência da marca com os seus princípios e introduzam as correcções necessárias para isso.

FÍSICA

- Nome
- Embalagem
- Design
- Logotipo
- Símbolos
- Assinatura ("slogan")

Nome *(naming)*

> *You want the company name to scream what the company does and what value it provides in one word.*
>
> Grace Leong, Managing Partner de Hunter PR

"A short name is usually a good thing", Gary Martin, President of Branding and Naming Consultancy Gary Mar3n Group. Gary considera os melhores exemplos: eBay, Nike e Ikea.

Os nomes podem ser reais (CTT, BBC, EDP), patronímicos (Calvin Klein, Ford, Disney, Tesla), toponímicos (Pão d'Açúcar), siglas/acrónimos (FIAT, BMW, BP), simbólicos/associativos (Amazon, Red Bull, Jaguar), ou imaginários (Apple, Nike), reais/descritivos (TAP Portugal), abstractos (Rolex, Kodak) ou compostos (Facebook, Ray-Ban).

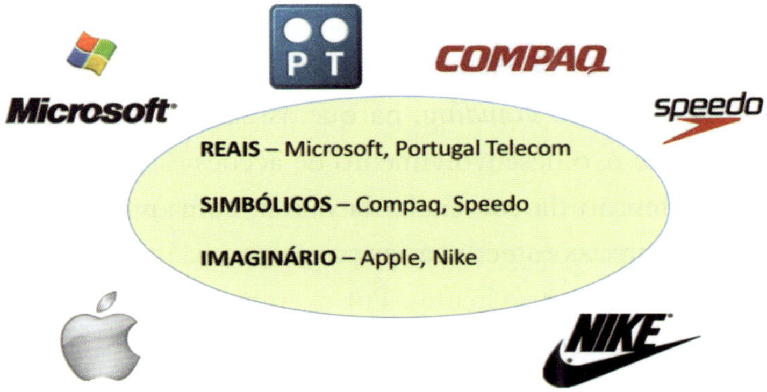

Cuidado particular a ter em marcas que sejam comercializadas internacionalmente pois, por vezes, há nomes de marcas que têm significados pejorativos em determinadas línguas, como o caso do Ford Pinto, cujo nome não foi autorizado no Brasil, ou o Hyundai Kona, que em Portugal se designa por Kauai.

- Quanto **menor** o nome **melhor**;
- Escolher nomes que remetam/lembrem a empresa/produto/serviço;
- Escolher nomes que tenham **significado lógico**; evitar nomes sem significado;
- Escolher um nome cujo domínio na internet esteja livre;
- Especial cuidado com nomes que tenham de competir no **mercado internacional**.

O nome deve ser criativo e original, coerente com os princípios da organização e com a visão da marca; tenha escrita, pronúncia e leitura fáceis e, finalmente, e não menos importante, possa ser registado.

Embalagem

A embalagem é uma componente importante da identidade visual. Consoante o segmento-alvo e o tipo de produto, há que criar uma embalagem que faça sentido.

Marcas de luxo utilizam embalagens cuidadas, constituindo elementos essenciais da identidade da marca. Uma embalagem diferenciada constitui um elemento de identificação mais rápido da marca, podendo aportar-lhe valor, já que contribui para a avaliação global de valor proposta ao cliente.

Alguns retalhistas utilizam sacos com a sua marca própria para embalar produtos de marcas entendidas como mais conceituadas, provocando algum desagrado nos seus clientes. Por exemplo, nalgumas ocasiões em que possa ter havido ruptura de stock, alguns retalhistas embalam produtos de uma marca de luxo em embalagens da sua própria marca, o que não agrada a alguns clientes, que interpretam isso como um *downgrade* do produto da marca de vestuário adquirida.

Na actualidade, atendendo às novas preocupações ambientais das gerações mais jovens, e não só, há que ter em conta como factor diferenciador, a possibilidade de substituir as tradicionais embalagens de plástico, por outras de material reciclável, o que começa a ser feito por certas marcas produtoras e da distribuição.

Logótipo

O reconhecimento físico de uma marca, através do *lettering*, da cor ou da imagem gráfica, é importante para uma identificação rápida da mesma.

Alguns logótipos permitem uma identificação imediata, mesmo que a imagem esteja cortada, como a McDonald's, ou a Coca Cola. A utilização de *letterings* específicos conhecidos, com outros nomes, levam a que a identificação se faça com a marca que reside na memória do consumidor, como o exemplo abaixo, do Diário de Notícias, Walt Disney.

Reconhecimento / Identificação gráfica

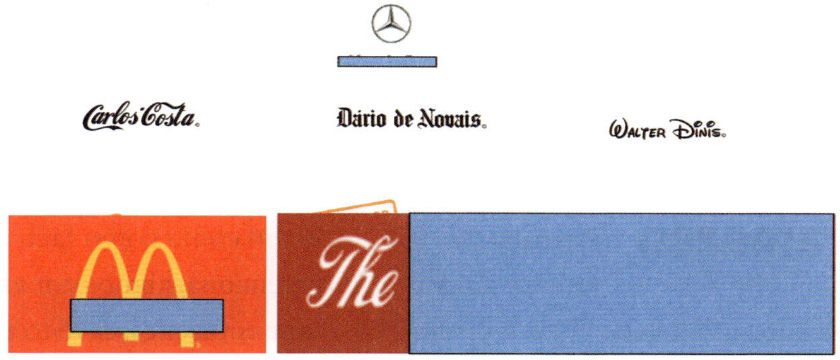

Utilizando-se, como simulação pedagógica, a cor e *lettering* de algumas marcas (o que não é legalmente possível na realidade), como os exemplos fictícios apontados acima, de "Carlos Costa" ou "Diário de Novais", uma leitura rápida e imediata levaria à confusão com as marcas originais que usam essas cores e *lettering*, o que reforça a necessidade de protecção legal destes elementos.

Um simples elemento gráfico, uma forma, uma cor, podem conduzir a uma identificação imediata da marca, como os casos aqui referidos. IBM, Rolls Royce, Coca Cola, ou Mars, são facilmente identificadas, mesmo se truncados.

Alguns logótipos reconhecidos

AMAZON

O logo da Amazon pretende significar um vasto leque de produtos que coloca à disposição dos seus clientes, de A....a Z. A seta quer também significar essa disponibilidade, assim como a rapidez da sua recepção pelo cliente.

O *lettering* está desenhado de forma a expressar uma cara feliz, demonstrando o foco da marca na satisfação dos seus clientes.

APPLE

A icónica maçã representa a descoberta da gravidade por Isaac Newton, mas também expressa o desafio ao *establishment*, do episódio bíblico da maçã mordida de Adão e Eva. Primeiramente a maçã tinha riscas do arco íris mas, mais tarde, foi simplificada, tornando-se de cor branca.

CHANEL

Os "C" designam o nome da criadora Coco Chanel, mas o design provém da inspiração da criadora numa visita a um *château* em Nice, França, cuja arquitectura dos arcos lhe trouxe a ideia da imagem gráfica deste logotipo.

NIKE

O *swoosh* foi criado em 1971, com inspiração da deusa grega da vitória – Nike – sendo um dos mais reconhecidos logos do mundo. O símbolo pretende expressar velocidade e movimento, aliado à assinatura *Just do it*, como um elemento de simplicidade, significando a facilidade atingir qualquer objectivo.

VODAFONE

A marca foi criada em 1997. O símbolo pretende simbolizar a voz e a conversação. A cor vermelha quer simbolizar o som e a paixão.

As cores

No processo de construção, as marcas escolhem e adoptam determinadas cores, consoante a sua identidade, coerência com o posicionamento pretendido e imagem que querem ter.

Cada cor assume um determinado significado e impacto junto do consumidor. Desta forma, é necessário ter estes aspectos em atenção.

McArdle aponta alguns exemplos, em que explicita algumas diferenças entre várias marcas, como a McDonald's e a Starbucks e os efeitos pretendidos.

Abaixo vemos uma imagem de Simon McArdle que explica claramente isso:

Starbucks

VERDE
Associado a saúde, tranquilidade e natureza, estimulando harmonia e equilíbrio entre o corpo e as emoções.

SEREIA
A imagem da sereia estimula os consumidores a associarem a marca à natureza.

"RECICLADO/MARROM"
O uso do "marrom reciclado" com o verde promove um senso de sustentabilidade e relaxamento, chamando consumidores para uma parada na Starbucks para aliviar o stress do dia-a-dia.

McDonald's

VERMELHO
Usado para criar apetite e senso de urgência, conseguindo clientes para comer e sair dali rapidamente.

AMARELO
Associado ao otimismo. A marca registrada **"M"** é usada para criar uma atmosfera positiva para o McDonald's, como pode ser visto pelo slogan **"amo muito tudo isso"**.

MASCOTE
O Ronald McDonald é um palhaço vestido de amarelo e vermelho, estimulando ânimo e energia, além de ser uma grande atração visual para crianças.

Fonte: Color Emotion Guide, de Simon McArdle, para The Lego Company

O símbolo

A semiótica, criada por Charles Peirce, filósofo, matemático e cientista americano do séc. XIX, formulou uma teoria geral para os signos, definindo-os como "algo que representa alguma coisa para alguém em algum lugar".

O símbolo pode constituir igualmente um factor de diferenciação e de identificação rápida da marca. Este é um aspecto importante, na medida em que essa situação pode poupar tempo de comunicação, se o consumidor conseguir rapidamente reconhecer, na comunicação, de que marca se trata.

Os sinais da marca (cor, logotipo), se devidamente diferenciáveis, conduzem o consumidor à identificação de tudo o que ele reteve nas experiências anteriores com essa marca. Esses sinais são uma peça relevante na construção de uma marca que se queira vencedora.

Um símbolo produz um efeito interpretativo, despoletando no receptor um conjunto de relações que caracterizam uma marca, caso ela seja conhecida pelo mesmo, relações essas que não se limitam ao grafismo, mas a um conjunto de características, comportamentos e experiências que ele tiver tido com essa marca.

Exemplificando, num estudo efectuado para a McDonald's, para avaliar de que forma o símbolo dos arcos, despoletava um conjunto de relações em relação à marca, o resultado pode ser observado na figura abaixo.

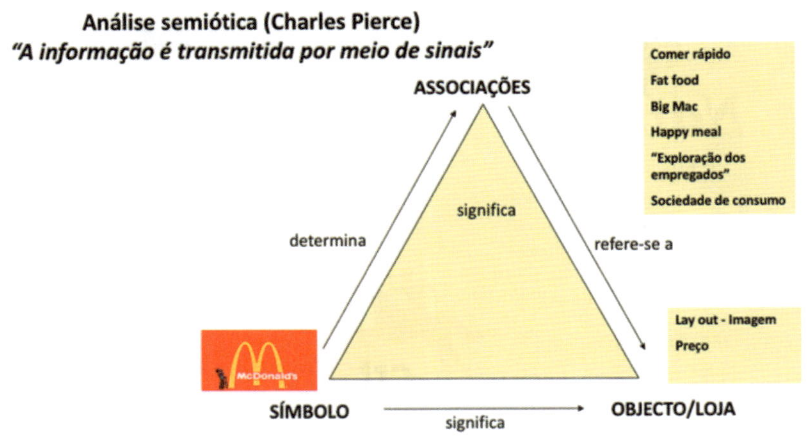

Exemplos de caracteres e símbolos de marcas

Hush Puppies (Puppie dog)

Marlboro (cowboy)

McDonald's (Ronald McDonald)

Qantas (Canguru)

Michelin (Bibendum)

Sagres (escudo nacional)

Nando's (galo de Barcelos)

Sacoor (galgo)

CTT (mensageiro/carteiro)

Smash your brand

Com o objectivo, sempre presente, de permitir uma identificação rápida da marca, Lindstrom defende o "*Smash your brand*", significando a utilização de símbolos, cores, formas, que possibilitem uma imediata identificação.

Como exemplo, o briefing que conduziu ao desenho da garrafa da Coca Cola, determinava que, caso a garrafa, se partisse, qualquer estilhaço de vidro da mesma permitisse a identificação imediata da marca; ou as orelhas pretas do pato Donald, com a Disney; a Singapore Girl, com a marca de aviação; ou os arcos amarelos da McDonald's.

Manual de identidade visual da marca

A elaboração de um Manual de Identidade de Marca constitui um elemento importante, para a assegurar que, do ponto de vista gráfico, os diversos elementos "físicos" da marca se mantêm coerentes em qualquer reprodução a que sejam sujeitos.

Trata-se de um instrumento que estabelece as normas técnicas, recomendações e especificações para a utilização da identidade de uma

determinada marca. O Manual deverá definir o logotipo e as suas diversas aplicações em texto, publicidade e estacionário, as cores que a marca pode utilizar, seus códigos, as fontes (tipos de letra), a aplicação vertical e horizontal do logotipo, e todas as outras características técnicas a que o grafismo da marca deve obedecer, de forma a manter a coerência desejada de apresentação.

O Manual de Marca define as normas de utilização gráfica da marca, estabelecendo como os logos, símbolos, cores, tipos de letra (*fonts*) que podem e não devem ser usados. Constitui, pois, um instrumento relevante para assegurar a coerência da identidade gráfica da marca, em todas as suas utilizações, desde materiais publicitários, a outros de comunicação e estacionário.

PSICOLÓGICA/ESTRATÉGICA

Território

O Território de uma marca constitui a sua área do negócio, não na perspectiva geográfica, mas na da satisfação das necessidades do cliente.

A escolha do território de actuação da marca é um passo importante, pois vai definir o enquadramento da actividade e até eventual expansão futura. Por exemplo, de início a Disney teria definido como seu território o dos filmes de animação e a banda desenhada. Com o passar dos tempos e a evolução registada no sector filmográfico, a Disney redefiniu o seu conceito e território como o de "entretenimento". Esta redefinição e maior abrangência, veio possibilitar reequacionar toda a sua oferta, desde filmes diversos, a parques temáticos, a produtos e serviços que fizessem sentido oferecer no mercado, dentro do novo âmbito criado.

A definição do território deve ser efectuada, não na óptica do que se produz ou disponibiliza, mas na óptica da satisfação das necessidades do mercado.

Como exemplos:

— De Entretenimento
— De Soluções de Poupança (e não de depósitos a prazo)
— De Bem Estar (e não de health clubs)
— De Mobilidade (e não de transportes)

O Território escolhido é um factor importante na construção da marca, na medida em que vai delimitar um quadro de desenvolvimento futuro da mesma, não limitando à sua área presente de negócio, ao encontrar soluções que satisfaçam um mais amplo leque de necessidades, em torno de um factor comum, assim como uma mais correcta definição do ambiente concorrencial em que se vai mover.

No exemplo das "soluções de poupança", esta escolha de território não limita os tradicionais depósitos a prazo, mas a todo um conjunto de produtos e serviços, que as instituições financeiras disponibilizam, como os Planos de Poupança Reforma, Fundos de Investimento, Obrigações, Acções, etc. Desta forma, não se enfoca a definição do território no produto, mas sim na necessidade do consumidor a satisfazer, no caso a aplicação de poupanças.

Personalidade e Diferenciação

A personalidade de uma marca pode ser definida como um conjunto de características humanas associadas a uma determinada marca (Aaker, 1996).

É mesmo possível atribuir a uma marca, um género ou uma classe socioeconómica. Por exemplo, a Marlboro é uma marca masculina; a Stolishnaya pode ser considerada uma marca adulta, enquanto a Absolut uma marca jovem; a Primark, de classe mais baixa, a Maximo Dutti, ou a Sacoor, de classe média.

Uma marca tem, assim, uma personalidade equivalente a uma pessoa. Quanto mais isso acontecer, maior é a possibilidade de sucesso. Como uma marca tem um carácter relacional, a maior entropia consumidor/marca pode ser atingida desta forma. Procuram-se criar características pessoais, valores, direitos e responsabilidades, na construção da marca.

A humanização da marca, através da atribuição de características identitárias, de personalidade e de comportamento constituem, em consequência, factores de sucesso.

PERSONALIDADE e DIFERENCIAÇÃO

- Uma marca tem uma personalidade equivalente a uma pessoa.
- As características pessoais, valores, direitos e responsabilidades, podem ser atribuídas a uma marca.

Exemplos

COMPETÊNCIA – Confiável: Bem sucedida

SOFISTICAÇÃO – Fascinante; Elitista

EMOÇÃO – Ousada; Alegre; Criativa

INTEGRIDADE – Honesta; Sincera

A gestão continuada da marca pressupõe a manutenção da coerência da sua identidade e imagem.

Após o conhecimento e interacção, as pessoas têm a expectativa que as marcas se comportem de certa forma e não aceitam outras formas de comportamento, à semelhança da sua relação própria com os seus amigos e conhecidos. "Isto é muito típico dele", ou "Isto não tem nada a ver com ele", são expressões que se utilizam no relacionamento pessoal, mas que se podem igualmente aplicar às marcas.

Personalidade das marcas na era digital

Colon (2016), considera que existem 6 tipos de personalidade de marcas no limiar da era digital e disruptiva:

1. **A Negadora**, que rejeita e está fechada à realidade não desejada. Uma marca que não se adaptou, nem se quer adaptar, às novas realidades. Julga que será talvez demasiado grande para falhar. A realidade demonstra, contudo, o contrário.
2. **A Especialista** é uma marca utilitária, mas fria e calculista. Normalmente, não se apercebe que o que fabrica poderá deixar de ser preferido pelos consumidores.
3. **A Revisionista**, é dogmática, meticulosa, refugiando-se na repetição dos seus modos de acção anteriores, tentando repeti-los e melhorá-los. Tenta que o passado se mantenha, sendo avessa à mudança.
4. **A Super-simplificadora**, tenta apresentar-se como capaz de tudo. Usa grandes palavras e chavões.
5. **A Visionária**, não adivinha o futuro porque isso não é possível, mas contribui para a construção do mesmo. Combina criatividade, empatia, inteligência e data, acompanhando a rápida evolução, sempre a olhar para a frente, estando atenta às incertezas, na tentativa de mapear o futuro, em alternativa a outros que o possam fazer. Na realidade, este tipo de marcas criam o futuro em que vamos viver.

6. **A Provocadora**, tenta ser visionária mas não é suficientemente transparente, tentando convencer as pessoas que o é. Como refere Colon, comporta-se como "lobo em pele de carneiro", agindo como provocadora. Engana os consumidores, até que seja descoberta, despoletando a reacção daqueles, que a poderão aniquilar através das redes sociais.

Essa "identificação humana", caso ela se afaste do seu reconhecido carácter, leva a que a seja percepcionada no mercado, com alguma surpresa, como "isso não é típico dele". Imagine-se, por exemplo, que a Disney cometesse o erro de entrar no mercado dos filmes pornográficos. Certamente, isso iria destruir a marca, em virtude de ser tradicionalmente percebida, como fiável, familiar, amistosa, pedagógica.

Percebe-se, assim, como é relevante para uma marca ser vencedora, ter uma identidade forte e diferenciável, uma personalidade, carácter e comportamento, dentro do expectável, ter um conjunto de valores e associações, em linha com a sua cultura.

Posicionamento

O posicionamento é/deve ser um dos factores de maior diferenciação das marcas no mercado. O posicionamento, que reflecte a forma como a marca quer ser vista pelo mercado, é normalmente traduzido na assinatura da marca, traduz a Promessa da marca.

Para Kotler (2006), "o Posicionamento é o acto de desenhar a oferta da empresa e a sua imagem, de forma a que ela ocupe um lugar valioso e distinto, no topo das mentes dos consumidores". O Posicionamento, para Kotler, consiste então em encontrar o lugar próprio na mente dos segmentos dos consumidores-alvo.

O Posicionamento deve salientar as características distintivas da marca, de forma a que sejam relevantes para o alvo a que se destine. Pressupõe explicitar um benefício para o consumidor e um propósito ou razão para acreditar na mesma. É, igualmente, importante que defina o seu território de actuação, percebendo qual/quais os seus principais concorrentes.

Brand map

Um dos elementos utilizados para determinar o posicionamento e a imagem relativa de uma marca face à sua concorrência, é o *brand map*. Um *brand map* constrói-se, seleccionando dois dos principais factores que possam ser determinantes na escolha, por parte dos consumidores, dos produtos de uma dada marca. Como exemplo, admita-se que no ramo automóvel, possam ser o preço e a performance. Assim, perante estes dois critérios, num simples sistema de dois eixos, representam-se a marca em causa e os seus principais concorrentes.

No caso abaixo, a posição de diversas marcas de chocolate num *brand map* ajuda a situar e a finar posições concorrenciais, desde a mais elevada qualidade e preço, até à qualidade e preços mais reduzidos.

Esta metodologia permite, então, determinar a posição competitiva das marcas concorrentes, em termos de posicionamento e/ou imagem, podendo servir para efectuar eventuais correcções necessárias ao posicionamento pretendido.

Points of parity e Points of Difference (PoP e PoD)

Uma marca vai concorrer no mercado com marcas que se situam no seu território. Para se tornar relevante para os consumidores, terá de cumprir a satisfação das mesmas necessidades funcionais e emocionais das suas principais concorrentes: os *Points of Parity, PoP.* Mas, para se evidenciar e criar uma proposta única, terá também de ter *Points of Difference, PoD* (Keller, 2003).

Os PoP são associações que não são exclusivas de uma dada marca, podendo ser partilhadas com outras. Elas existem porque correspondem a características consideradas relevantes, ou mesmo indispensáveis pelos consumidores, no que se refere a determinada categoria de produto ou serviço.

Quando se trate de uma inovação disruptiva, é necessário que a marca mantenha as características consideradas indispensáveis pelos consumidores para os produtos e marcas concorrentes nessa categoria. Por exemplo, o serviço embora disruptivo mantém as características e propósitos-base do serviço requerido pelos seus clientes; a Dove, lançando produtos *soft*, com creme, mantém todas as outras características consideradas relevantes.

Os PoD constituem fortes, favoráveis e únicas associações para uma marca. Estes PoD poderão ser derivados de um qualquer benefício ou atributo da marca (Keller, 2003), que os consumidores percepcionem como únicos, impossíveis de encontrar nas suas concorrentes. Esta noção de Keller é, de alguma forma semelhante, à de *USP-Unique Selling Proposition* (Proposta Única de Valor, em português), lançada nos anos 50, por Rosser Reeves e pela agência de publicidade de Ted Bates.

Esse sentimento de "único" percepcionado por parte dos consumidores, pode ser derivado de características únicas dos produtos de uma dada marca, da forma de comunicar ou de distribuir. Trata-se de uma percepção diferenciada da "proposta de valor" que lhes é apresentada.

Caso a USP coincida com os "factores críticos de sucesso" (isto é, os factores sem os quais a marca ou o produto, não poderão ser bem sucedidos) na categoria, poder-se-á afirmar que a marca disporá de uma verdadeira vantagem competitiva.

O Posicionamento reflecte como a marca quer ser vista e identificada pelo mercado. Por isso, a sua escolha tem de reflectir características diferenciais face à sua eventual concorrência e mercado, de forma a que possa também ser reconhecida como diferente e, se possível, única.

A sua definição tem de atender às características próprias – pontos fortes – que a possam diferenciar. Idealmente, se os pontos fortes igualarem os factores críticos de sucesso no território concorrencial em que se encontra, conduzirá a uma forte vantagem competitiva.

A escolha do Posicionamento na respectiva categoria concorrencial deverá ser baseado em Vantagens Comparativas, num Atributo. Traga um "Plus" específico que a Diferencie dos seus principais concorrentes, num Benefício.

Exemplos:

- Factor diferenciador – Dove (creme)
- Benefício objectivo – iMac (userfriendly). Dell (value for money)
- Benefício percebido – IBM (segurança)
- Aspectos de personalidade – Axe (cool)
- Imaginário – Marlboro (American wild west); Ralph Lauren (old new England)
- Reflexo no consumidor – AMEX (sucesso)
- Valores profundos – Nestlé (amor materno); Nike (mentalidade no desporto)

O Posicionamento deve enfatizar características distintivas, apelativas, que a Marca possua:

- Que benefício(s) para o consumidor?
- Uma Marca para quem? (alvo)
- "Razão para acreditar"?
- Uma Marca "contra" quem? (principal concorrente)

Alguns outros exemplos:

- The Body Shop – Amiga do ambiente
- Volvo – Segurança
- BMW – Qualidade, Styling e Performance. *The ultimate driving machine*
- IKEA – *Good quality furniture at a low price*
- Disney – Fun, Magic, Family entertainement
- Nike – Just do it
- Burger King – Have it your way
- Avis – We try harder
- De Beers – Diamonds are forever

LESSONS TO LEARN:

- ➢ O processo de elaboração da Arquitectura da marca passa pela construção da Identidade, Posicionamento e Imagem, construída em torno dos Valores da mesma, consequência da Visão, Missão e Objectivos definidos.
- ➢ A construção da Identidade, é composta por 2 aspectos: Física e Psicológica/Estratégica.
- ➢ Um posicionamento correcto e diferencial é fundamental para o sucesso de uma marca.

A identidade de marca e o seu posicionamento vão determinar uma dada imagem no mercado. Pode-se comparar esta relação como se de um espelho plano se tratasse. É desejável que a imagem projectada no mercado seja idêntica à identidade projectada, caso não o seja, isto é, se a marca estiver desfocada, não existe essa similitude e, então, terão de ser adoptadas medidas correctivas para que isso seja alterado.

Valores

Os "valores" são o conjunto de "crenças" que se misturam com "princípios" e que juntos determinam o comportamento das marcas no mercado.

(Porquê?) Quais os nossos valores? (Propósito)

"Customers must recognize that you stand for something"
Howard Schultz, ex-CEO Starbucks

Na terminologia anglo-saxónica, uma marca deve ter uma *reason why?, what does it stand for?* Ela deverá ter um Propósito, uma razão para existir, uma afirmação que a sua identidade e a experiência que os consumidores poderão vir a ter com ela, vai preencher uma necessidade, uma aspiração, algo que vai contribuir para um sentimento de bem-estar dos seus utilizadores.

Cada vez mais os consumidores preferem e têm consideração por marcas que têm preocupações sociais, ambientais, humanas, pelo que "o propósito" constitui um elemento fundamental na construção de uma marca. Como refere Carlos Coelho: "*as marcas antes de serem rendimentos são sentimentos*", por isso a relevância da existência de um propósito forte, determinado, desejavelmente com a abrangência e preocupações referidas.

Uma marca tem um significado

O Propósito é a Alma da Marca

Rita Sambado (Marcas de Propósito, 2018)

Qualquer marca, desde que conhecida, tem um significado para o consumidor. Comparando "táxi" e "UBER", que significados terão estas marcas para os consumidores? Que disrupção introduziu a UBER para ter o estatuto que já adquiriu?

"Táxi", é um meio de transporte individual, mas que condensa todo um conjunto de experiências negativas, que têm levado muitos consumidores a preferirem a alternativa UBER. Muitas experiências negativas, um pouco por todo o mundo, têm-se traduzido em mau serviço, antipatia de motoristas, carros velhos, muitas vezes pouco limpos, assim como alguns dos seus condutores, fraude no preço das viagens.

Por contraposição, UBER, significa, disponibilidade, acolhimento simpático, serviço de qualidade, facilidade de acesso e de pagamento, viaturas novas, simpatia de atendimento.

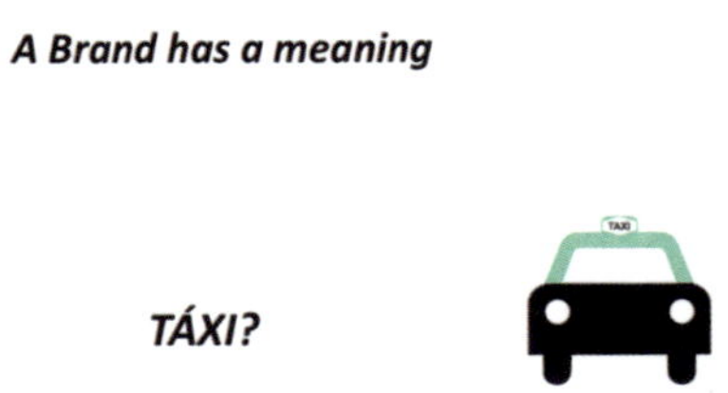

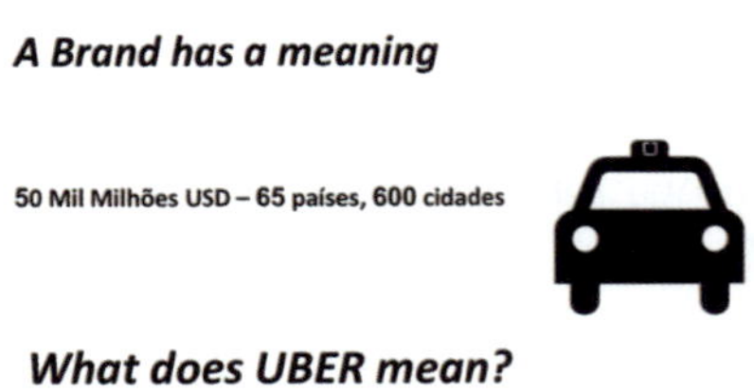

Devidamente difundidos, os valores:

- — Promovem a uniformidade na atitude dos colaboradores da empresa
- — Influenciam o seu comportamento perante os clientes, parceiros, fornecedores e a comunidade
- — Atraem talentos, traduzidos na satisfação dos clientes

— Finalmente, exercem um papel fundamental na manutenção da "essência da marca" durante o processo contínuo e delicado da sua construção.

Os valores de uma marca constituem um dos factores intangíveis mais importantes a definir e gerir. Estas "crenças" têm de se traduzir em princípios de actuação que devem determinar toda a actuação da marca no mercado e na sua relação com os seus clientes.

A defesa coerente desses valores – pré-determinados – constitui um elo de confiança para os consumidores assegurando um certo nível de segurança, na sua relação com as marcas.

As grandes marcas – e por isso o são – possuem um significado, um propósito explícito, construindo com grande rigor a sua arquitectura e respectivas propostas de valor, em torno dos valores assumidos.

NESTLÉ

A Nestlé tem uma identidade de qualidade nos produtos alimentares, particularmente para os bébés e as crianças. A sua imagem é tão forte, neste domínio, que a marca constitui uma garantia de qualidade e confiança para os pais.

VALORES
Exemplo:

ambição, competência, individualidade, igualdade, integridade, serviço, responsabilidade, respeito, dedicação, diversidade, melhoramento, lealdade, credibilidade, honestidade, trabalho em equipa, qualidade, eficiência, excelência, dignidade, colaboração, empatia, realizações, coragem, sabedoria, independência, segurança, desafio, influência, amizade, compaixão, generosidade, persistência, optimismo, flexibilidade.

Nestlé

1. Pessoas em 1º lugar; 2. Estreito Relacionamento das Marcas com o Consumidor; 3. Liderança de Mercado e de Atitude; 4. Qualidade Superior; 5. Performance; 6. Comprometimento; 7. Respeito; 8. Ética; 9. Transparência.

SINGAPORE AIRLINES

A Singapore Airlines tem, desde sempre, assumido a qualidade e simpatia do serviço, como uma das suas principais características. Alia à preocupação, quase "obsessiva", de servir com excelência os seus clientes, o óptimo tratamento e consideração pelos seus colaboradores. A "*Singapore Girl*", base da imagem junto do mercado, expressa o ponto central dessa preocupação, traduzida igualmente no alegado alto grau de satisfação expresso pelas colaboradoras da companhia aérea.

VALORES

Exemplo: Singapore Airlines

1. **Excelência de serviço**. Assumem querer ser os melhores em tudo o que fazem
2. **Segurança**. Aspecto crucial da operação tendo em vista os seus clientes e colaboradores
3. **O Cliente, sempre, em primeiro lugar**. Objectivo: não cumprir, mas ultrapassar as expectativas dos seus clientes
4. **Colaboradores**. Tratamento com respeito e dignidade, propiciando adequada formação e desenvolvimento de competências e carreiras
5. **Integridade**. Prosseguimento da justiça em todas as relações de trabalho
6. **Trabalho de equipa**. Trabalho com orgulho, a nível mundial, com o objectivo de atingir o sucesso em conjunto com todos os colaboradores

NIKE

A Nike alia a uma excelente qualidade dos seus produtos, uma clara identidade e uma promessa de inspiração a todos, atletas ou não, os que usarem os seus produtos.

Na sua estratégia de comunicação, a marca está sempre ligada aos vencedores em diversas modalidades desportivas, projectando a imagem que "os melhores" usam Nike.

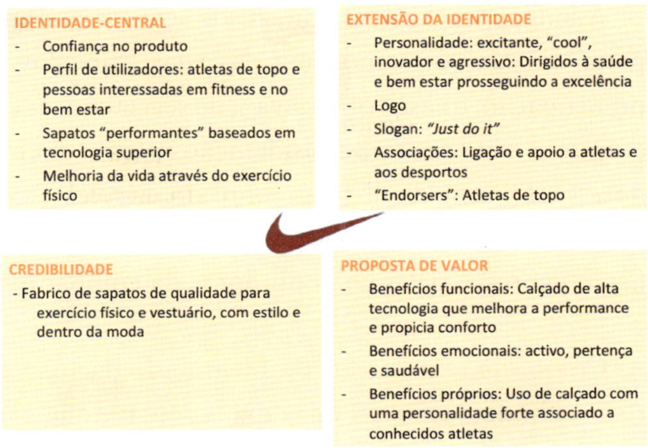

MC DONALD'S

A McDonald's, percursora do *fast food*, tem uma proposta de valor clara, traduzida na relação qualidade-preço dos seus produtos, assumindo complementarmente – em especial nos EUA – um envolvimento social que caracteriza a marca como amiga das comunidades em que está presente.

A totalidade da proposta de valor que apresenta, assenta na trilogia família-crianças-divertimento, pretendendo logo ser vista como "um restaurante de família".

Apesar da sua larga expansão no mundo e sucesso, a marca tem atravessado alguns períodos de alguma perturbação, em virtude das soluções alimentares que disponibiliza, serem encaradas como de elevado impacto na obesidade das crianças.

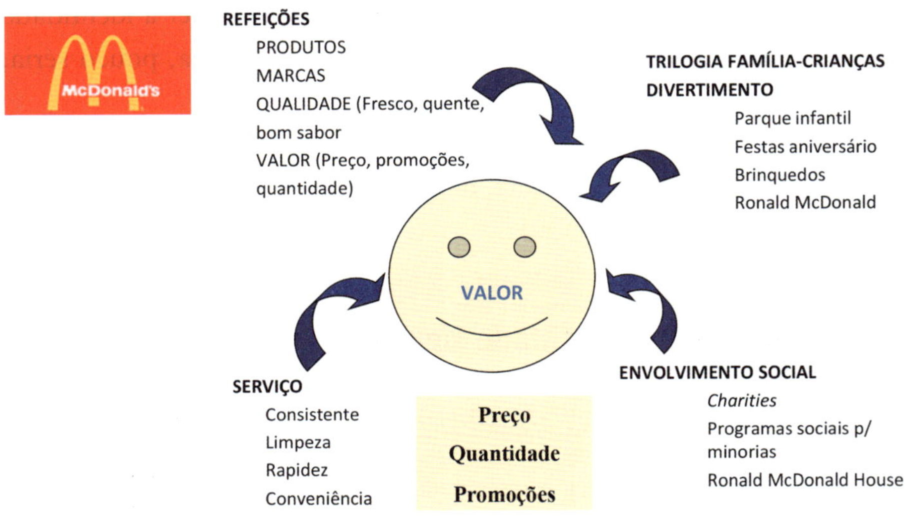

Como, na construção da identidade da marca se atribuem características humanas às mesmas diz-se, então, que elas assumem uma dada personalidade, devidamente escolhida aquando do desenho da sua arquitectura.

Uma marca, à semelhança de uma pessoa pode ser competente, sofisticada, íntegra, honesta, na perspectiva do seu criador ou da sua imagem

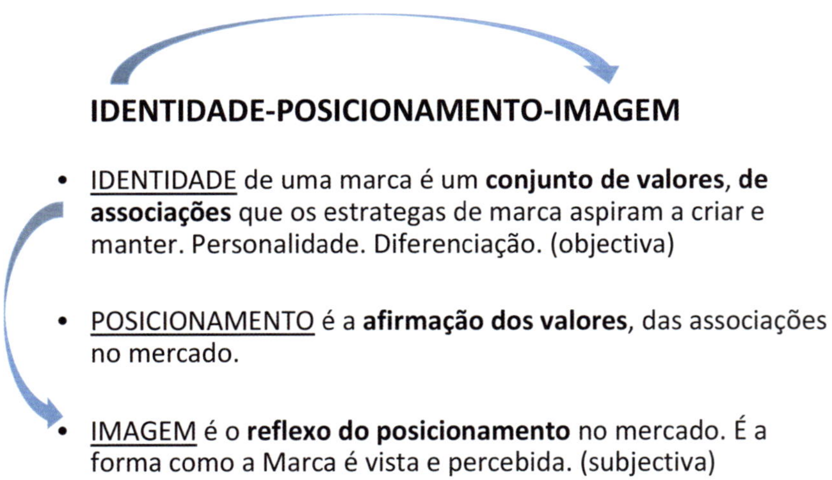

no mercado, sendo grave se esta imagem não corresponder à identidade pretendida, por exemplo, percepcionada como desonesta, pouco séria, não rigorosa.

Em síntese, a trilogia Identidade-Posicionamento-Imagem, tem de constituir uma entidade coerente, de forma a que a marca consiga projectar aquilo para que foi criada.

Uma forte identidade significa:

- Uma bem identificada actividade
- Um genuíno valor acrescentado
- Uma personalidade bem definida
- Um conjunto de valores
- Uma autêntica cultura de marca

Registo da marca

A legislação portuguesa e universal, no âmbito do Direito das Sociedades e, em particular, do Direito da Marca, dispõe de um conjunto de regras e leis que regulamentam o exercício do direito de constituição e gestão das marcas e patentes, de forma a proteger os seus autores da cópia e uso indevido.

Em Portugal, a entidade que regula esta matéria e onde se deve proceder ao registo é o INPI, Instituto Nacional de Propriedade Industrial.

Antes de se iniciar o processo de registo de uma marca, é necessário verificar se já existe no mercado algo igual ou semelhante, que possa ser confundida com a que se pretende criar.

São passíveis de registo marcas compostas por palavras e imagens, letras, números ou sons, logótipos, a embalagem de um produto ou qualquer combinação desses elementos. O registo deve ser feito no âmbito de um determinado sector ou actividade, podendo ser feito unicamente para o país de origem ou para outros territórios.

As vantagens do registo de uma marca são as seguintes:

— É um activo identitário que pode proteger o seu autor
— Torna a marca exclusiva
— Impede o registo de qualquer cópia
— Em caso de cópia, podem ser accionados mecanismos legais penais
— Possibilita a cedência à exploração de terceiros

NOVO BANCO – Uma não-marca

NOVO BANCO

Sucedendo ao anterior BES, o Novo Banco – "o BES bom" – encontra-se no mercado desde Agosto de 2014. Posteriormente adquirido pelo Fundo de Investimento Lone Star, tem continuado a exercer a actividade bancária, com toda a estrutura, colaboradores e clientes do BES.

No anterior banco e grupo, o nome BES constituía uma marca forte e bem consolidada no mercado, posteriormente afectada e eliminada, por alegadas irregularidades de gestão, e pelo processo de resolução encetado pelo Banco de Portugal.

A marca BES possuía uma identidade forte e diferenciada, muito ligada à forte estrutura profissional e à personalidade e imagem do seu CEO e da família Espírito Santo. Possuía uma implantação ampla no tecido económico português, desde os clientes particulares às empresas, com uma segmentação clara.

Passados quatro anos, que identidade diferenciadora possui este banco "novo", como se caracteriza esta "marca"?

Uma marca, é um complexo de percepções que o mercado tem, baseado em factores físicos e imateriais, objectivos e subjectivos, decorrentes da experiência da sua história e relação com os seus clientes, com os media e com o mercado em geral.

A percepção que os clientes e o mercado vão tendo, baseia-se não só nos elementos visuais, gráficos, mas essencialmente no conjunto, de estratégias, valores e práticas que caracterizam, identificam e dão personalidade à gestão da marca e da entidade que a gere. Esses valores, uns são comunicados por quem gere a marca, outros decorrem da sua prática relacional com o mercado.

"Novo Banco" não é uma marca, visto não assumir uma identidade própria diferencial da sua concorrência. "Novo Banco" é "ex-BES", o que em si, não tem significado, no âmbito da identidade de marca, mas é aquilo que constitui a percepção do mercado.

A gestão actual da empresa tenta mostrar ao mercado que "é a mesma marca antiga em que os clientes confiavam"; que já não é "a verde", mas continua a ser verde? Que mantém a dedicação de sempre aos seus clientes? Que continua a ter 2 milhões de clientes? Que aparentemente tudo "se mantém na mesma", os mesmos balcões, os mesmos colaboradores? Que se limita a dar um novo nome aos produtos existentes anteriormente? Que apresenta como imagem unicamente elementos gráficos, do símbolo e a cor verde? Afirma-se como sendo a "continuidade" do anteriormente conhecido BES, sem o ser? O de ser uma nova marca, sem a ser?

Por tudo isto, o "Novo Banco" é uma não-marca.

Algumas marcas que têm mudado o mundo

De uma forma ou de outra, diversas marcas têm vindo a mudar o mundo em que vivemos.

Nos seus diversos territórios de actuação, desde a alimentação, às bebidas (McDonald's, Coca Cola, Perrier), aos veículos motorizados (Ford, Tesla, Harley Davidson, Vespa) e em muitos outros sectores, diversas marcas têm assumido, no seu tempo, comportamentos inovadores e disruptivos, que têm impulsionado o mundo para a frente, através do lançamento de soluções de conveniência, simplicidade e melhoria de vida para os cidadãos.

Absolut Vodka – Alterou o comummente aceite que os produtores e vendedores tradicionais de vodka eram os russos, assim como o posicionamento da marca como "marca publicitária".

McDonald's – Responsável pela revolução no âmbito da restauração, introduzindo a *fast food*.

Tesla – Veículos eléctricos com elevada potência.

CNN – a Informação em tempo real, de todo o mundo.

The Beatles – Um fenómeno de popularidade, grandes movimentos de tribos de fãs, em todo o mundo. Merchandising vasto.

Sony – Música, portabilidade (walkman, MP3).

Singer – A máquina de costura com utilização doméstica.

Netflix – Streaming de filmes e séries, disponibilizável em todo o mundo, através de diversos *devices*, sem publicidade e com recomendações personalizadas aos utilizadores.

Xerox – Líder de fotocópias e soluções para escritório. Expansão elevada. A língua inglesa adoptou o nome "Zerox", como significado de cópia em papel.

Amazon – A revolução no comércio electrónico. O maior *retailer* do mundo. A solução da loja Amazon Go.

Band-Aid – A solução do penso rápido, substituto de ligaduras.

Gilette – Facilidade e simplicidade no barbear.

MTV – Fenómeno mundial de globalização e de tribalização músico/cultural/*lifestyle* e todo o mundo.

Kleenex – O lenço descartável, com elevada disponibilidade e simplificação da vida.

Levi's – Os *rugged jeans*, que se tornaram num ícon do vestuário descontraído.

Jeep – A possibilidade do automóvel de todo-o-terreno.

Microsoft – O software simplificado para portáteis.

Visa – Facilidade e disponbilidade mundial de pagamentos.

Ford – Um dos pioneiros fabricantes de automóveis, desde 1903. Introduziu a produção em série: maior nível de produção a preço mais reduzido.

Booking.com – Revolucionou o processo, online, de reservas de hotéis e viagens.

6.3. Estratégias de marca

Existem diversos tipos de estratégia de marca que podem ser utilizados. Esta opção é tomada no início da concepção e lançamento da marca.

Como qualquer estratégia, não deve ser alterada no curto prazo podendo, no entanto por diversos motivos, vir a ser alterada ao longo da vida da mesma.

1. Marca/Produto

Como a própria designação refere, a estratégia de marca-produto, pressupõe que cada produto lançado pela empresa tem a sua marca própria. A sua aplicação pressupõe a existência de produtos diferenciados para segmentos diferentes.

Algumas vezes, as empresas que seguem esta estratégia, acabam por fazer o *endorsing* com a assinatura na marca-produto utilizada. Nestes casos, isto acontece quando a marca/empresa base tem maior notoriedade que a marca-produto, ou serve para reforçar a credibilidade da recém lançada.

Em termos empresariais, um dos problemas que a estratégia obriga é a de ter um orçamento de comunicação mais elevado, isto é, para cada uma das marcas-produto.

Algumas multinacionais prosseguem esta estratégia, como a Procter & Gamble, a Unilever, de entre outras.

2. Marca de Linha de Produtos

A estratégia de marca de linha de produtos contempla a criação de uma marca, como o próprio nome indica, para cada linha de produtos.

Esta estratégia aplica-se no caso das categorias de produtos, por exemplo com uma característica comum – ex: congelados – ou dirigidas a um segmento específico – L'Oréal Studio Line, destinado a um público jovem.

Tem como vantagem potenciar o valor da marca, dando um suporte de notoriedade no seu lançamento, quando se trata de uma marca já conhecida e aceite.

- Reforça o poder de venda da marca e cria uma imagem forte
- Reduz custos de lançamento

3. Marca de Gama de Produtos

As marcas de linha e de gama de produtos permitem acentuar a segmentação para os diversos alvos e tipos de satisfação das necessidades diferenciadas mantendo, de igual forma, o suporte da marca-base.

LACOSTE

A Heinz utiliza esta estratégia, por exemplo, na gama ou família de produtos destinados a temperos na alimentação. A Lacoste assina a marca em produtos de vestuário, calçado e acessórios pessoais.

4. Marca Umbrella

A estratégia de marca *umbrela* – muito usada pelas marcas japonesas – pressupõe a utilização em todo o tipo de produtos, segmentos e territórios, mesmo que muito diferenciados, da mesma marca-base.

Por exemplo, a Yamaha fabrica produtos em muitíssimas áreas diferentes – instrumentos musicais, motas, alta fidelidade, equipamentos para a indústria, de entre outras – sempre usando a mesma marca.

Quando a marca é forte, tem notoriedade, é bem aceite e reconhecida pelo mercado, esta estratégia permite optimizar custos de lançamento e gestão. Um novo produto de uma destas marcas tem, à partida, um apoio e reconhecimento que ajuda fortemente a sua aceitação imediata no mercado.

5. Endorsing Brand

Quando o logo é co-assinado. Ex: Pontiac, by GM

A estratégia de *endorsement* é utilizada quando uma marca detém outras marcas e coassina cada uma delas. Isso acontece quando a marca-base, no exemplo GM, ou Nabisco, apoiam as suas submarcas, trazendo-lhe um *apport* de garantia, devido ao grau de notoriedade e aceitação ser superior.

Normalmente, a escolha de uma destas estratégias não é definitiva, dependendo de múltiplos factores ao longo da vida da marca. Há, contudo, casos típicos da prossecução de estratégias consistentes durante a criação e vida de produtos, como a Procter & Gamble ou a Unilever, que sempre têm optado por linhas ou gama de produtos, enquanto a Nestlé potencia a sua marca, com derivações da sua marca-base, como Nescafé, Nespresso, Nestea.

Existem vários casos de empresas que adquiriram outras marcas, ou sofreram processos de Fusões ou Aquisições, ao longo do tempo e, na circunstância das marcas adquiridas terem grande implantação e aceitação, mantêm a sua identidade, não as sujeitando ao *renaming* para a marca-base do adquirente.

Noutros casos, a força internacional da marca é tão forte, que deseja ser mantida noutros mercados, mesmo que a marca adquirida tenha grande aceitação no país onde foi adquirida, sofrendo um processo de evolução até assumirem o nome da marca adquirente, caso em Portugal, da Telecel, posteriormente, Vodafone/Telecel e, finalmente, Vodafone.

No caso da manutenção de marcas fortes adquiridas, cite-se também em Portugal, o exemplo da Heineken que, ao comprar a cerveja Sagres, manteve as duas marcas no país, tal a implantação e força da cerveja nacional.

Em suma, não há nenhuma estratégia especial que possa ser aconselhada genericamente para qualquer marca. Tudo depende das características próprias de cada caso, dependendo de múltiplos factores, como o comportamento do consumidor, o segmento-alvo, o produto ou serviço em causa, a força da marca já existente, o posicionamento pretendido, a posição competitiva da empresa e da marca, a história da empresa.

LESSONS TO LEARN:

- A estratégia mais adequada a adoptar, tem de ser decidida casuisticamente, baseada:

  — No comportamento do consumidor
  — No segmento-alvo
  — No produto ou serviço
  — No posicionamento pretendido
  — Na análise do mercado e na posição competitiva da empresa
  — Na história da empresa e em eventuais fusões e aquisições

6.4. Marcas inovadoras e disruptivas

O ambiente dos negócios a nível global é, cada vez mais, competitivo. Todos os dias novos produtos, serviços e marcas, são lançados no mercado. A maior questão que se coloca é a de quem irá vencer. A resposta não poderá ser dada com certeza, tais são as variáveis em causa, mas há que assegurar para o sucesso desejado pelos seus promotores, que alguns passos, técnicas e processos, sejam postos em prática, de forma a aumentar a probabilidade de sucesso.

De entre esses factores, um dos mais importantes, mesmo imprescindível, é o da inovação. Num mercado saturado, como o que se vive na maior parte dos países desenvolvidos, os factores inovação e diferenciação, são essenciais para o sucesso.

Inovar é lançar algo diferente, modificar algo existente, permitindo uma identificação diferencial pelo mercado. Como também se vive num mundo de inovação, inovar disruptivamente poderá conduzir a uma maior possibilidade de sucesso.

Disrupção é fazer algo de novo, que ponha em causa os processos tradicionais do negócio e as suas fontes de valor, disponibilizando uma oferta competitiva e diferente, na criação de novas necessidades ou na satisfação de existentes.

Desde sempre que existiram inovações disruptivas, desde a invenção da roda, das telecomunicações, dos caminhos de ferro, do automóvel, da Internet.

Particularmente nos tempos actuais, têm-se salientado inúmeras inovações disruptivas, a nível dos serviços. Vários e conhecidos exemplos podem ser citados, de empresas e marcas que puseram claramente em causa os modelos tradicionais de negócio, oferecendo no mercado novas soluções competitivas.

Exemplos disso, são: a UBER, que providencia uma das maiores redes de transporte, não possuindo quaisquer veículos próprios; a AirBnB, com uma vasta rede de alojamentos, sem ter a posse dos mesmos; o Facebook, o maior canal de comunicação e media, não produzindo conteúdos; a Netflix, permitindo a selecção de conteúdos, quando e como o espectador queira que, sendo a maior *movie house*, não possui quaisquer salas de cinema; Alibaba, o maior retalhista do mundo, qua não possui stocks.

Os novos modelos de negócio passaram, em consequência, a estar centrados na criação de uma marca forte e global e na solução tecnológica de base, com a capacidade de disponibilizar serviços de maior qualidade e a preços mais baixos que a concorrência.

Pondo em causa modelos de negócio e até enquadramentos legislativos diversos, a UBER tem-se vindo a afirmar no mercado do transporte privado, em todo o mundo, primeiro como serviço de transporte individual – concorrendo com o táxi – depois, utilizando uma plataforma tecnológica semelhante, distribuindo encomendas de refeições a restaurantes – a UBER Eats e, mais recentemente, providenciando serviços de transporte urgente de doentes, através da UBER Health.

A disrupção, neste caso, tem como consequência o despoletar da concorrência dos operadores incumbentes, obrigando-os mesmo a melhorar os seus serviços, disruptando também os enquadramentos legais do exercício de determinadas actividades.

Christensen (1997), criou o termo que define "Inovação Disruptiva como, um processo pelo qual um produto ou um serviço é lançado no mercado, iniciando o seu percurso paulatinamente e, depois, vai sendo *upgraded*, eventualmente, destruindo os concorrentes estabelecidos".

O termo disrupção tem vindo a ver o seu âmbito alargado, como gestão disruptiva, marketing disruptivo, significando um novo concorrente ou marca que entra no mercado, pondo em causa os modelos de negócio existentes, criando novos, com base tecnológica, simplificando a vida dos consumidores, normalmente a preços de mercado mais baixos. Contrariamente, à definição inicial de Christensen, continua-se a utilizar o termo "disrupção", mesmo que o preço de entrada no mercado não seja mais baixo que o dos seus concorrentes. Por exemplo, a Apple sempre foi uma marca disruptiva, no entanto os seus produtos têm, quase sempre, um preço *premium*.

As soluções disruptivas, para além de simplificarem processos e serviços ao cliente, trazem também muitas vezes novas funcionalidades, com evidentes *upgrades* nas suas funcionalidades.

O conceito de disrupção opõe-se, naturalmente, ao convencional, através de estratégias e de posicionamento anti-convencional. Assim, os conceitos convencionais, opõem-se aos (disruptivos):

— Das estratégias de push às de (pull)
— Dos timings do anunciante aos (timings dos clientes)
— Da comunicação unidirecional, à (comunicação interativa)
— Do anunciante para o cliente, para (do cliente para o cliente)
— Do broadcast para (o 1to1 e para as (branding communities)

AIRBnB

Lançada em 2008, a AirBnB veio pôr em causa os processos e mesmo o negócio tradicional de arrendamento de habitações e apartamentos, abrindo o mercado a particulares que queiram disponibilizar as suas propriedades a esta actividade.

As imagens utilizadas são geradas pelos utilizadores que se dispõem a arrendar as suas propriedades. O website disponibiliza conteúdos informativos sobre as diversas cidades em causa, através de fotografia e vídeo.

As suas campanhas têm um tom de humor associado a imagens de diversos destinos de viagem, dispondo de um fórum aberto aos visitantes, atingindo níveis elevados de participação e interacção.

A marca está, actualmente, presente em mais de 65 000 cidades, em todo o mundo, com 150 milhões de utilizadores, 4 milhões de referências e uma avaliação de cerca de 31 mil milhões de USD, em 2017.

AMAZON

A marca pioneira que veio alterar completamente os trâmites do comércio electrónico e a forma como se compra online. Tendo iniciada a comercialização de livros e discos, estende hoje a sua oferta a uma multiplicidade de produtos, desde farmacêuticos, a computadores, electro domésticos, produtos para o lar, etc.

APPLE

As principais disrupções da marca centram-se na criação de uma tecnologia amigável e facilmente apreensível pelos utilizadores dos seus computadores; o lançamento do iPod e do iTunes e do iPhone.

iTunes

Sempre inovadora e disruptiva, sofre hoje larga concorrência, por vezes até cópia de alguns dos seus produtos, em especial de marcas coreanas e chinesas.

FACEBOOK

O Facebook veio alterar a forma de comunicação entre as pessoas, tendo-se tornado um meio indispensável para muitos e para as principais marcas.

Neste campo, a existência de diversas comunidades, dá acesso não só à discussão de múltiplos temas, por qualquer pessoa que pertença a uma dessas comunidades, como também um meio apreciável para a comunicação e intereracção das marcas com os seus públicos-alvo.

FARFETCH

José Neves cria a Farfetch em 2008, sob o lema "Coração português, ADN global". A Farfetch é uma plataforma de comércio online, um marketplace, constituindo uma forma diferente de comprar moda, agregando num único site mais de 100 mil artigos de luxo, de 300 boutiques independentes sedeadas em cerca de 30 países que, por sua vez, são vendidos para 400 mil clientes e remessas para mais de 150 países. A empresa tem um volume de transacções superior a 300 milhões de dólares.

Em Londres estão as áreas de marketing, "merchandising" e "business development", entre outras. Na capital britânica está também o capital que permitiu financiar a empresa e fazê-la crescer.

Desde 2010, investidores como a Condé Nast International (responsável por publicar revistas como a New Yorker, Wired ou Vanity Fair), a Advent Ventures, a Index Ventures, a Silas Chou e a Vitruvian já injectaram na Farfetch cerca de 100 milhões de dólares.

A empresa lançou o inovador serviço *click and collect*, permitindo o levantamento de uma encomenda em qualquer lugar do mundo, dentro da rede de lojas da comunidade Farfetch.

É a única empresa portuguesa nesse clube, com base nos mais de 300 milhões de dólares que angariou junto de investidores diversos, em seis rondas de financiamento, preparando-se para entrar na Bolsa de Nova Iorque.

GOOGLE

Google

Sem surpresa também, a Google criada em 1998, também na Califórnia, é uma das marcas disruptivas no mercado. Trata-se de uma marca que verdadeiramente veio mudar o mundo. *Google it*, que se irá certamente encontrar a informação procurada. Larry Page, assume a Google, não como um motor de busca, mas como uma empresa tecnológica.

A marca continua sempre em desenvolvimento, procurando novos territórios onde faça sentido a sua presença, de cariz também marcadamente tecnológico (ex. Google Self-driving Cars, Google Glasses, Cloud Storage, Smartphone/Tablet Operating System, computadores, drones, balões atmosféricos que difundem internet, turbinas de vento,...).

NETFLIX

Desde 1998, a Netflix disponibiliza serviços de *streaming* de séries de TV, tendo destruído a anterior Blockbuster, que se dedicava ao aluguer de vídeos.

A maior acessibilidade, maior escolha, simplificação do processo, tem levado a um marcado sucesso da marca.

Começando por unicamente divulgar conteúdos, já actualmente produz séries próprias, disponibilizadas aos seus assinantes, por todo o mundo.

TESLA

A marca Tesla é uma marca disruptiva, na medida em que se situa na *next level technnology* e num patamar superior de defesa da sustentabilidade. Actua no domínio do automóvel eléctrico, de componentes eléctricas de energia e também no domínio espacial, usando patentes *open source*, contrariamente do habitual secretismo das empresas incumbentes.

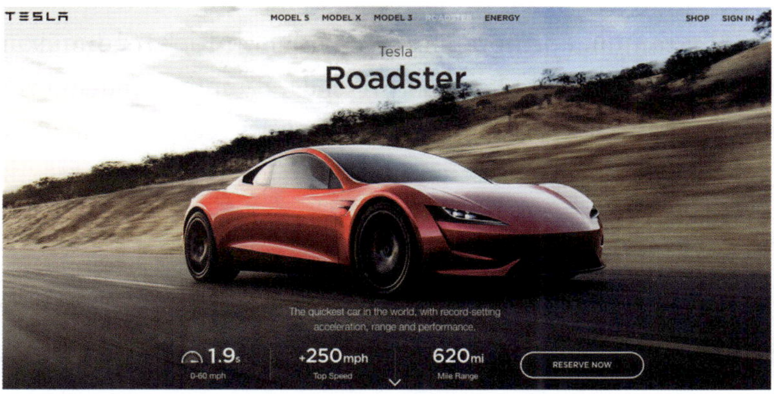

A Tesla assume igualmente a personalidade do seu criador, Elon Musk, ele mesmo uma personagem disruptiva, responsável pelo avanço de diversas soluções tecnológicas de ponta.

UBER

Fundada em 2009, em San Francisco, a UBER veio criar, a nível dos transportes particulares, um nível de solução "semelhante" ao AirBnB, numa clara concorrência, em termos de qualidade, disponibilidade e preço, ao serviço de táxi, provocando uma verdadeira redefinição do negócio e estando presente em todo o mundo.

UBER UBER eats UBER Health

O sucesso verificado neste campo, levou a marca a estender o seu território de actuação, para outros serviços de transporte, como a UBER Eats (transporte ao domicílio de refeições de restaurantes) e UBER Health (serviço de ambulâncias médicas)

VIRGIN

A Virgin, tão disruptiva como o seu criador, Richard Branson, está presente em múltiplos sectores de actividade. Sempre se centrou em fazer as coisas de modo diferente, desafiando grandes marcas estabelecidas.

A marca tem penetrado em territórios novos e de ponta tecnológica, como é o caso da Virgin Galatic, em que Branson pretende lançar viagens de turismo espacial. A marca criou um website dedicado à inovação, o "Virgin Disruptors".

RENOVA

A inovação disruptiva introduzida pela Renova não tem a ver somente com o lançamento do papel higiénico a cores mas, principalmente, pela alavancagem da categoria dos seus produtos.

Assim, de produtos de uso comum higiénico básico, de uma *commodity* de uso doméstico e sanitário, a marca transportou esses produtos para a categoria de produtos quase de cosmética, de objecto de design, com a introdução de diversos cremes nos seus lenços e papel higiénico introduzindo, ainda, de certo modo um aspecto lúdico no produto.

A marca lidera em Portugal todas as categorias em que está presente, liderando também por exemplo, em Espanha, a categoria dos guardanapos. A marca está presente em mais de 50 países.

Segundo o director de marketing da marca, Luis Saramago, "Renova é um misto de irreverência, inovação e qualidade".

Aproveitando, ainda, o conceito da criação do papel higiénico preto e a cores, da transformação do "cinzento" em "colorido" e "da obrigação" em "divertimento e bem estar", a empresa criou em 2013, em Lisboa, na Praça do Comércio, *"The sexiest wc on earth"*, mais um excelente conceito de marketing da Renova.

Desafiando a habitual "normalidade" do que "deve ser" uma casa de banho, o espaço procura o balanço entre a área pública (transparente) e a privada.

Os clientes podem escolher a cor do papel que irão utilizar.

- Abandono das "convenções"
- "O que os outros não são"
- "Onde os outros não estão"
- Procura de novas fontes de valor

LESSONS TO LEARN:

- No presente ambiente competitivo, é imprescindível que uma marca inove, com soluções que aportem maior valor experiencial e maior adequabilidade ao cliente.
- Algumas marcas desenvolvem soluções inovadoras e disruptivas.
- As marcas disruptivas definem novos modelos de negócio, criam marcas fortes e globais, com plataformas e soluções tecnológicas de base, disponibilizando serviços de maior qualidade, valor acrescentado e a preços mais baixos que a concorrência.
- As marcas disruptivas são as que melhor se adaptam à nova era digital, devido à sua flexibilidade e capacidade de adaptação à mudança.

7

ARQUITECTURA DE MARCAS SECTORIAIS

7.1. Desportivas

As actividades desportivas são, de entre todas as actividades humanas, as que despertam um mais elevado grau de emoção aos seus adeptos. Em particular, o fenómeno clubístico envolve milhares de fãs que, ao serem sócios ou simpatizantes, defendem o seu clube em qualquer circunstância, atingindo limites do perfeitamente irracional. Nestes casos, existe um verdadeiro amor à marca e um espírito tribal.

A marca/clube assume uma força relevante criando um espírito de comunidade desportiva de fãs, em alguns casos potenciada pela cidade ou região em que estão inseridas (ex: Vitória de Setúbal/Setubalenses, FCP/Portuenses).

Todos os clubes aproveitam esse envolvimento emocional que se traduz, em complemento do desporto, num negócio marcadamente lucrativo na venda de todo um merchandising procurado ansiosamente pelos fãs. Como exemplo, ainda antes de Cristiano Ronaldo ter chegado a Turim, já a Juventus tinha vendido – segundo dados do clube – 600 000 camisolas do campeão português, que gerou uma receita de 86 milhões de euros, apesar da mesma ter um custo entre os 104 e os 144 euros cada.

O valor de uma marca de desporto é tanto maior quanto for o palmarés, nacional e internacional, do clube; o valor dos passes dos jogadores comprados; o valor dos jogadores formados no clube; os patrocínios que obtenha; nos investidores e na estrutura jurídica que tenha; direitos de transmissão nos media; instalações; número de sócios; actividade comercial de produtos de merchandising, direitos de *naming* dos estádios.

Em consequência, a marca desportiva e, no caso, a marca pessoal de um jogador, geram um nível de negócio apreciável, que complementa as receitas das próprias competições.

A atitude dos fãs perante este tipo de marcas, como referido, ultrapassa toda a racionalidade, adoptando estas verdadeiras tribos de apóstolos, atitudes perante estas marcas, só comparáveis aos adeptos das religiões e seitas religiosas.

Perante este fenómeno, o marketing dos clubes tornou-se uma actividade fundamental na gestão das suas marcas, dispondo actualmente estes de estruturas profissionais para esta actividade.

A relação dos adeptos com o clube, aumenta ou pode diminuir, consoante os resultados desportivos, mas também se processa através de uma conveniente comunicação e interacção com os mesmos, nomeadamente através das redes sociais. Os clubes têm um elevado número de seguidores nestes meios, provenientes dos seus sócios e adeptos. Exemplificando, no Facebook, os três maiores clubes portugueses têm um número de seguidores particularmente elevado, segundo o ranking "rankU.pt": Porto: 4 035 000, Benfica: 3 680 000, Sporting: 2 557 000.

Os estádios-sede constituem verdadeiros locais de "culto religioso", onde "as claques" praticam todo um conjunto de rituais, por vezes agressivos.

Nem todas as marcas conseguem despertar um envolvimento tão elevado como os clubes desportivos, contudo muitas procuram criar o seu grupo de fãs, no sentido de potenciar a expansão das suas marcas, e algumas o têm conseguido, como se constata noutros capítulos deste livro.

O ranking mundial de clubes varia semanalmente, mas na "Football World Rankings", de 20 de Agosto de 2018, o 1º clube é o Real Madrid, estando 4 clubes espanhóis no top 10. Dos clubes portugueses, o Sporting Clube de Portugal situava-se, naquela data, no lugar 33, o Futebol Clube do Porto em 47. Num outro ranking, da IFFHS – Federação Internacional de História e Estatística do Futebol, referente ao ano de 2017, o Real Madrid, continua a surgir em 1º lugar, surgindo o Sporting em 78º, o Porto em 82º, o Sporting de Braga em 87º e o Benfica em 146º.

WEEK 34	PREV	CLUB	CITY	POINTS	WON	LOST
1	1	Real Madrid	Madrid	15823	294	0
2	2	Barcelona	Barcelona	15779	294	0
3	3	Atlético Madrid	Madrid	13675	882	98
4	4	Bayern München	München	12535	0	249
5	5	Grêmio	Porto Alegre	11693	267	392
6	6	Juventus	Torino	11507	218	205
7	7	Sevilla	Sevilla	11206	368	465
8	9	River Plate	Capital Federal	11033	127	0
9	8	Flamengo	Rio de Janeiro	10946	401	392
10	11	Independiente	Avellaneda	10268	127	0

Fonte: FIFA, rankings semanais

Em termos de valor, os clubes mais valiosos do mundo, em 2017, segundo a Consultora Brand Finance, são os mencionados no quadro abaixo, não figurando nenhum clube português no Top 50.

Neste ranking, o Benfica deixou de figurar em 2017 neste Top, tendo ocupado o lugar 47, em 2016.

Top 50 most valuable football brands 1 - 50.

Rank 2017	Rank 2016	Brand name	Country	Brand Value (EURm) 2017	% change	Brand Value (EURm) 2016	Brand rating 2017	Brand rating 2016
1	1	Manchester United FC	United Kingdom	1551	44%	1077	AAA+	AAA+
2	2	Real Madrid CF	Spain	1271	20%	1056	AAA+	AAA+
3	3	FC Barcelona	Spain	1269	39%	914	AAA+	AAA+
4	8	Chelsea FC	United Kingdom	1117	56%	714	AAA	AAA-
5	5	FC Bayern Munich	Germany	1094	37%	798	AAA+	AAA+
6	4	Manchester City FC	United Kingdom	914	10%	833	AAA	AAA-
7	7	Paris Saint-Germain	France	905	24%	729	AAA-	AAA-
8	6	Arsenal FC	United Kingdom	843	7%	790	AAA	AAA
9	9	Liverpool FC	United Kingdom	813	18%	688	AAA	AAA
10	10	Tottenham Hotspur FC	United Kingdom	623	53%	406	AA+	AA+
11	11	Borussia Dortmund	Germany	465	36%	341	AAA-	AAA-
12	13	Juventus FC	Italy	440	67%	264	AAA+	AAA
13	16	Everton FC	United Kingdom	308	20%	256	AA	AA+
14	14	FC Schalke 04	Germany	303	17%	259	AA+	AA+
15	12	Bayer 04 Leverkusen	Germany	297	11%	267	AA	AA
16	18	Club Atlético de Madrid	Spain	291	19%	245	AAA-	AA+
17	17	West Ham United FC	United Kingdom	271	8%	252	AA	AA
18	22	AC Milan	Italy	256	35%	190	AAA-	AAA-
19	20	Southampton FC	United Kingdom	251	22%	206	AA	AA-
20	19	Leicester City	United Kingdom	230	5%	218	AA-	AA

Fonte: Brand Finance, 2017

SPORT LISBOA E BENFICA

Fundado há 114 anos, em 28 de Fevereiro de 1904, o Sport Lisboa e Benfica, é um clube de âmbito nacional, e mesmo internacional, uma marca que possui mais de 50 milhões de adeptos em mais de 85 países, 6 milhões em Portugal e mais de 175 000 sócios.

A Visão da marca é a de "Ser líder nacional, com projecção mundial". Como é vulgar nas marcas-clube, "Benfica" é uma marca *umbrela*, daí derivando todas as sub-marcas (Benfica TV, Benfica Seguros, Benfica Viagens, Clínica Benfica).

O emblema utilizado pelo Sport Lisboa entre 1904 e 1908 – neste último ano, o clube passou a designar-se Sport Lisboa e Benfica – era composto por um escudo bipartido com a metade esquerda de cor vermelha, símbolo de alegria e vivacidade, e a direita de cor branca, significando bravura e paz; encimando o escudo, uma águia de asas abertas, animal heráldico, símbolo de autoridade, força, nobreza, independência, elevação de propósitos e do espírito de iniciativa. Por baixo da águia, nas suas garras, uma faixa com a divisa E Pluribus Unum.

A cor vermelha do logotipo e das camisolas e a águia simbolizam a sua "independência, autoridade e nobreza", segundo o clube, e a roda de bicicleta, o ciclismo, uma das primeiras modalidades do clube. O slogan "*e pluribus unum*", que significa "entre muitos, um".

A marca Benfica assume como valores: a Portugalidade, Unidade, Tolerância, Espírito Comunitário, Generosidade, Mística, Democracia e Respeito e Desportivismo.

O Posicionamento "E Pluribus Unum" (de todos um, o Benfica), pretende reforçar os laços, um clube dos sócios e os sócios na defesa do clube.

A marca pretende afirmar-se junto dos benfiquistas de todo o mundo, portugueses, emigrantes e seus descendentes, estrangeiros que admirem o clube, PALOP e outros por via da nacionalidade dos seus jogadores.

A marca Benfica é aquela — clube — que conquistou um maior número de títulos na área do futebol, a actividade principal.

Como pontos fortes da marca, saliente-se a história, a herança e os seus valores, através das conquistas atingidas, da liderança, ambição e luta. Como outros clubes portugueses, um ponto fraco é o da dimensão do país não permitir uma dimensão elevada de direitos de transmissão.

Segundo metodologia Kapferer, 2008

Uma das características únicas do clube é o de sempre ter tido uma gestão democrática, sendo os seus corpos dirigentes eleitos por todos os sócios – desde a sua fundação, mesmo em tempos da ditadura.

Um dos maiores ícones de sempre do clube é Eusébio, que esteve quinze épocas no clube, sendo um dos maiores jogadores portugueses de sempre, reconhecido nacional e internacionalmente.

A estratégia de comunicação da marca passa por órgãos próprios – Jornal Benfica e Benfica TV (1º clube português a ter um canal próprio) – e, na área digital, com equipas técnicas específicas dedicadas a esses canais, nomeadamente, no site oficial, nas redes sociais e numa app do clube, chegando aos muitos adeptos que tem em todo o mundo, com o objectivo de estreitar um relacionamento activo com eles.

O estádio da luz – "A Catedral" na linguagem dos benfiquistas – constitui um dos principais símbolos de união do clube, "O Glorioso", segundo os mesmos fãs.

Ao longo dos anos, a marca tem sido a organização desportiva melhor sucedida em Portugal sendo, actualmente, a equipa principal de futebol patrocinada pela Emirates Airways e pela Sagres. A marca já foi considerada várias uma Superbrand, consecutivamente nos últimos três anos.

Uma das acções de media com maior impacto foi a campanha de activação Benfica-Emirates – *Benfica Safety Video* – em que minutos antes de um jogo Benfica-Sporting, oito hospedeiras de cabine da companhia aérea, entraram no relvado, surpreendendo todos, com uma demonstração de segurança, que resultou numa audiência de mais de 50 milhões de pessoas nos meios digitais. Esta acção foi reconhecida no Festival de Publicidade Cannes Lions, com um leão de ouro, na categoria Melhor Activação.

FUTEBOL CLUBE DO PORTO

O Futebol Clube do Porto foi fundado em 1893. O seu logotipo é composto pelo brasão da cidade, o escudo nacional, a padroeira do Porto, o colar da Ordem de Torre e Espada, o coração do rei D. Pedro IV, uma coroa de duque e um dragão, elemento das armas dos antigos reis de Portugal. A cor usada é o azul e branco.

O clube utiliza como assinatura "A vencer desde 1983". A personalidade da marca Porto traduz-se, "na garra, vontade de vencer, determinação e misticismo".

Com uma base de apoio centrada principalmente na cidade e na região norte, o clube dispõe hoje de sócios e simpatizantes em diversas regiões do país. É um dos 3 grandes clubes portugueses, estando presente nas diversas modalidades desportivas e, tendo, até ao momento conquistado diversos troféus nacionais e internacionais.

À semelhança dos outros grandes clubes nacionais, dispõe de uma base de apoiantes fiel, acumulando o gosto pelo clube à afirmação da região norte, no âmbito do território nacional.

7.2. Música

U2

Os U2 foram lançados em Dublin, em 1976. Ao longo dos seus mais de 40 anos de múltiplos sucessos musicais, a banda tornou-se um ícone no seu meio e uma verdadeira marca, pela sua Visão do mundo e por reunir um conjunto de características que a identificam como únicas.

Segundo metodologia Kapferer, 2008

A banda sempre tem estado ligada à defesa de causas sociais, da desigualdade económica e de género, da pobreza, de doenças como a SIDA. Em termos de identidade visual, são também icónicos a apresentação de Bono – Paul David Hewson – seu líder, sempre usando óculos e do guitarrista The Edge, com o barrete preto. A banda tem procurado uma relação emocional, dir-se-ia mesmo intelectual, com os seus fãs, na defesa de grandes causas.

Os U2 já venderam mais de 150 milhões de discos, tendo ganho 22 Grammys.

Bono, um activista social e filantropo, co-criou a marca RED, uma *charity*, que é a principal financiadora do *The Global Fund to fight Aids*, com estreitas ligações à ONU. No domínio dos negócios, é co-fundador da Elevation Partners, uma capital de risco que adquiriu, em 2009 e 2010, posições no Facebook, com um valor actual de mais de 2,75 mil milhões de dólares.

Numa das campanhas online, fez um acordo com a Apple, aquando do lançamento do iPhone 6 Plus, para a permanência exclusiva no iTunes de um dos seus álbuns *Songs of Innocence*, com a presença em cerca de 33 milhões de downloads. A campanha suscitou muitas reacções – em virtude do album estar no iTunes, sem opção de *opt out* – e ao fim de cinco semanas, acabou por ser retirada.

Já anteriormente tinham feito uma parceria co-branding com a Apple – iPod – com o álbum Vertigo.

A banda tem feito múltiplas digressões por todo o mundo, sendo a mais recente *eXPERIENCE + iNNOCENCE*, que passou também por Portugal.

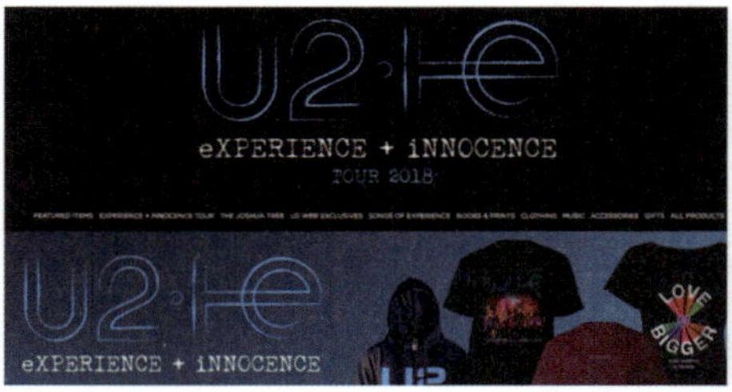

7.3. Moda

7.3.1. Estilista

FÁTIMA LOPES – MARCA FEMININA E SENSUAL

A marca da estilista Fátima Lopes foi lançada em 1992. Passados alguns anos, em 1999, tornou-se a primeira estilista portuguesa a integrar o Salão de Moda de Paris.

Como marca de moda personalizada pela sua criadora, os seus produtos reflectem claramente a sua personalidade e forma de estar no mundo, aliando a feminilidade, sensualidade e elegância.

Como factos mais relevantes da história da marca, refiram-se:

— 1992 – Criação da marca e abertura da 1ª boutique
— 1995 – 1ª apresentação no Portugal Fashion

— 1998-99 – Lançamento da Face Models
— Mar 1999 – 1ª estilista portuguesa presente na Paris Fashion Week
— 2000 – Fátima Lopes cria e desfila com o "most expensive bikini in the world" (1 milhão de USD)
— 2001 – Criação de alta joalharia e eyewear, porcelana, cristais e têxteis casa
— 2005 – Criação do vestuário da Selecção Nacional de Futebol, até 2012
— 2006 – Galardoada Comendador da Ordem do Infante
— 2011 – "*Lévitation Collection*", 1º desfile de moda realizado na Torre Eiffel, em Paris. Abertura da Fashion Week de Paris
— 2013 – Lançamento do perfume *Be Mine*
— 2015 – Criação de linha de sapatos para senhora: "Fátima Lopes" e "FL by Fátima Lopes"
— Participações na MICAM, Feira de sapatos de Milão
— Em Fev. 2019, comemora os 20 anos em Paris

A sensualidade é o ponto central da marca. As primeiras criações foram de vestuário feminino, posteriormente também masculino, mais recentemente um perfume – *Be Mine* – e uma linha de calçado para senhora.

No desfile Primavera/Verão 2019, Fátima Lopes teve como objectivo "quebrar os tabus e os estereótipos" da indústria, apresentando também modelos "*plus size*", numa perspectiva de inclusão dos diversos tipos de mulher na concepção da moda.

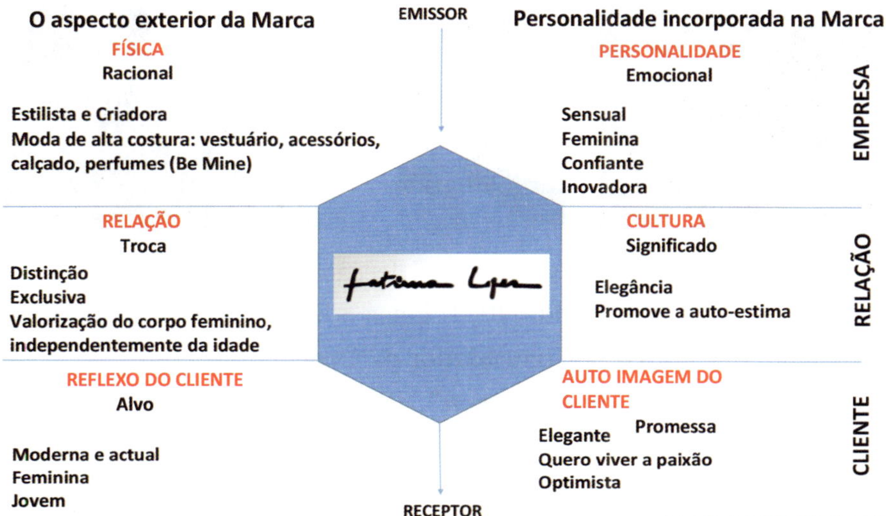

Segundo metodologia Kapferer, 2008

Em termos de comunicação, a marca não promove habitualmente campanhas publicitárias, desenvolvendo acções de Relações Públicas, como a promoção de eventos e desfiles de apresentação de colecções.

A marca está presente nos meios digitais, com o website institucional, com a componente de comércio electrónico. Nas redes sociais, tem presença no Facebook, Instagram (cerca de 29 000 seguidores) e Linked In (cerca de 15 000 seguidores).

7.3.2. Retalho

CALVIN KLEIN – THE SEXY BRAND

A marca Calvin Klein nasceu em 1968, em Nova Iorque, como marca de moda de vestuário de alta costura, criada por Calvin Klein e Barry Schwartz. Ao longo dos anos, foi alargando o território de actuação de marca, com os perfumes, Calvin Klein Jeans, Underwear, Accessories, Beauty (maquilhagem), calçado, etc. Em 1994, inova sendo a primeira marca a lançar um perfume unissexo, o CK ONE, com a campanha

Be Good, Be Bad, Just Be. Em 2011, lança a linha unissexo, mais arrojada, CK ONE LIFESTYLE (vestuário e perfumes).

Tem mais de 1 000 lojas próprias e está presente em mais de 120 países.

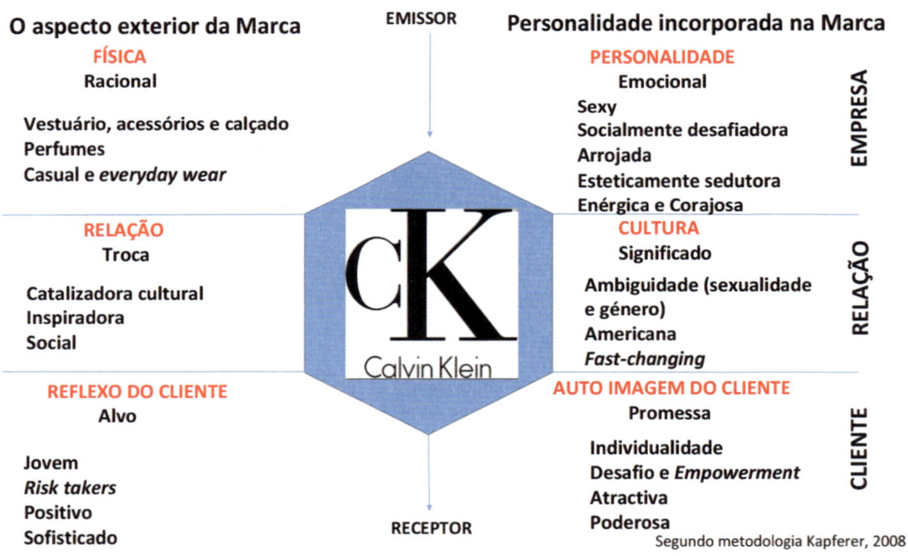

A marca Calvin Klein – *a sexy brand* – tem assumido uma postura desafiadora, através de uma publicidade em que a sensualidade impera, tendo visto muitas das suas campanhas publicitárias proibidas nos EUA.

A marca assume uma clara ambiguidade de género, sendo arrojada, sedutora e corajosa.

PARFOIS – FAST-FASHION AND YOUNG BRAND

Marca portuguesa de acessórios de moda, *fast fashion*, criada em 1994, no Porto, por Manuela Medeiros.

Assume-se como discreta, jovem, moderna e elegante e com uma boa relação qualidade/preço. Os seus produtos são concebidos por uma equipa própria de designers e criadores.

Tem actualmente 820 lojas, próprias e em franchising. 984 lojas previstas até finais de 2018. Presença em 60 países. Em Espanha, 300 lojas (39% das vendas). Portugal representa 215 das vendas totais. Também presente em França, Itália, Holanda, México, Venezuela, Colômbia, Arábia Saudita, EAU, Irlanda, Áustria, Alemanha, Polónia, Rússia, Ucrânia. Vendas de 247 milhões de euros, em 2017 e mais de 1000 empregados. Não produz, mas cria as peças que vende, através de um grupo de designers exclusivos.

Tem mais de 1 200 000 de fans no Facebook e 550 000 seguidores no Instagram, apostando também em bloggers influenciadores (Fonte: Porto Business School).

O orçamento de marketing é inferior a 1% das vendas.

A marca não procura estereótipos na comunicação. Assume comunicar com pessoas reais, expressando sentimentos comuns, em lugares habituais da vida real. Serve-se de líderes de opinião, no sentido de amplificar os seus efeitos e apoiar a sua penetração.

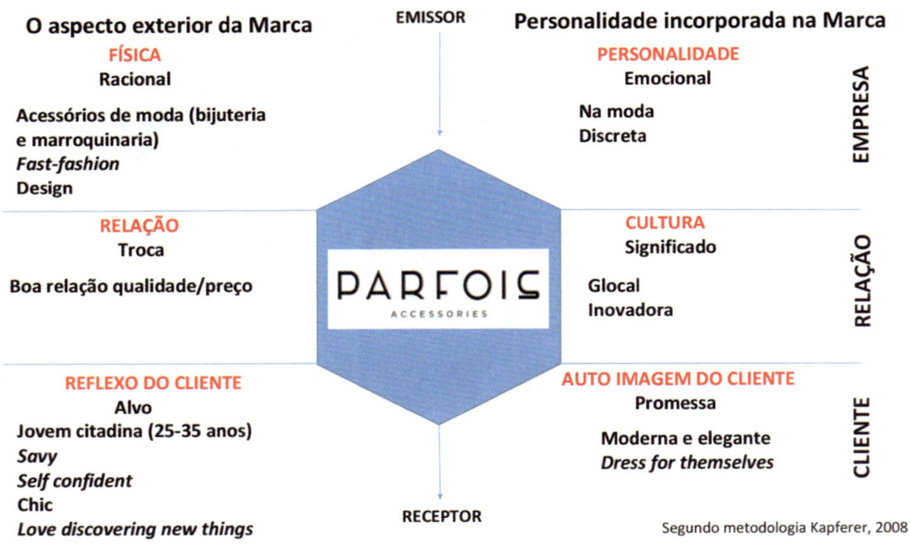

RALPH LAUREN – CLÁSSICA E MODERNA

Ralph Lauren lançou em 1967, a empresa Polo Fashions, sob a qual começou a produzir gravatas. Em 1969, a Polo Ralph Lauren, lança vestuário masculino, obtendo um êxito assinalável, em particular nos EUA. Em 1971, inicia a produção de vestuário feminino. Em 1972, surge o famoso polo, com a marca "Polo", apoiado pela campanha "*Every team has its color. Polo has 24*", a partir da qual estes produtos se tornaram ícones da moda e de um certo ideal aristocrático, em todo o mundo.

Ao longo dos anos, tem vindo a lançar roupa para crianças, perfumes e a expandir a sua marca para outros territórios, como a cosmética, calçado, roupa de casa, objectos de decoração, relógios de luxo, tendo também inaugurado um restaurante, em Paris, Chicago e Nova Iorque.

A marca tem também uma ligação forte ao desporto, está presente em mais de 100 países, e mais de 480 lojas próprias, facturando anualmente, mais de 8 mil milhões de USD.

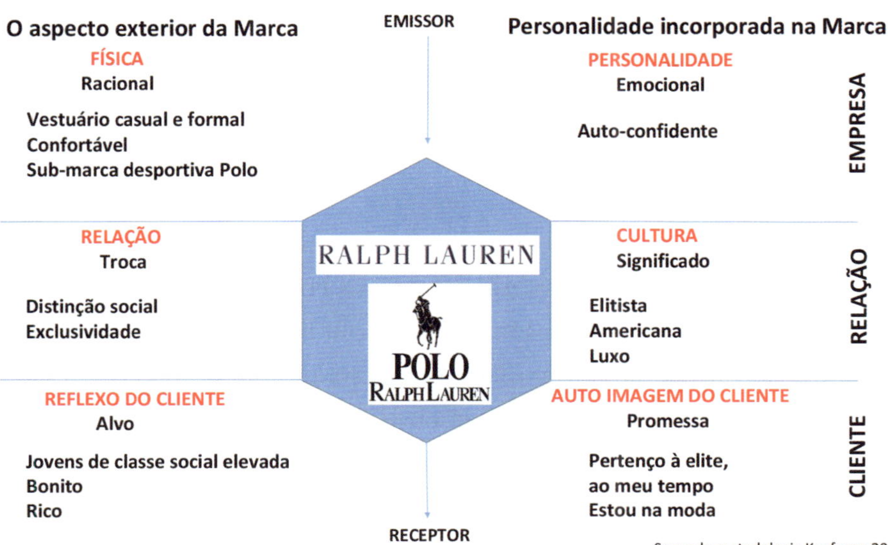

Segundo metodologia Kapferer, 2008

SACOOR – ELEGANTE E DISCRETA

A Sacoor Brothers é uma marca familiar, criada em 1989, por quatro irmãos, no campo do pronto-a-vestir, baseado em conceitos de moda masculina e feminina, elegância e qualidade, assumindo-se como uma marca Premium na área.

Os factos mais marcantes da história da marca, são os seguintes:

— 1989 – Abertura da primeira loja
— 1991 – Cartão de fidelização
— 1992 – Início de parceria com celebridades portuguesas e internacionais
— 1997 – Primeira loja em centro comercial, no Centro Comercial Colombo. A colecção esgota nos primeiros 15 dias da abertura.
— 2000 – Início da expansão nacional
— 2001 – Linha Sacoor woman; Official Suit Supplier FC Barcelona
— 2004 – Novo conceito de negócio – Sacoor Outlet
— 2005 – Official Suit Supplier SL Benfica
— 2007 – Início expansão internacional; Official Suit Supplier FC Porto

— 2012 – Expansão Extremo Oriente – Malásia e Singapura
— 2014 – Abertura primeira loja Sacoor Kids
— 2015 – Abertura primeira loja Sacoor One
— 2015 – Parceria com Cristiano Ronaldo
— 2017 – Abertura da loja nº 100
— 2017 – Abertura da Nova flagship store em Lisboa, com um novo conceito
— 2018 – Official Suit Supplier Selecção Nacional de Futebol

É uma marca 100% nacional, que está presente em Portugal e no estrangeiro. Tem como lema de gestão, a "melhoria contínua", que lhe tem permitido inovar e adaptar-se às mudanças de mercado.

A marca assume como sua Visão "exceder as expectativas dos nossos clientes, todos os dias", pretendendo contribuir para "tornar o mundo um sítio melhor para viver".

A empresa cria algumas submarcas e ainda alguns novos conceitos, como o "Sacoor Atelier", "Home Service", "Sacoor Caffe".

Em 2006, começa a apostar na internacionalização, abrindo uma boutique no Dubai, estando também presente com perto de 100 lojas, no Bahrein, Bélgica, Emiratos Árabes Unidos, Espanha, Indonésia, Koweit, Qatar, Líbano, Malásia, Reino Unido e Singapura. Em 2016, abre o negócio online.

A comunicação da marca tem estado assente em diversos endorsers, portugueses e estrangeiros, do mundo do cinema, futebol, moda,

Segundo metodologia Kapferer, 2008

patrocinando diversos clubes, como o Barcelona, Sport Lisboa e Benfica e Futebol Clube do Porto.

O digital veio implicar uma acentuada mudança de paradigma na gestão da comunicação da marca: é multicanal e customizada para cada cliente. Consideram os gestores da marca que ainda têm um largo caminho por explorar na área digital e no campo das experiências online.

Em 2015, Cristiano Ronaldo é escolhido como embaixador internacional da marca, face à reconhecida identidade dos seus valores pessoais com a mesma, com um "perfect match", entre as duas entidades: nacionalidade, trabalho, dedicação, esforço, espírito de equipa, procura da excelência. A Ogilvy & Mather Portugal, tem apoiado a Sacoor no processo de dar mais consistência à marca.

SALSA – JOVEM E INOVADORA

A marca Salsa é uma marca portuguesa de moda, de vestuário de *Denim*, criada em 1994, pelos irmãos Vila Nova, em Famalicão. Tem apostado na inovação, criando produtos com componente técnica, realçando a figura dos seus utilizadores.

A sua Visão é a de "*ser uma marca mundialmente reconhecida como uma marca de denim inovadora*". Declaram os responsáveis da marca, como seus valores, o "*fit, a inovação, a qualidade e a sensualidade*".

Segundo metodologia Kapferer, 2008

Está presente em 35 países, tendo 50% do capital da empresa que gere a marca, sido comprado pela Sonae, em 2016, aportando-lhe um maior músculo financeiro, mantendo-se um dos fundadores, Filipe Vila Nova, como CEO da empresa.

ZARA – FASTEST-CHANGING FASHION BRAND

Marca espanhola de vestuário e acessórios, criada em 1975, sucedendo a um negócio de produção de vestuário, de marca Goa, lançado em 1963, por Amancio Ortega. Em 1985, é criada a empresa Inditex,

que agrupa todos os negócios do grupo. Em 1988, inicia a expansão internacional, com a abertura da primeira loja no Porto, após a qual inicia a expansão para os EUA e França.

Em 2003, nasce a Zara Home. Em 2018, está presente em 93 mercados, tendo o Grupo cerca de 7100 lojas em todo o mundo.

Desde o início que a marca prometia oferecer moda a preços acessíveis.

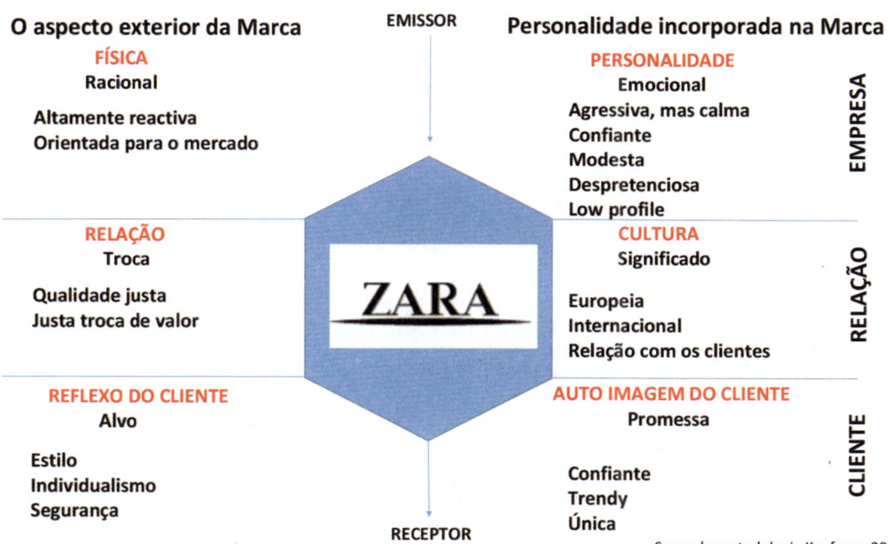

Segundo metodologia Kapferer, 2008

A Zara pode ser considerada a *fastest-changing global fashion brand*, devido à ultrarápida capacidade de inovação e rotação das colecções nas suas lojas.

A marca tem tido sempre um orçamento de marketing e de media muito inferiores à media, apostando na elevada frequência das visitas dos seus clientes às lojas e na comunicação directa.

Os principais factores de sucesso desta marca são: relação qualidade/preço; clientes fiéis; flexibilidade e capacidade de resposta; aposta na rotação rápide de stocks, criando o efeito de escassez ("*se não comprar hoje, não encontrarei este produto mais tarde*"); um alegado controlo de custos, com produção efectuada em todo o mundo, procurando as ofertas mais competitivas.

ZILIAN – TRENDY E DINÂMICA

A marca Zilian, criada pelo Grupo Mar, abre a sua primeira loja em Lisboa, em 2008, como marca de calçado de senhora. Posteriormente, abre em Braga, Porto, Aveiro, Santarém, Leiria e em Madrid e também é alargada ao calçado masculino.

O logotipo assume formas orgânicas, tentando expressar o seu dinamismo e, subtilmente, as formas femininas. Dirige-se a um amplo *target*, dos 15 aos 60 anos.

As lojas da marca apresentam uma componente inovadora, pois o calçado é apresentado em lineares, por pares, por tamanhos e cores, criando um ambiente de self-service e de experimentação imediata, o que não era comum nas restantes lojas de calçado. Igualmente, um serviço de *valet parking*, assegura um serviço mais personalizado aos seus clientes.

Pretendem os gestores da marca "fazer com que a mulher se sinta no paraíso ao entrar na loja, deixar os problemas para trás das costas, confiar as chaves do carro ao serviço de *valet parking*, ser recebida com simpatia pela RP, que fará tudo para tornar a visita à loja numa experiência memorável. A ideia é fazer com que se divirta o máximo e que tenha o maior prazer na compra do novo par de sapatos".

Segundo declarações dos responsáveis da marca à revista Marketeer, a marca não aposta na publicidade tradicional, "*preferindo momentos*

de comunicação que considera determinantes como acções permanentes nas redes sociais, na loja, e ao longo do ano com momentos especiais, como é o lançamento de uma nova colecção, a inauguração de uma nova loja ou o aniversário da marca".

A marca criou o Jornal da Zilian e o Zi Card, como instrumentos de informação e fidelização e de criação de experiências dos seus clientes, nos domínios do bemestar, cosmética e revistas do mundo da moda.

A marca tem tido uma ligação a "A Pipoca mais doce", o blog com maior número de seguidores em Portugal e, momentaneamente, com algumas figuras públicas, actuando como influenciadores neste mercado. O seu website disponibiliza a funcionalidade de comércio electrónico.

7.4. Bebidas

ABSOLUT - INOVADORA E ARTÍSTICA

Fundada em 1879, na Suécia e relançada em 1979.

A primeira campanha foi criada pela TBWA-EUA, em 1981, mantendo a marca a mesma agência desce então.

A comunicação da marca combina a arte com a publicidade. O conceito-base tem sido declinado: Absolut Cities, Absolut Art, Absolute Fashion, Absolute Literature, Absolute Hollidays.

Em 2007, após ter sido comprada pela Pernod Ricard, alterou a sua estratégia de comunicação, deixando o foco de ser "a garrafa" para passar a ser o "Absolut World", tentando perspectivar uma visão próxima do mundo, incentivando as pessoas a expressar a sua própria visão do mundo.

Sendo líder nos *Vodka Premium*, os principais factores de sucesso são a diferenciação e consistência da comunicação; a a afirmação pelo *lifestyle*, ligação às cidades, cultura e artes. Mais de 500 artistas já participaram em campanhas da marca.

Assume como posicionamento "*Absolut Vodka is the quintessencial vodka, the true vodka, the patern to evaluate others*".

Comparado com outras marcas tradicionalmente produtoras da bebida (russos), como a Stolichnaya, a imagem pública – comparando-a com uma pessoa – é jovem e contemporâneo, frequentador de bares e discotecas da moda, trabalha em artes criativas (publicidade ou arte) e é masculina.

PEDRAS – A ÁGUA GASEIFICADA NATURAL

Em Portugal, "Pedras" é sinónimo de água com gás, constituindo uma referência no mercado. Com 145 anos de história, Pedras é uma água

Segundo metodologia Kapferer, 2008

com gás (mineral natural gasocarbónica) 100% natural e uma composição única, totalmente criada pela natureza. A Naturalidade é o mote da marca.

Os responsáveis da marca referem que a mesma valoriza a autenticidade e aposta na honestidade da relação com o consumidor, o que a leva a ser entendida como positiva, transparente e transgeracional.

Pretende a marca convidar as pessoas a deixar "o melhor de cada uma vir ao de cima: acompanha a vida e pretende estimular o melhor de cada um".

DELTA CAFÉS – A MARCA COM ALMA

A Delta Cafés, na pessoa do seu fundador Manuel Rui Azinhais Nabeiro, transportou para o modelo de negócio a essência relacional da "magia do café".

Conhecedor do mercado do café e empreendedor por natureza, Rui Nabeiro decide, em 1961, criar a sua própria marca de cafés. Na vila alentejana de Campo Maior, inicia a actividade.

A Delta Cafés conta com um pouco mais de meio século de vida, com vários momentos que consolidaram a marca como líder do sector em Portugal. A marca tem tido diversos reconhecimentos públicos: Marca de Confiança das Selecções do Reader's Digest, há 16 anos consecutivos, Escolha do Consumidor desde 2013 e também de forma consecutiva, e Prémio Cinco Estrelas há três anos.

A Delta Cafés é ainda uma das marcas portuguesas com Reputação de Excelência, pelo estudo do Reputation Institute junto dos consumidores nacionais. O resultado alcançado pela Delta, acima dos 80% de aprovações, coloca-a no top das marcas em Portugal, superando algumas multinacionais de diferentes sectores.

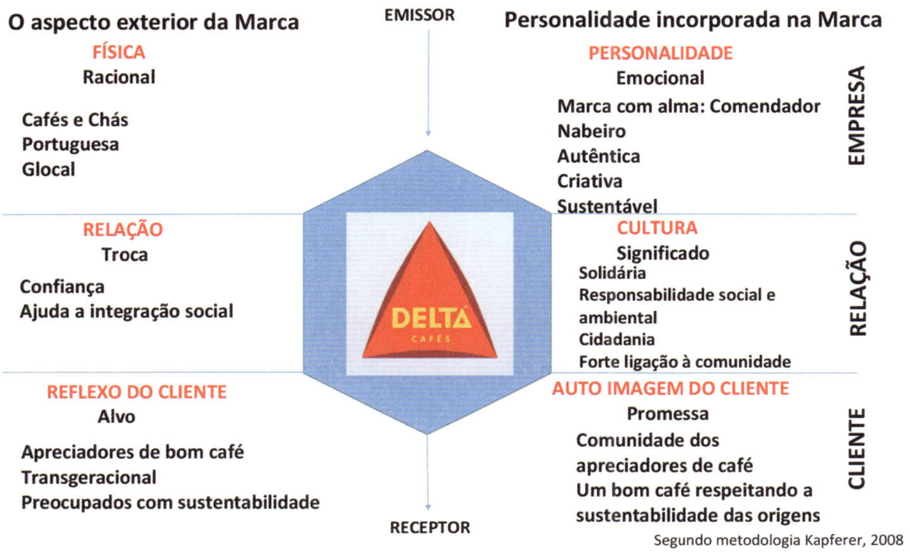

A personalidade de Rui Nabeiro é transportada para a filosofia de gestão "Uma Marca de Rosto Humano" com um relacionamento comercial na base de "Um Cliente um Amigo". A táctica de actuação é a personalização da relação marca-cliente.

Assume como Posicionamento, a assinatura "O café da sua vida".

A marca tem procurado promover práticas de sustentabilidade e inovação. Para isso, na sua relação com os stakeholders, colabora activamente com os fornecedores, parceiros comerciais, universidades e Organizações Não Governamentais, no sentido de acrescentar valor ao consumidor e ao mercado através de um comércio justo e sustentável.

A Delta Cafés tem apostado na inovação, na melhoria contínua dos produtos e na sua qualidade.

Seguindo uma estratégia de "monomarca", foram criados diferentes tipos de serviços, segmentados por unidades de negócio/comunicação. O modelo de fornecimento preferencial é a auto-venda, apoiado em equipas especializadas de assistência técnica, sistemas de linhas verdes e merchandising personalizados.

Este percurso culminou, em 1998, na re-engenharia no Grupo Nabeiro/Delta Cafés, dando origem à criação de 22 empresas, organizadas por áreas estratégicas para o reforço da actividade principal do grupo.

A Delta estende hoje a sua acção a diversas latitudes do mundo, com operações próprias em Espanha, França, Luxemburgo, Suíça, Angola, Brasil, Dubai e China. A marca tem distribuidores em diversos outros países.

Os responsáveis da empresa consideram que os seus colaboradores são os activos mais valiosos, apostando na melhoria das condições laborais, na formação contínua e na promoção de talentos aumentando, assim, o o seu *know-how* do sector.

A comunicação da marca recorre aos diversos media disponíveis: televisão, imprensa escrita, rádios, site oficial e redes sociais (Facebook e Instagram).

Em Outubro de 2016, a Delta lançou uma campanha de meios sob o *claim* "O Café ao Gosto Português", com dois *protagonistas*: o Comendador Rui Nabeiro e o lote Delta Portugal.

A campanha centrou-se nos conceitos de tradição, inovação e Portugalidade, tendo-se desdobrado pelos formatos de página de imprensa, outdoors, spot de televisão e spot de rádio.

Evolução da marca

1961 – Rui Nabeiro cria em Campo Maior a marca Delta Cafés
1970 – Lançamento de novos produtos e serviços de qualidade global
1984 – A empresa Manuel Rui Azinhais Nabeiro, Lda. assegura a actividade comercial
1994 – Novadelta S.A. torna-se a primeira empresa nacional com certificação no sector
1998 – Reengenharia no Grupo Nabeiro-Delta Cafés dá origem à criação de 22 empresas
2000 – Certificação dos *blends premium* Diamante, Platina e Ouro
2007 – Lançamento do conceito Delta Q de café em cápsulas
2009 – Qosmo, a 1ª máquina de café de cápsulas, de design nacional
2011 – Delta comemora 50 anos com a liderança consolidada no mercado nacional. "50 anos a despertar Portugal". Festival Delta Tejo, em Lisboa, comemorando a sustentabilidade e a diáspora

2012 – Rebranding da marca Delta Cafés, com uniformização da imagem no mercado nacional e num número crescente de mercados internacionais

2013 – Renovação do *packaging* e das denominações de toda a gama

A Delta tem vindo a desenvolver diversas campanhas como "Um café por Timor", colaborando na formação e educação das populações que trabalham o produto na origem e na construção de escolas primárias, secundárias e agrícolas, na mesma região propiciando, assim, um ambiente em que todos ganham: produto produzido com melhor qualidade e melhor qualificação para as populações do país.

A marca Delta tem vindo a ser reconhecida e premiada, tanto nacionalmente como internacionalmente, como uma das 30 melhores práticas mundiais de Responsabilidade Social Corporativa.

Uma marca com rosto humano
por
Comendador Rui Nabeiro — Presidente do Grupo Delta Cafés

Os negócios revestem-se de grande complexidade. Num contexto de transformações sociais, económicas, tecnológicas, onde a inteligência artificial assume maior relevância, a definição de padrões de ética e responsabilidade social ganham vital importância na vida das pessoas, empresas e organizações.

Vivemos uma globalização feroz, que marca tudo e todos. Hoje, temos o mundo na "palma da mão". Criamos e partilhamos no momento. O grande desafio passa pelo propósito, pelo significado dessa vontade imensa em estarmos ligados, permanentemente a comunicar.

Há uns anos, assinámos "Delta, Ligados de Verdade". Fazia sentido na altura e, hoje, justamente pelo propósito da nossa Marca, pelo relacional, pela proximidade que há muito cultivamos com os clientes e consumidores, faz ainda mais sentido.

A experiência diz-me que o sucesso das empresas depende, na maioria das vezes, da gestão e do investimento no capital humano, nas suas pessoas.

É necessário ter equipa. Inovar diariamente, estar atento, criar estratégias e mecânicas diferenciadoras.

A cultura do trabalho deve estar associada a critérios rigorosíssimos de ética profissional. Maximizar, valorizar a produção, a criação de ideias pode ser uma vantagem para a melhoria e desenvolvimento pessoal de cada um de nós. No nosso caso, orgulho-me de ter criado uma cultura de empresa, uma "chama de entusiasmo" que contagia todos os que nos têm acompanhado nesta aventura deliciosa. Esta "chama" pode ser o verdadeiro propósito da nossa marca, o significado, o valor que a torna original, diferenciadora, única!

A Delta reflete a vontade e o querer de todos aqueles que nela trabalham e colaboram.

As conquistas têm de fazer sentido. Evoluímos e crescemos até assumir o papel que a história nos deu na vida de muitos milhares de clientes, amigos, colaboradores e respetivas famílias.

É por isso que estamos profundamente gratos pela confiança.

LICOR BEIRÃO – O LICOR DE PORTUGAL

A marca Licor Beirão data de 1929, embora o produto já fosse fabricado, desde o início do séc. XIX.

1950

Em 1940, a marca aposta fortemente na publicidade ao longo das estradas do país e depois na televisão com estrelas como Tony de Matos. O licor torna-se muito popular, sendo a garrafa inconfundível. É um produto de referência no panorama das bebidas e das marcas portuguesas.

É conhecido pelas suas campanhas publicitárias, "Licor Beirão, o Licor de Portugal", "É de bom gosto servi-lo, é de bom gosto bebê-lo", posicionando-se como "O licor de Portugal", isto é "o único".

Em 1940, nasce a firma familiar J. Carranca Redondo, Lda, na serra da Lousã, que ainda hoje se mantém e fabrica o Licor Beirão. Antes de adoptar este nome, o produto já se fabricava há mais de um século numa farmácia mas, é em 1929, que se passa a designar Licor Beirão.

Tendo mantido o mesmo produto e marca, ao longo dos anos, lançou em 2017 o "Beirão D'Honra", em homenagem ao seu fundador.

> A marca tem uma história curiosa. Segundo a empresa: "*em finais do século XIX, um caixeiro-viajante de vinhos do Porto, de passagem pela Lousã, apaixonou-se pela filha de um farmacêutico, acabando o namoro em casamento. Na farmácia, para além dos medicamentos habituais, eram comercializados "licores naturais" segundo fórmulas antigas mantidas em segredo. Entretanto entra em vigor uma lei que proíbe a atribuição de propriedades medicinais às bebidas alcoólicas. Aproveitando a oportunidade, o jovem vindo do Norte leva a cabo a autonomização da produção dos néctares, pelos mesmos processos artesanais, numa pequena fabriqueta*".

O nome Licor Beirão, surge de um evento realizado em 1929, o Congresso Beirão em Castelo Branco e o licor foi baptizado, com este nome, em homenagem ao encontro.

A marca assume como valores, a irreverência e a agilidade de resposta tendo, desde sempre, apostado na comunicação exterior, em que terá sido uma das pioneiras, no caso da afixação de cartazes e utilização de outdoors.

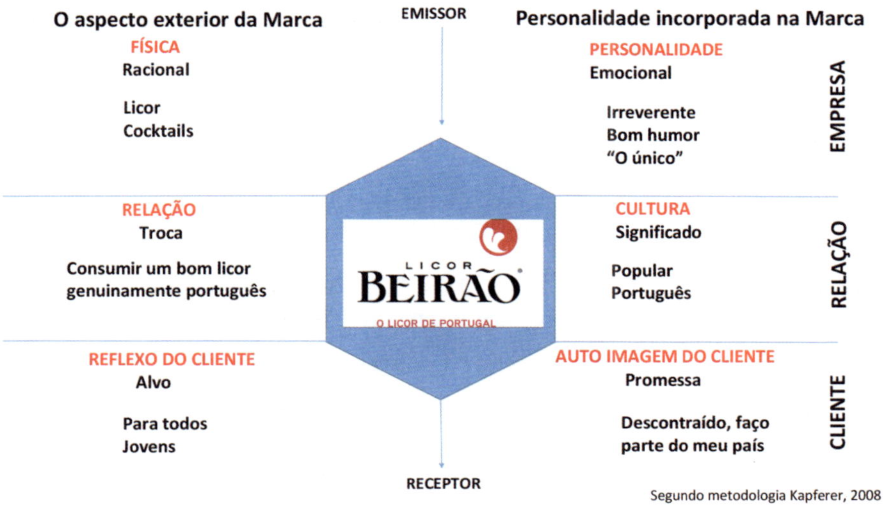

A marca sempre tem apostado na publicidade, logo em 1940, com uma campanha na TV com o cantor Tony de Matos. Uma das últimas campanhas foi protagonizada pelo ex-jogador Paulo Futre, a qual se mostrou relevante para a maior penetração no mercado espanhol. Também, a campanha realizada com José Diogo Quintela, "Mas afinal, o que se bebe aqui?", assumiu níveis de notoriedade relevantes.

Mantém a assinatura "Licor Beirão, o Licor de Portugal", posicionando-se como "o único" licor português.

Actualmente, exporta cerca de 20% das suas vendas para o estrangeiro.

LUSO – A ÁGUA PURA

A água do Luso provém da Serra do Buçaco, sendo uma água termal, assim como uma água mineral natural, sem tratamento, líder no mercado português.

Como curiosidade, foi classificada em 1903, como "puríssima" e "de sabor leve e agradável", pelo químico francês Charles Lepierre.

A marca assume como identidade a Portugalidade, intitulando-se "a mais portuguesa das águas", pela sua existência, de mais de 160 anos.

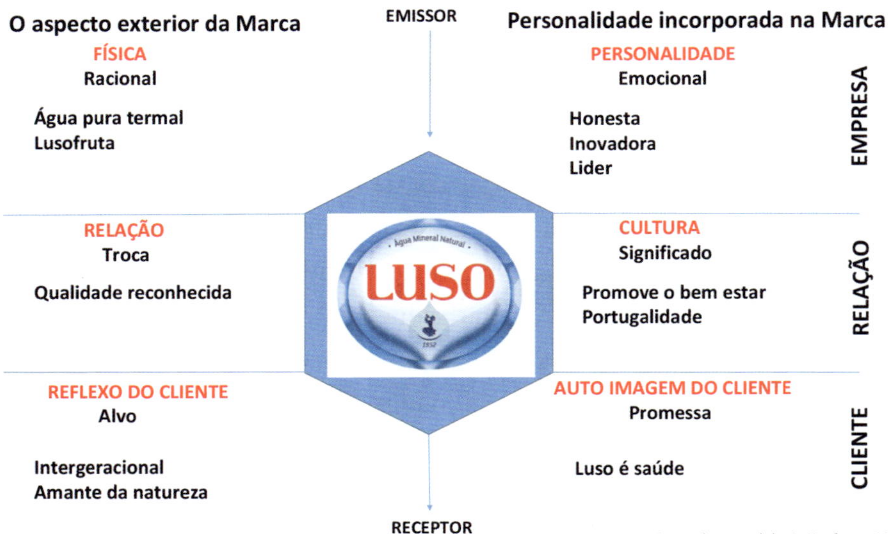

Segundo metodologia Kapferer, 2008

Tem-se mostrado inovadora no mercado. Introduziu a garrafa de plástico compactável e a garrafa adaptada aos desportistas. Ao longo dos anos, a marca introduziu outras inovações como o alargamento ao território das *juicy waters*, com a submarca Luso Fruta, produtos estes com fruta, sem conservantes, nem quaisquer elementos artificiais e a Luso Gás.

Assume-se como inter-geracional, comunicando os valores da saúde e da natureza, com o Posicionamento "Luso é Saúde", "sede de Natureza".

SAGRES – A CERVEJA DE PORTUGAL

A marca Sagres foi a marca resultado da criação, em 1940, da Sociedade Central de Cervejas, esta fundada em 1934, pela fusão de quatro cervejeiras já existentes (Portugália, Estrela, Jansen e Cervejas de Coimbra).

A marca surgiu na sequência da Exposição do Mundo Português, que teve lugar naquele ano, em Lisboa. Por curiosidade, referem os responsáveis da marca que esta surgiu na sequência de um pedido feito pelo Embaixador do Reino Unido em Portugal, no sentido do fornecimento de cerveja, às tropas inglesas estacionadas em Gibraltar, aquando da II Grande Guerra Mundial. Terá sido este, então, o primeiro destino das cervejas da nova marca entretanto criada.

Em 1994, inicia o patrocínio da Selecção Nacional de Futebol, ligando o seu posicionamento da portugalidade às vitórias da selecção reforçado, em 2011, com a campanha publicitária "Sagres Somos Nós".

Em 2012, comemorando os 40 anos de actividade, lança a 1ª garrafa de alumínio da marca, da Mini, que brilha quando exposta à luz negra, lançando o slogan "Quando sai à noite, a mini transforma-se". Ainda no mesmo ano, reforça a sua imagem, acentuando o design da garrafa e do rótulo, com as cores do escudo português.

Em 2014, lança a campanha sob o mote "Somos Selecção, Somos Portugal".

Pertencendo a Sagres ao grupo Heineken, que tem a sua marca própria, tem mantido a marca portuguesa, devido à força que a mesma tem no mercado nacional.

Trata-se de uma marca de cerveja, *mainstream*, que se dirige a todo o mercado luso, aportando os valores nacionais da Portugalidade e da inclusão e transversalidade social.

Projecta-se como uma marca acessível, de qualidade, competindo principalmente no terreno das *laggers*, sendo a Super Bock, a sua principal concorrente, com quem disputado, ano a ano, passo a passo, a liderança do mercado português, da qual se afirma líder desde 2008.

É, em consequência, uma marca apreciada e percebida como tradicional. Sendo uma marca universal. Procura centrar a comunicação nos *Millenials*.

Assentando a oferta principalmente na *lagger* Sagres, tem vindo ao longo dos anos a alargar a sua oferta, como é o caso da Bohémia – com um mais elevado teor de álcool, tentando disputar a preferência dos consumidores nas refeições, concorrendo com o vinho – ou a Radler, mais suave, com menor teor de álcool, com mistura de limão, concorrendo principalmente com os refrigerantes.

Face ao crescente lançamento de marcas de cerveja artesanais, a empresa não fabrica este tipo de produtos, mas comercializa a cerveja, produzida por métodos artesanais, Topázio.

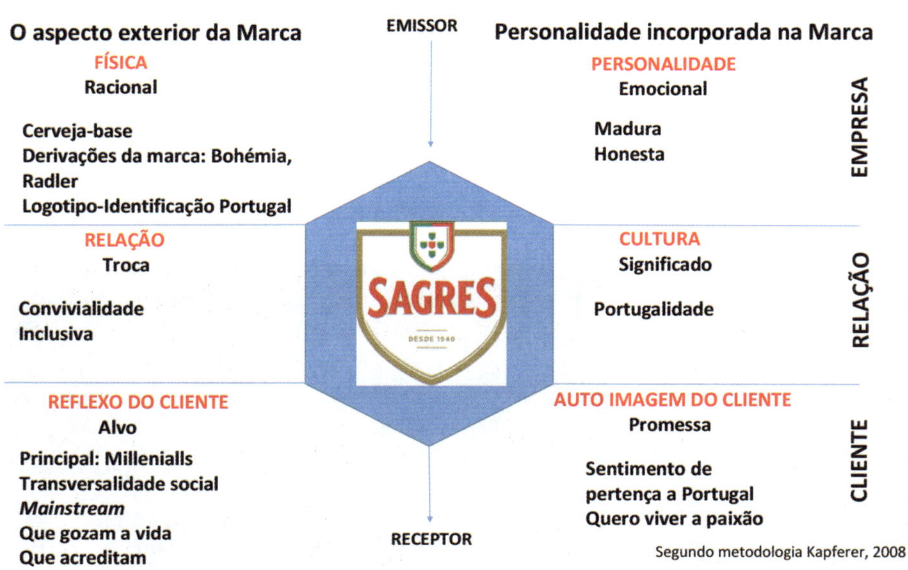

A marca tem procurado estar "onde os portugueses estão e com eles", tendo uma associação que data de 1993, com o futebol e com o patrocínio à Selecção Nacional de Futebol associando-se, igualmente, a eventos populares com carga tradicional portuguesa. A última campanha publicitária desenvolvida neste âmbito, decorreu em Maio/Junho de 2018, sob o lema "Por Portugal, repete o ritual".

A marca está presente noutros mercados, em cerca de 40 países, como em Angola, China, Suiça, Luxemburgo e Inglaterra.

Em termos de comunicação, continua a apostar nos grandes media, segundo a empresa, afectando cerca de 50% à televisão, cerca de 30% a publicidade exterior e 15% aos meios digitais.

SUPER BOCK – A CERVEJA IRREVERENTE E CONVIVIAL

A marca Super Bock foi lançada em 1927. A marca foi assumindo uma tão elevada notoriedade que, em 2017, o Grupo Unicer adoptou o nome Super Bock Group.

O Super Bock Group é a maior empresa portuguesa de bebidas refrescantes, com uma estratégia multimarca, cuja atividade assenta nos negócios das cervejas e das águas engarrafadas, mas está também presente nos segmentos dos refrigerantes, vinhos, na produção e comercialização de malte e no negócio do turismo, detendo ainda os parques lúdico-termais de Vidago e Pedras Salgadas.

É uma empresa de capital maioritariamente português, detida em 56% pelo Grupo Viacer (Violas, Arsopi) e em 44% pelo Grupo Carlsberg.

A marca assume como Missão, "contribuir para a satisfação dos consumidores de bebidas, disponibilizando o que necessitam e preferem, criando valor e fazendo-o melhor que a concorrência".

A marca pretende estar na vanguarda da investigação e do desenvolvimento dos produtos que fabrica. A estratégia prosseguida, de criação de novos produtos e processos mais eficientes no sector, visa acrescentar valor à empresa e à marca.

Segundo metodologia Kapferer, 2008

Os Valores que caracterizam a marca são: a focalização nos clientes, trabalho em equipa, cidadania responsável, integridade e ética.

O Posicionamento “o sabor autêntico da Super Bock faz parte da vida”, transmite a autenticidade, convívio, actualidade e amizade.

Assume uma forte presença nos seus targets, criatividade na comunicação e diferenciação face à concorrência.

A evolução do logotipo tem mantido a cor forte vermelha, com a assinatura “sabor autêntico”.

A marca tem uma imagem irreverente, jovem, convivial, surgindo ligada a momentos de prazer e divertimento. Está presente junto dos seus diversos targets, em festivais de música e cinema, eventos desportivos e festas populares, dinamizando a sua divulgação através de passatempos e concursos, oferecendo entradas para as diversas acções.

História da marca

1927 – Lançamento da Marca. Inicialmente apenas presente no norte do país – Litoral Norte e Coimbra

1977 – Ganha a 1º medalha de ouro no concurso "Monde Selection de la Qualité"

1992 – Atinge a liderança do mercado de Cervejas Nacional

1995 – 1º Super Bock Super Rock. "... O ano acabou e começou com as badaladas Super Bock..."

2002 – A marca completa 75 Anos e lança como edição comemorativa, uma cerveja especial; Super Bock Super Rock chega a Espanha

2003 – Inicia-se um processo de inovação que revoluciona todo o mercado das cervejas que origina a Stout, Green, sem álcool, Abadia, Tango

2004 – 1º Super Bock Super Rock Angola

2005 – Marca mais galardoada nos prémios de eficácia Publicitária/ APAN

2006 – Super Bock é eleita Produto do Ano

2007 – Lançada a Super Bock XpresS

2008 – Super Bock Xpress eleito Produto do Ano na categoria de pequenos electrodomésticos

2009 – Lançada a Super Bock Mini Pull-Off, um inovador sistema de abertura fácil

2013 – Lançada a Super Bock Selecção 1927, uma gama de cervejas especiais, de cariz artesanal, em edições limitadas

2016 – Super Bock Selecção 1927 lança de forma permanente a gama composta por quatro cervejas: Munich Dunkel, Bavaria Weiss, Bengal Ambar IPA, Czech Golden Lager.

2017 – A Unicer adopta o nome Super Bock Group

7.5. Higiene

RENOVA – A MARCA SEXY

A marca ficará para a história como a marca que conseguiu tornar sexy um produto como o papel higiénico.

A Renova nasceu como marca em 1818, com a manufactura da primeira folha de papel nas margens do rio Almonda.

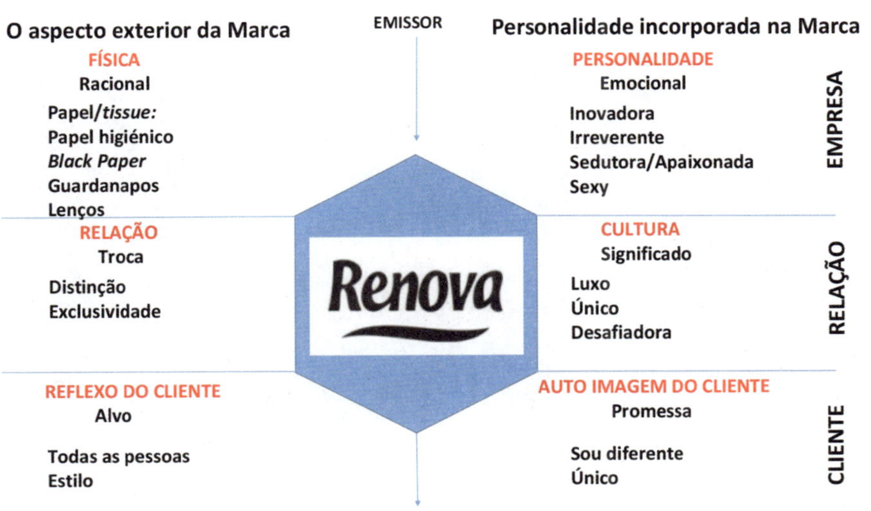

Segundo metodologia Kapferer, 2008

Começou por fabricar papel para uso de escritório, doméstico e sanitário.

Posteriormente, lançou o papel higiénico a cores, tendo disruptivamente catapultado a marca para uma categoria diferente, de *commoditie* para produto diferenciado, quase de cosmética e de luxo.

Em 2005, efectua o lançamento do Renova Black, que veio alterar totalmente a imagem da marca, catapultando-a para um patamar de inovação, reconhecido em vários países do mundo e por diversas comunidades académicas de referência.

Actualmente, é líder europeia deste tipo de produtos de grande consumo e tem apostado na investigação apresentando, produtos originais e inovadores, como o caso do papel higiénico preto e colorido, catapultando a marca para novas categorias, de higiene e cosmética e para o nível de produtos de luxo. É, pois, frequente ver produtos desta marca em conceituados hotéis e estabelecimentos luxuosos, em França, nos EUA.

Considerada um dos ícones internacionais de inovação, exactamente pelo impacto na "mudança de categoria" da marca, ela é estudada como *case study* em várias universidades do mundo, nomeadamente no INSEAD, em França, pela concepção de novos produtos, numa área em que pareceria difícil inovar, e no tipo de comunicação publicitária impactante que usa.

7.6. Tecnológicas

APPLE – A MARCA DIFERENTE, INOVADORA E DE CULTO

> *Our customers want to know, "Who is Apple and what is it tht we stand for? Where do we fit in this world?" What we're about isn't making boxes for people to get their jobs done, though we do that well. We do that better than almost anybody in some cases. But Apple's about something more than that: Apple, at the core, its core value, is we believe that people with passion can change the world for the better. That's what we believe.*
>
> Steve Jobs

A marca Apple foi fundada por Steve Jobs e Steve Wozniak, nos EUA, em 1976.

Surge no mercado como desafiadora, anticonvencional, da então líder IBM.

O logotipo escolhido – a maçã mordida – sugere o desafio ao tradicional, na analogia da expulsão de Adão e Eva do Paraíso, face ao alegado episódio da mordida da maçã. Alguma especulação ainda existe sobre o assunto, referindo-se também que Jobs comia frequentemente maçãs e que seria fã dos Beatles, que tinham gravado com a Apple Records.

Qualquer que seja a justificação, de certo é que a marca sempre se assumiu como desafiadora do *establishment* e, de facto, o logotipo sugere essa situação.

A força da marca leva a que, mesmo nalgumas categorias de produtos, embora não tenha sido percursora do seu lançamento, é tida como tal.

Ao longo do tempo, tem lançado produtos em que se tornou líder da categoria, como os casos do iPod, iPad, iTunes, iPhone e Apple Watch.

Os factores de sucesso da marca têm a ver com a sua capacidade inovadora e o design dos seus produtos.

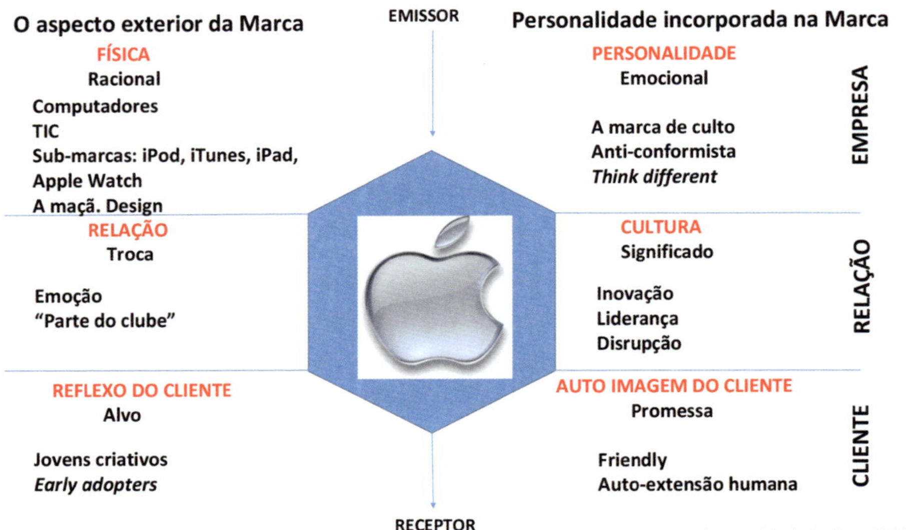

Segundo metodologia Kapferer, 2008

A Apple caracteriza-se por lançar produtos extraordinários, ser líder na inovação e no design. Pode ser caracterizada como uma marca de "quase luxo" pois, com aquelas características, pratica preços elevados, muitos vezes vistos quase como inatingíveis. Face aos seus concorrentes, a Apple não concorre só nos produtos, a Apple é uma marca ícone e, enquanto conseguir liderar esta "categoria" que criou, será certamente bem sucedida.

Como "marca de luxo" não poderá ser líder de mercado em vendas, embora não obstante o preço elevado dos seus produtos, tem concorrido pela liderança.

Em particular, o iTunes e o iPhone em 1997, terão sido até agora, os produtos mais inovadores que levaram a uma alteração radical no mundo da edição/comercialização da música, assim como dos serviços móveis. De alguma forma se pode dizer, que o mundo digital foi completamente revolucionado com a introdução do telemóvel da marca.

A marca efectuou uma abordagem totalmente disruptiva e disruptora face aos, até então, cânones tradicionais desta área de negócio. Inovou no design, na introdução de sistemas operativos e software, amigáveis para o utilizador, percursores claros neste domínio, muito antes de ser lançado o Windows, pela Microsoft.

A campanha de lançamento do computador Macintosh, efectuada em 1984, traduzida no spot passado durante o Super Bowl, lançou o desafiante slogan *Think Different*, com uma nítida alusão ao livro de George Orwell, criticando o "cinzentismo" que imperava no sector, liderado pela IBM, incentivando à quebra das regras vigentes, dos produtos e serviços disponibilizados, de um "Pensar Diferente".

Em termos de design, a Apple é marcadamente inovadora, em especial no que respeita à portabilidade, com os MacBook Air ou os iPod Nano.

A estratégia de marketing prosseguida, mais marcadamente durante a gestão de Steve Jobs, privilegiava o sigilo absoluto sobre as novidades dos lançamentos anuais dos seus produtos, anteriormente aos dias 12 de Setembro de cada ano. Assim, o *suspense* sempre era mantido, deixando os media, o mercado e os fãs da marca, de alguma forma ansiosamente à espera desses dias.

Com a alargada concorrência, a nível dos produtos, com que a marca actualmente se confronta em todo o mundo, em particular dos países asiáticos, China e Coreia, a mesma terá de continuar o seu caminho na inovação, de forma a manter a sua identidade como marca líder da inovação.

FARFETCH

Farfetch é um markeplace, uma plataforma online de moda de luxo, start up fundada em Londres, em 2008, pelo empresário português José Neves, sendo já o único *Unicorn* português.

Trata-se de uma plataforma de e-commerce que surgiu na era digital. A Farfetch disponibiliza online, para um universo potencial de 5 milhões de consumidores, vestuário de luxo de 35 países, procedendo a entregas em mais de 150, assegurando toda a logística do processo, procedendo a emprega à entrega ao cliente final.

Está presente em 11 cidades, de Xangai, a São Paulo, Nova Iorque, Porto ou Lisboa. Reune, no seu site, mais de 100 000 artigos de 435 boutiques independentes de todo o mundo.

Tem actualmente mais de 1000 colaboradores.

Está avaliada em mais de mil milhões de dólares.

Segundo a empresa, a mesma tem mais de 1,5 milhões de utilizadores na app e 11 milhões na web. Mensalmente, são feitas em média 100 mil compras via Farfetch, com um valor médio de 518 euros.

Em termos de comunicação apostam no digital, investindo “muitos milhões de euros”.

NOS – TECNOLOGIA E ENTRETENIMENTO

A marca NOS, criada em 2012, como resultado da fusão entre a marca fixa ZON e a móvel Optimus, define como sua Missão: “A NOS é uma marca tecnológica de ligações e entretenimento.

A sua Missão é a de inventar, agregar e desafiar tecnologia para que todos se liguem mais, vejam mais, façam mais, sintam mais. É o potenciador e o curador dos bons momentos da vida, das ligações, ao entretenimento”.

O logotipo é composto por sete cores, sendo o principal *brand asset* a roda e os raios, que a compõem e que procuram dramatizar a tensão entre a diversidade e a união.

A NOS dirige-se aos segmentos de particulares e empresarial (NOS Empresas) e está presente em territórios de paixão dos portugueses: o

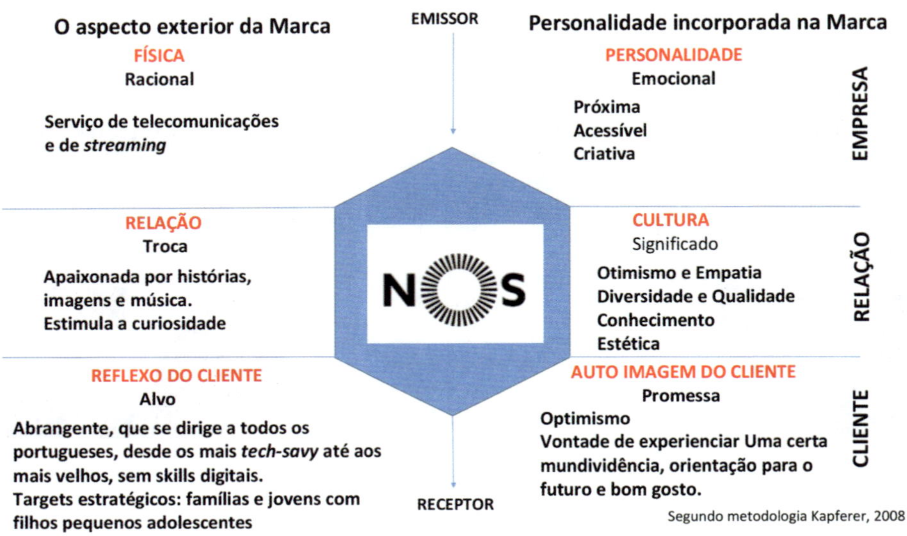

Futebol (Liga NOS), a Música (activos principais, o NOS Alive e o NOS Primavera Sound) e os Cinemas (Cinemas NOS). O segmento dos *teenagers* é abordado pela marca WTF.

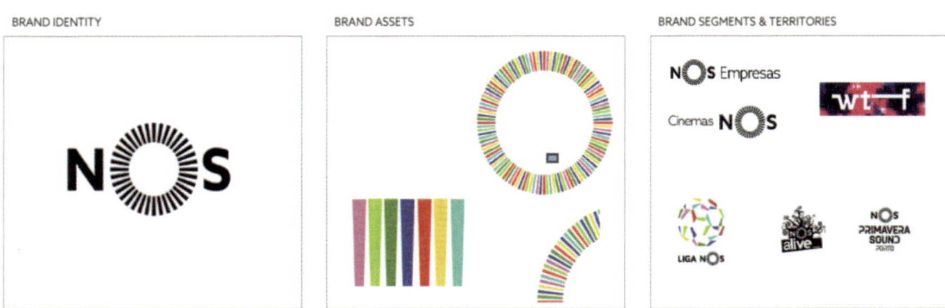

A marca NOS é percebida como uma marca jovem, descontraída, alegre e envolvente. Os clientes da NOS consideram que a marca é próxima e dinâmica e tem a capacidade de propor "coisas novas" (*Voice of consumer*, Estudo de Qualitativo de Imagem NOS, Dentrite, Junho 2017.

Segundo o mesmo estudo, " A NOS fez um estudo qualitativo em que a os consumidores respondiam à pergunta "se a marca fosse uma pessoa, como a caracterizava", a resposta foi predominantemente uma pessoa

Fonte: NOS, Estudo de Qualitativo de Imagem NOS, Dentrite, Junho 2017

jovem, entre os 30-35 anos, moderna, aberta a tendências, bem disposta, trabalhadora e sociável, que gosta muito de música e futebol e vai ao cinema."

A NOS assume o Posicionamento "Vamos viver juntos", considerando um convite à partilha dos melhores momentos da vida.

Em termos de comunicação, a NOS diz seguir um modelo de OEP @ heart (*Owned media, Earned media, Paid media*) estando presente nos momentos e na media mais importante para os targets estratégicos da

marca. Entre outros meios, está presente em televisão, rádio, internet, redes sociais, lojas, site e *search*.

Uma das últimas campanhas mais relevantes, foi a "Acredita", realizada no Natal de 2017.

Com o claim "Acredita e a magia do Natal acontece. Sempre que dás mais de ti, há mais em Nos", a marca anunciava um número de telefone "do Pai Natal" para onde as crianças poderiam dirigir os seus pedidos de prendas.

A campanha arrancou nos cinemas NOS, passando para a tv, rádio e para o digital.

Marcos principais da história da marca

2012 – Fusão ZON e Optimus

2014 – Lançamento marca NOS

2015 – NOS Patrocina a Liga NOS, a maior competição do maior desporto nacional

– Lançamento da oferta "NOS Quatro", a convergência do móvel com o fixo, numa só oferta, o produto mais simbólico da nova marca

– Lançamento do serviço NOS Play, a plataforma de *streaming* que dá acesso ilimitado aos filmes e séries

2016 – NOS é a 1º empresa do sector a receber no mesmo ano os prémios Escolha Consumidor, Produto do Ano e Marcas de confiança

– Inauguração das primeiras primeiras duas salas de cinema com tecnologia multissensorial 4DX

– Lançamento da UMA, a mais avançada e inteligente televisão da Europa

– Lançamento NOS TV App, o serviço OTT da TV da NOS

2017 – NOS e Câmara Municipal da Lagoa assinam protocolo no âmbito das Smart Cities

– NOS disponibiliza Wi-fi nos elétricos da Carris

– NOS lança portal de Informação Turística, uma plataforma pioneira de *data visualization*

– Lançamento Parceria Uber e WTF

7.7. Serviços financeiros

ACTIVO BANK – O BANCO SIMPLES

O Activo Bank, lançado em Março de 2010, vai suceder ao Banco 7, criado em 1994. Em 2001, é efectuada uma parceria entre o Grupo Millennium BCP e o Grupo Sabadell.

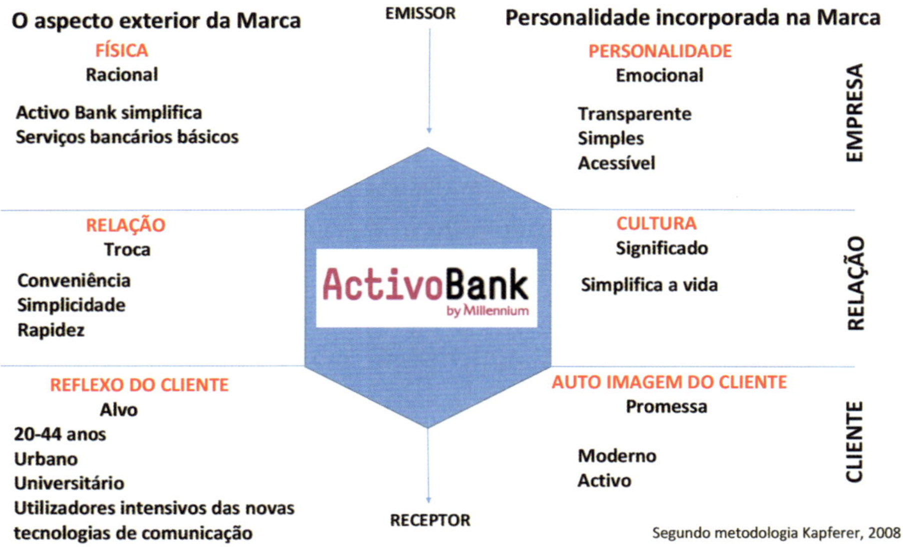

O banco, para além da sua plataforma online, disponibiliza algumas agências físicas em Lisboa e no Porto, com um novo conceito de espaço, moderno, funcional e inovador, que funcionam com horários alargados, normalmente aos espaços onde estão instaladas, nomeadamente centros comerciais.

O ActivoBank assume como bandeira a simplificação dos produtos bancários e a sua relação com os clientes, disponibilizando serviços bancários básicos para a gestão do quotidiano.

A marca pertence ao Grupo Millennium/BCP e tem como alvo as populações urbanas, mais jovens, maior utilizadora das novas tecnologias.

Os seus balcões são maioritariamente relacionais, já que as operações do ActivoBank são efectuadas, ou através dos meios automáticos – ATM, smartphones, PC, iPad – ou através das sucursais do banco Millennium.

Como inovação, o banco permite a abertura de conta à distância, nomeadamente através de videoconferência.

7.8. Hotelaria

VILA GALÉ – PROFISSIONAL E FAMILIAR

O Grupo Vila Galé é um dos principais grupos hoteleiros portugueses, integrando o *ranking* das 207 maiores empresas hoteleiras a nível mundial. É composto por diversas sociedades, das quais se destaca, pela sua dimensão e importância, a VILA GALÉ – Sociedade de Empreendimentos Turísticos, S.A.

Esta sociedade, constituída em 1986, dedica-se à exploração e gestão de todas as unidades hoteleiras que integram o grupo e, ainda, à realização de projetos e à construção de novos empreendimentos turísticos.

O Grupo abre o seu primeiro hotel, o Vila Galé Atlântico, na Praia da Galé, no Algarve.

A marca Vila Galé "pretende ser uma empresa de referência na indústria hoteleira, reconhecida entre os seus pares, clientes, parceiros, fornecedores e colaboradores pela qualidade do seu produto e profissionalismo das suas equipas". E ambiciona um crescimento económico sustentável, social e ambientalmente responsável.

Assume-se como "uma marca jovem, dinâmica e inovadora que proporciona uma experiência de conforto, segurança e bemestar".

A Vila Galé privilegia a localização, o conforto e a decoração das suas unidades, a disponibilidade e a simpatia das suas equipas, o respeito pelo meio social e pelo ambiente. O Posicionamento "Sempre perto de si", reflecte a proximidade com o cliente no relacionamento, satisfação e superação das suas expectativas, a proximidade com os colaboradores e parceiros e a localização das unidades em locais de excelência.

Os Valores que informam a marca são os seguintes:

- Valorização dos colaboradores – Formar e motivar os colaboradores, dignificando o seu trabalho e dando-lhes oportunidades de progressão.
- Inovação – Procurar produtos e serviços diferenciados.
- Lealdade – Honrar sempre os compromissos assumidos.
- Ambição – Crescer continuadamente de forma sustentável.
- Garantia – Respeitar os padrões de qualidade de produto e serviço da marca.
- Acessibilidade – Estar sempre disponível para receber e ouvir.
- Liberdade – Apresentar novas ideias e sugestões.
- Eficácia – Responder com prontidão e exatidão a todas as solicitações.

Na comunicação utiliza os meios tradicionais (imprensa, rádio, tv, mupis), cerca de 30% do investimento e nos meios digitais – *adwords*, redes sociais e outros, 70% do investimento.

A Campanha mais recente foi a do 30º aniversário do Grupo. A campanha decorreu de Maio a Dezembro de 2018, e consistiu no lançamento de passatempos mensais com oferta de 30 prémios por mês. Os clientes eram convidados a enviar textos, fotos ou vídeos onde demonstrassem a sua relação com a marca, sendo os melhores premiados.

Os prémios mensais consistiram em ofertas doa hotéis Vila Galé que a marca pretendia promover de forma ativa (novos hotéis, novos conceitos). Os objetivos eram: dar a conhecer novos produtos da marca; passar uma imagem de prestígio e credibilidade associada à experiência acumulada de 30 anos no sector; criar formas de *engagement* com os clientes e aumentar a base de contactos.

A campanha contou com comunicação online e offline.

Alguns marcos importantes da história da marca:

- 1988 – Abertura do primeiro hotel, Vila Galé Atlântico, na praia da Galé
- 1996 – Primeiro hotel na região de Lisboa
- 1999 – Primeiro hotel no Porto
- 2001 – Abertura do hotel em Fortaleza (Brasil) e do projeto de Enoturismo no Alentejo
- 2002 – Abertura de 3 hotéis no espaço de 2 meses (Lisboa, Ericeira, Tavira)
- 2006 – Madeira e primeiro resort *all inclusive* na Bahia

- 2013 – Abertura do Vila Galé Collection, Palácio dos Arcos, com a criação da submarca Collection
- 2018 – Abertura de 3 hotéis (Braga, Sintra e Touros no Brasil) e celebração dos 30 anos da marca

7.9. Produtos para casa – louça

VISTA ALEGRE – QUALIDADE E SOFISTICAÇÃO

A Vista Alegre tem um índice de notoriedade espontânea superior a 98%, reafirmando a cada ano este nível de reconhecimento junto de consumidores e especialistas. Tem apostadono design de referência e na qualidade de fabrico, aliado a uma política de expansão a novos mercados.

A Vista Alegre disponibiliza uma oferta de artigos de "tableware", "hotelware" e "giftware", nos segmentos da porcelana, vidro e cristal de alta qualidade, constituindo um exemplo de inovação no mercado global.

Os responsáveis da marca afirmam que "preservar, de forma consistente, valores-base como o rigor, a sofisticação e a criatividade, ao longo

Segundo metodologia Kapferer, 2008

de um percurso de quase duzentos anos, é um dos motivos de orgulho da Marca e uma componente essencial do seu perfil diferenciador".

A Vista Alegre está ligada à cultura portuguesa, graças a colaborações com artistas destacados, como também se associa, desde há muito, a criadores de todo o mundo, contribuindo para a promoção de novos talentos, através de iniciativas como as residências artísticas International Design Pool.

O crescimento da marca assenta numa estratégia de comunicação que abrange acções de customer relationship management, relações públicas, sponsorship, product placement, eventos (lançamentos, leilões e animações), merchandise nas lojas e uma presença nas redes sociais.

Os lançamentos de novos produtos privilegiam espaços emblemáticos e de grande relevância cultural, como foi o caso recente do Palácio Nacional da Ajuda, palco de apresentação de Paço Real, conjunto inspirado num serviço de jantar brasonado do século XIX, pertencente ao espólio do Palácio.

O ano de 2016 assinala igualmente o rebranding da Marca, passando todos os produtos em porcelana, cristal e vidro a ser comercializados sob a mesma insígnia, Vista Alegre. Um momento de unificação das Marcas marcado pela implementação simultânea de duas novidades: a nova identidade da Marca, cuja face mais visível é o logótipo, assim como as novas embalagens.

A colaboração da marca com inúmeros criadores de reputação internacional no desenvolvimento de peças originais e exclusivas, é uma caraterística identitária da Marca. Entre eles contam-se, nos últimos anos, nomes como Christian Lacroix, Oscar de la Renta, Jaime Hayon, Marcel Wanders, Joana Vasconcelos, Patrick Norguet, Brunno Jahara, Sam Baron e Siza Vieira, entre muitos outros.

Os diversos prémios recebidos nos últimos anos, entre os quais o Red Dot Design Award, o Wallpaper Design Awards e o German Design Award vêm reafirmar a marca como uma referência no âmbito do design e da criação artística.

7.10. B2B

Logoplaste

A Logoplaste é uma marca/empresa B2B que desenvolve e fabrica soluções de embalagem para grande parte das marcas de FMCG, como a P&G, Coca Cola, L'Oréal, Danone, Heinz, Henkel.

A empresa foi criada em 1976, dispondo actualmente de 61 fábricas em 16 países. As suas vendas em Portugal representam, unicamente, 8% das vendas totais. Encontra-se, dentro do sector, no Top 5 das empresas europeias.

Define a "Missão da marca como o fornecimento de soluções personalizadas de embalagem de plástico rígido disponibilizando, em parceria com os seus clientes, um serviço global de R&D, numa perspectiva de longo prazo".

Assume como Valores: Inovação, Qualidade, Trabalho de equipa, Segurança, Integridade e Parceria com os seus clientes.

A empresa dispõe de um laboratório de investigação, procurando soluções ambientalmente mais eficientes.

Em 2016, a empresa foi comprada pelo Fundo americano Carlyle, indo abrir a maior fábrica do mundo de embalagens, nos EUA, no fim de 2018.

7.11. Institucionais

PSP – POLÍCIA DE SEGURANÇA PÚBLICA

Segundo documentação da PSP, "*o primeiro corpo de agentes policiais foi criado por D. Fernando I, os chamados Quadrilheiros, com um efectivo de 20 elementos, tendo recebido um Regimento, datado de 12 de Setembro 1383, que refere no seu preâmbulo a grande criminalidade que grassava na cidade de Lisboa*".

A Enciclopédia Luso-Brasileira, refere que o primeiro corpo de agentes policiais foi criado por D. Fernando I, os chamados Quadrilheiros, com um efectivo de 20 elementos.

Sebastião José de Carvalho e Melo, o Marquês de Pombal criou, pela Lei de 25 e Junho de 1760, a Intendência da Polícia da Côrte e do Reino. É criado o lugar de Intendente-Geral da Polícia da Corte e do Reino. É a partir deste momento que o termo "Polícia" se vulgariza.

A PSP define como sua Missão: "*Assegurar a legalidade democrática, garantir a segurança interna e o livre exercício dos direitos fundamentais dos cidadãos, bem como o normal funcionamento das instituições democráticas, no quadro da lei*".

A PSP assume os seguintes valores: independência, disciplina, justiça, isenção, humanismo, firmeza, solidariedade, tolerância, perseverança, lealdade, honestidade.

7.12. Globais

VIRGIN – DESAFIADORA, REBELDE E INOVADORA

A Virgin foi fundada em 1970, no Reino Unido, por Sir Richard Branson, como empresa de *mail order record*, que posteriormente se transformou na Virgin Records.

Desde esse momento e, nos últimos 45 anos, o espírito desafiador e a personalidade inovadora e disruptiva de Branson, ditou o crescimento, a diversificação da marca e, principalmente, o carácter e personalidade da mesma.

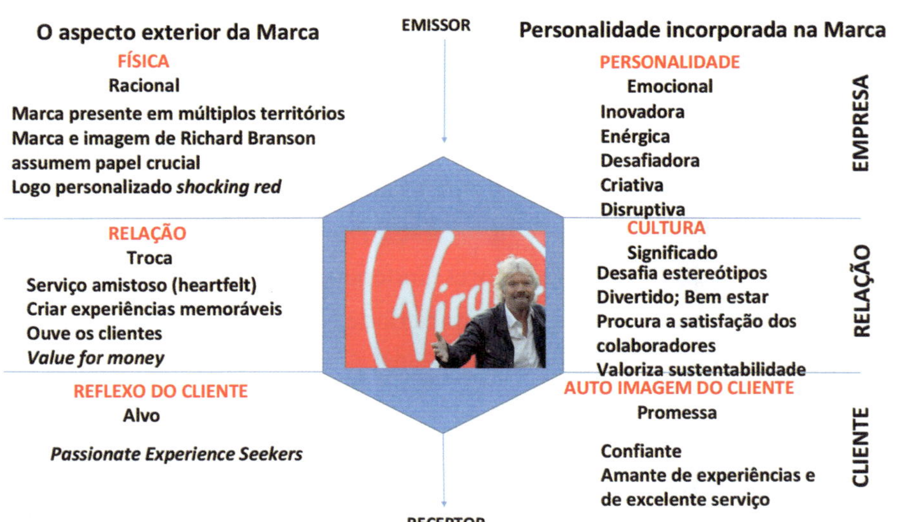

Segundo metodologia Kapferer, 2008

Desta forma, a identidade e comportamento da marca na realidade é indissociável da personalidade e comportamento do seu fundador.

A Virgin assume como valores: providenciar um serviço amistoso (*heartfelt e red hot service*, na linguagem da empresa), surpreendedor e de qualidade), criando experiências agradáveis e "mágicas", segundo a empresa.

A marca assume um comportamento disruptivo, sob o lema "*changing business for good*".

O principal meio de comunicação usado são as Relações Públicas, assumidas pelo líder da marca e a sua presença em eventos, com impacto significativo, assim como eventualmente e, sem se anunciar, em determinadas ocasiões, como por exemplo em alguns voos da Virgin Atlantic, vestido de hospedeira, noutros casos, de noiva, e árabe, suspenso no ar, vestido de Elvis, praticando desportos radicais.

O carácter desafiador de Branson tem levado a que goste de entrar em mercados que, de alguma forma, funcionam em monopólio ou se comportem como tal. Exemplos disso – alguns dos quais nem sempre bem sucedidos (Virgin Clothing, Virgin Rail) – são: Virgin Cola (desafiando a Coca Cola), Virgin Airways (desafiando a British Airways).

A marca está presente em diversos territórios, desde os mais tradicionais, como de ponta tecnológica, como a Virgin Galatic. De entre eles, salientam-se: Serviços Financeiros (Virgin Money), Saúde e Bem Estar (Virgin Active, Virgin SPA), Música (V2 Music) e Entretenimento (Virgin Games, Virgin Books), Media e Telecomunicações (Virgin Digit), Hotelaria e Viagens (Virgin Hotels, Virgin Vacations), Transportes (Virgin Trains), Virgin Wines, de entre sessenta negócios actuais.

Em cada sector que está presente, a marca promete experiências únicas e memoráveis, desafiadoras, inovadoras e aventurosas, assumindo-se sempre como *game changer*.

A marca privilegia a presença online. Assume como princípios, ser activa, como o seu criador, ouvir e interagir com os seus clientes e contribuir para a concretização de expderiências únicas e memoráveis, no contacto com a marca e na utilização dos seus serviços. A marca actua no mercado com o objectivo de mudar tudo aquilo que se pensava "estar certo", numa certa actividade ou sector.

Os factores de sucesso da marca centram-se, em primeiro lugar, na forte personalidade, rebeldia e liderança do seu criador, na capacidade inovadora (acordo de *valet service* com a Volvo, e casas de banhos próprias, em alguns aeroportos), qualidade, na sensação de bem estar e divertimento criado pelos seus serviços e, também na estratégia prosseguida de *last mover advantage*, tentando evitar erros cometidos por outros operadores nos mesmos territórios.

Alguns factores de insucesso têm rondado algumas das marcas lançadas pela Virgin, nomeadamente territórios em que não têm *expertise* e que querem a todo o custo entrar. A marca poderá estar a cometer o erro de querer estar em demasiados sectores de actividade, em que marcas já estabelecidas conseguem vencer esta, que muitas vezes não aporta nada significativamente de novo.

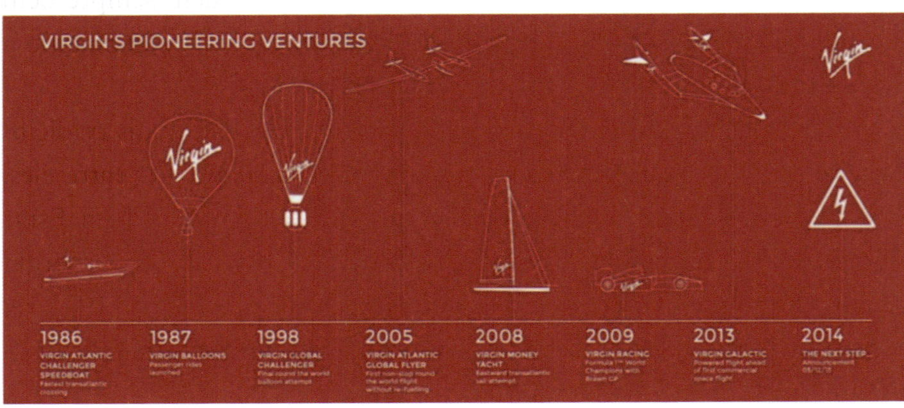

As diversas situações mal sucedidas têm provocado alguma volatibilidade no valor da marca. Por outro lado, a presença em demasiados sectores pode exercer um efeito diluidor da marca.

O protagonismo forte exercido pelo criador da marca poderá, na sua ausência, gerar um enfraquecimento da mesma.

8

OUTROS TIPOS DE MARCAS

8.1. Marcas de distribuidor vs Marcas de produtor

Um novo desafio que se coloca hoje às marcas de produtor, é a concorrência exercida pelas marcas de insígnia, as marcas de distribuidor.

Esta é uma questão relevante, na medida em que os grandes espaços comerciais concorrem, no local de venda das marcas dos produtores, com produtos das suas próprias marcas (Pingo Doce, Continente, Tesco, Sainsbury's, Walmart).

Têm constituído factores de gestão das marcas de distribuidor e da preferência dos consumidores, o preço mais reduzido, a oferta diversificada, a gestão dos lineares.

Como resposta dos produtores e pontos fortes dos mesmos, os mesmos continuam a apostar na investigação e no desenvolvimento dos seus produtos, a inovação e qualidade (L'Oréal, P&G, Gillette, Sony), com o objectivo de obter vantagens competitivas, comunicando fortemente com o mercado; o aumento da produtividade e das economias de escala existentes, com extensões de marca e umbrela marketing (Pepsi Cola, Bic, Benetton).

Os distribuidores têm aproveitado o factor proximidade com o cliente e o aumento de confiança dos mesmos nas suas marcas, que se vão estender naturalmente aos seus produtos; aumento da diversidade e qualidade; crescente sofisticação da oferta; aumento da fidelização, através de diversos benefícios, como descontos directos e valores acumuláveis, convertidos posteriormente em descontos.

O século XX foi o período de excelência das marcas de produtor. Nas décadas mais recentes, a partir dos anos 80, as marcas de distribuidor começaram a desafiar as marcas de produtor e a assumir um papel crescente na preferência dos consumidores.

Marcas de Distribuidor	Anos 80	1990-1993	1994-2010	2011-Seguintes
Portugal	**Antecedentes**	**Introdução**	**Desenvolvimento**	**Consolidação**
Evolução da Distribuição	- Início da modernização do retalho - Entrada de marcas estrangeiras	- Crescimento acentuado de supermercados e hipermercados	- Expansão alargada dos supermercados, discounts e grandes lojas	- Domínio dos grandes espaços generalistas e especialistas - Regresso também às lojas de bairro (submarcas dos grandes espaços)
Características	- Poucas categorias - Genéricos - Marcas brancas	- Primeiras marcas de distribuidor - Identificação com a marca da insígnia - Diferencial elevado de preços face às marcas de produtor	- Produtos de marca de distribuidor em muitas categorias - Menor diferencial de preços - Maior diferenciação e qualidade	- Quase todas as categorias com marcas de distribuidor

O efeito qualidade/preço e o reconhecimento/aceitação de marcas de distribuidor, como merecedoras de credibilidade, têm levado a que nalgumas categorias estas últimas disputem a liderança nas mesmas.

Os distribuidores dispõem de um factor importante na escolha do consumidor: a proximidade e a influência que conseguem exercer no local de venda.

As marcas de produtor sofrem muitas vezes a concorrência dos principais distribuidores dos seus produtos, potenciado pela maior proximidade relacional referida. Um novo ambiente concorrencial foi criado, com novos modelos de negócio convivial que vão determinando novos acordos e que, cada uma, possa disputar "com as suas armas", a preferência dos consumidores.

De qualquer forma, em termos absolutos, as marcas de produtor vão tendo sempre uma maior possibilidade de dispor de produtos de mais elevada qualidade, face aos seus concorrentes distribuidores, que sempre privilegiam um nível de preços mais baixo que aqueles.

As marcas de distribuidor dispõem de um trunfo fundamental, o local da relação, que se pode transformar num local de experiência positiva para os consumidores.

Para Kapferer, "*cria-se uma relação quando uma loja deixa de ser unicamente um espaço comercial, e passa a representar um local onde se partilha uma experiência, uma paixão*" e, desta forma, algumas marcas da grande distribuição têm aproveitado os seus espaços, para criar diversas experiências que enriqueçam o simples acto de compra.

Alguns grandes retalhistas têm apostado na criação de relações e de esquemas de fidelização, na melhoria contínua da apresentação dos seus espaços, na melhoria do serviço, na internacionalização, na segmentação e em preços concorrenciais e promocionais.

Por seu lado, os produtores de produtos de mass-market, têm vindo a apostar na inovação e na qualidade, de forma a criar vantagens competitivas e a comunicá-las fortemente (L'Oréal, P&G, Gilette, Sony, Unilever) e na redução de custos, aumentos de produtividade e extensões de marca, possibilitada pelas grandes economias de escala que detêm.

Sendo que grande parte dos espaços de retalho são multimarca, um grande retalhista com marcas próprias pode aliar o seu espaço comercial a uma promoção mais assertiva dos produtos da sua marca própria.

Alguns exemplos são mencionados, ao longo do livro, sobre novas soluções de distribuição experienciais à disposição dos clientes.

À semelhança das marcas de produtor, as marcas de distribuidor têm do mesmo modo, vindo a assumir posicionamentos diferenciados, de forma a melhor se distinguirem, junto dos consumidores e a criar a percepção de que se tratam, efectivamente, de marcas diferentes, não obstante muitas vezes comercializarem o mesmo tipo de categorias e de produtos.

A escolha do posicionamento é fundamental para permitir a diferenciação percebida pelos consumidores. Por exemplo, a nível dos super e dos hipermercados, a diferenciação nem sempre é clara, lutando as diversas marcas pela percepção do preço baixo, a frescura dos alimentos, ou a proximidade.

TIPOS DE POSICIONAMENTO - RETALHO

TIPO	LÓGICA	EXEMPLOS
DISCOUNT	Preço	Lojas chinesas Primark Lidl
INOVAÇÃO	Design Novos desenvolvimentos	IKEA Camper
SOCIALMENTE RESPONSÁVEL	Ambiente Sociedade	Bodyshop Benetton
SOFISTICADO	Estatuto Comportamental	Armani Dunhill Hermés
SENSORIAL	Experiencial	Nike Town Disney Store Sephora
MODA	Segmentação	Zara Máximo Dutti Mango
SUPERMERCADO	Proximidade	My Auchan Meu Super

Para o distribuidor, a marca tem de estar sempre presente em toda a fórmula do retalho, desde a apresentação, à organização, à comunicação. Do mesmo modo, que a marca de produtor deve estar no topo da organização, condicionando toda a sua estrutura, posicionamento, organização e relação com o cliente, o mesmo tem de acontecer com a marca de retalho.

Tongeren (2003), acentua esse aspecto, através do que designa pela "Retail Formula", através da qual espelha como, se poderia designar, toda a superestrutura da marca, o condicionamento que todos os aspectos recionais e emocionais da marca, se devem transmitir a toda a estrutura funcional da empresa que suporta e gere a marca.

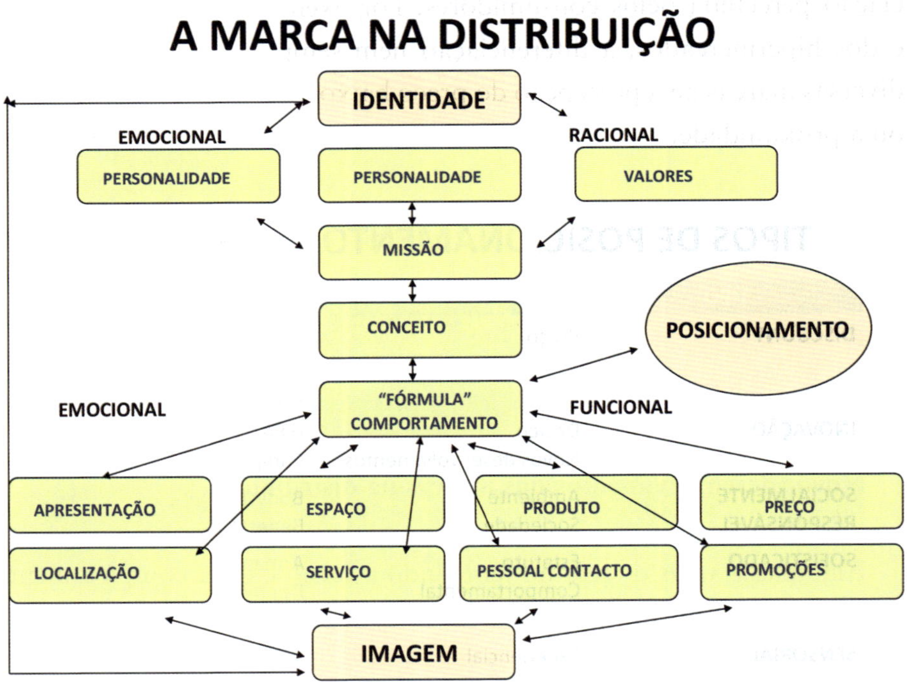

Tongeren, 2003 (adaptado)

A marca tem a capacidade de influenciar e comunicar com o consumidor desde a sua casa, ou através das redes sociais, até ao local de venda, dispondo de meios adequados em cada ocasião.

Exemplificando, desde que o consumidor entra no espaço comercial, desde o exterior, à montra, à secção onde se vai dirigir, poderá existir todo um conjunto articulado de informação articulado, levando o potencial cliente ao produto ou marca que se quer vender.

O esquema abaixo reflecte, na perspectiva do cliente e na perspectiva dos meios de comunicação da marca, como essa comunicação pode ser feita.

Novos desenvolvimentos das marcas na distribuição

Algumas marcas de retalho têm vindo a revolucionar completamente os seus espaços físicos, locais de excelência de contacto com o consumidor, afastando alguma tendência da substituição completa do *brick & mortar*, desenvolvendo soluções integradas de *brick & click*.

São disso exemplos, a Amazon e a Nike. A Amazon lançou, em 2018, em Seattle, a loja *Amazon Go*, exemplo interessante de como as marcas *online only*, sentem por vezes necessidade de criar um espaço físico de contacto com os seus clientes, por requisito e gosto destes.

Outros exemplos já tinham acontecido anteriormente, caso do Banco BEST, português, que nasceu como banco *online only* tendo vindo, mais tarde, a abrir algumas lojas físicas.

Mas a *Amazon Go* – primeira loja aberta em Seattle – representa a combinação do digital com a loja física, utilizando sensores e câmaras para registar as compras dos seus clientes.

Após a escolha dos produtos, o check out é efectuado sem filas, automaticamente, usando o smartphone.

Um outro caso, a Nike abriu a sua primeira loja *Nike Live Concept Store*, em Los Angeles, em Julho de 2018. Também neste caso, se trata do "casamento" da loja física com processos digitais.

Tendo o conceito sido desenhado com a lógica de servir os clientes locais, a escolha dos produtos expostos baseia-se na análise de informação das preferências dos seus clientes, proveniente das suas compras online. Os clientes

podem utilizar a app da loja para digitalizar códigos de produtos, obtendo informação sobre os mesmos, incluindo a sua existência em stock; reservar produtos; os membros NikePlus, têm acesso à *Unlock Box*, onde podem encontrar produtos exclusivos e ainda podem usar o *Swoosh Text*, para contactos directos com a loja, para além de outras funcionalidades.

O ActivoBank concebeu uma rede de balcões/lojas, situadas normalmente em espaços de centros comerciais, com uma arquitectura e funcionalidade moderna e atractiva, com horários – mais alargado – diferenciados dos seus concorrentes.

O Santander abriu, em Dezembro de 2018, em Lisboa nas Amoreiras, o seu primeiro *workcafé*, uma agência com um novo conceito, disponibilizando os serviços bancários habituais, mas tendo ainda uma cafetaria e um espaço de *coworking*. É possível neste espaço fazer reuniões, trabalhar e aceder à internet.

Fotos: Carlos M. Oliveira

A portuguesa Fly London, implementou uma nova solução interactiva na sua loja *flagship* em Lisboa. Esta solução permite igualmente optimizar a gestão logística da mesma.

O cliente pode vestir uma das peças da loja e ver, virtualmente, num piso inteligente a sua imagem projectada num ambiente de uma outra cidade, como Paris ou Nova Iorque.

Esta tecnologia permite, também, a interacção do écran da montra da loja.

LESSONS TO LEARN:

- Os distribuidores têm aproveitado o factor proximidade com o cliente e o aumento de confiança, para criarem as suas marcas próprias, com produtos a preços competitivos com as marcas dos produtores, que comercializam nos seus espaços.
- Perante o desenvolvimento de lojas virtuais e do aumento do e-commerce, os retalhistas têm vindo a modernizar os seus espaços, criando locais de experiência e relação; por seu lado, as lojas virtuais, procurando uma proximidade física de relação, têm vindo a testar a criação de lojas físicas.
- Soluções de Inteligência Artificial e de Realidade Aumentada, potenciam experiências mais envolventes do cliente no local de venda.
- O futuro passará certamente pelo aprofundamento da colaboração entre marcas de produtor e marcas de distribuidor, face ao interesse comum existente e eventual reformulação dos modelos de negócio.

8.2. O país ou cidade como marcas

A marca é uma das principais fontes de valor de uma empresa influenciando preferências, comportamentos, culturas e tradições. A questão das marcas portuguesas e da marca Portugal, é um dos temas que continua a merecer diversas intervenções das autoridades centrais.

A nível dos produtos e também dos países, a imagem de uma marca é a "soma algébrica" de experiências e percepções objectivas e subjectivas, que causam aos consumidores sentimentos de conforto-agrado-preferência ou de desconforto-desagrado-rejeição, perante essa marca. Em consequência, para que a imagem não seja distorcida, há que proceder a uma cuidadosa gestão do seu posicionamento.

O sucesso das marcas não é simples de explicar. A Mercedes é reconhecida e valorizada unicamente pelos seus atributos, mas o "Made in Germany" terá certamente um peso determinante. O facto da Siemens usar a assinatura "Made by Siemens", pressupõe que possa haver conotações negativas se os seus produtos se apresentarem "Made in Taiwan", ou de outra origem? Ou será que o facto da Siemens ser reconhecida como marca de qualidade não terá também a ver com o facto do consumidor universal saber que a mesma tem garantia alemã, independentemente do país onde os produtos são fabricados? Será a imagem actual desta marca-país unicamente a consequência da performance anterior das suas marcas-produto? Ou será que o "Made in Germany" também veio, a priori, acrescentar valor?

De qualquer forma, na base do sucesso de uma dada marca, há uma cumplicidade entre os valores que a empresa consegue projectar e ver reconhecidos, e os valores percepcionados pelo mercado face à sua origem.

Certo é que, em alguns casos, foi a capacidade de marcas-produto se imporem no mercado internacional que determinou, por arrastamento, a melhoria da imagem dos seus próprios países. É este o caso do Japão antes da década de 70, da Coreia mais recentemente e da China nos anos mais próximos. Contudo, em todas as situações, houve iniciativas na projecção da imagem e valores do respectivo país, que entendemos necessárias, que introduziram doses de conforto nas opções dos consumidores e do mercado em geral, face à origem dos produtos que querem adquirir.

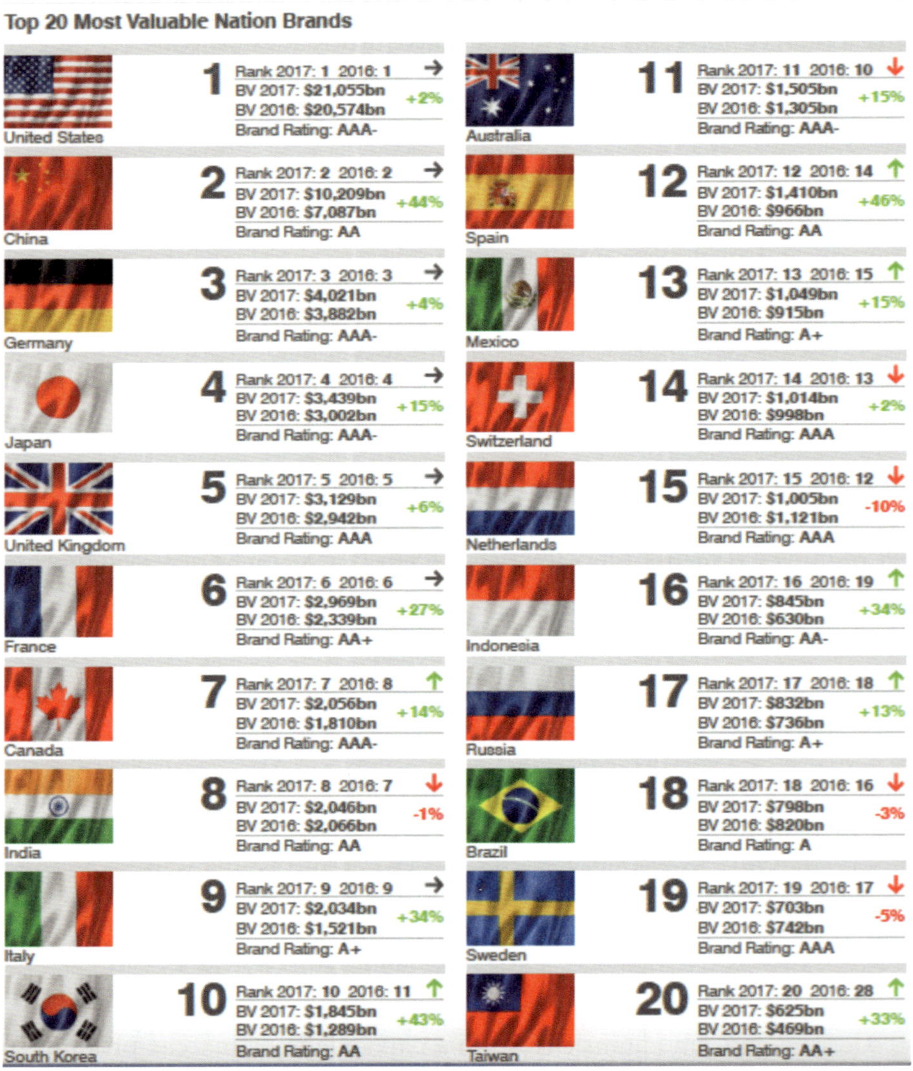

Top 20 Most Valuable Nation Brands

#	Country	Rank 2017	2016		BV 2017	BV 2016	Change	Brand Rating
1	United States	1	1	→	$21,055bn	$20,574bn	+2%	AAA-
2	China	2	2	→	$10,209bn	$7,087bn	+44%	AA
3	Germany	3	3	→	$4,021bn	$3,882bn	+4%	AAA-
4	Japan	4	4	→	$3,439bn	$3,002bn	+15%	AAA-
5	United Kingdom	5	5	→	$3,129bn	$2,942bn	+6%	AAA
6	France	6	6	→	$2,969bn	$2,339bn	+27%	AA+
7	Canada	7	8	↑	$2,056bn	$1,810bn	+14%	AAA-
8	India	8	7	↓	$2,046bn	$2,066bn	-1%	AA
9	Italy	9	9	→	$2,034bn	$1,521bn	+34%	A+
10	South Korea	10	11	↑	$1,845bn	$1,289bn	+43%	AA
11	Australia	11	10	↓	$1,505bn	$1,305bn	+15%	AAA-
12	Spain	12	14	↑	$1,410bn	$966bn	+46%	AA
13	Mexico	13	15	↑	$1,049bn	$915bn	+15%	A+
14	Switzerland	14	13	↓	$1,014bn	$998bn	+2%	AAA
15	Netherlands	15	12	↓	$1,005bn	$1,121bn	-10%	AAA
16	Indonesia	16	19	↑	$845bn	$630bn	+34%	AA-
17	Russia	17	18	↑	$832bn	$736bn	+13%	A+
18	Brazil	18	16	↓	$798bn	$820bn	-3%	A
19	Sweden	19	17	↓	$703bn	$742bn	-5%	AAA
20	Taiwan	20	28	↑	$625bn	$469bn	+33%	AA+

Portugal ocupava a 48ª posição neste ranking.

A MARCA PORTUGAL

A imagem e a marca de um país constrói-se com estratégia, mas também com o "feito", ao longo dos tempos.

Quando se fala de marca, fala-se de imagem e esta não é mais do que a percepção que consumidores, cidadãos, investidores, tenham de um produto, de um serviço, de uma região, de um país.

A marca e a imagem de um país, constituem uma realidade bem mais complexa que a construção da marca de um produto. No caso do país, há que ter em consideração, múltiplos e diversificados factores: históricos, culturais, relacionais, geográficos, geoestratégicos, económicos, sociais, políticos.

O Posicionamento escolhido para a marca-país tem que levar em conta todos estes aspectos, identificando aquele(s) em que o país se possa melhor diferenciar de todos os outros. No caso Português, certamente a história, a cultura europeia e universalista, os feitos relevantes do povo, terão um papel de base relevante, mas outros factores actuais devem ser identificados, de forma a posicionar o país numa plataforma competitiva internacional, seja como destino turístico, como destino de acolhimento de investimento e de empreendedorismo, como país conhecedor e especialista em algumas áreas de actividade, como país onde a segurança e o bom acolhimento possam imperar, seja como possuidor de algum(uns) pontos de diferenciação, mais ou menos únicos, face a todos os outros.

A gestão da marca-país passa, à partida, pela avaliação de todo um conjunto de percepções existentes a nível do globo, fruto da informação disponibilizada, dos media, das experiências de todos os actores que com ele se relacionaram, dos turistas, dos investidores, dos media, dos governantes, para depois se definir, a partir daí, o que fazer e como fazer.

Por isso, há que interligar duas ordens de questões: a definição de uma estratégia de Posicionamento, baseada em alguns daqueles factores diferenciadores; a prática quotidiana dos negócios e do viver que, de alguma forma, possa servir como polo de atracção externa.

A definição da estratégia é de importância crucial, pois vai determinar qual o país que se quer vir a ser, qual o objectivo global do mesmo, de forma a evitar uma navegação ao sabor dos ventos internacionais – que pode levar, por exemplo, em determinadas circunstâncias a um aumento enorme das correntes turísticas face à alteração, positiva ou negativa, das conjunturas externas – e "no posto de comando" influenciar o "barco" a seguir numa determinada direcção desejada, não obstante as boas ou más marés que possam ocasionalmente ter lugar.

Um dos problemas que surgem normalmente é de que as alternâncias políticas de poder conduzem, muitas vezes, a inflexões marcadas na estratégia, de forma a que se ande muitas vezes ao sabor das correntes dominantes.

A alternância democrática é salutar, mas é igualmente importante conservar um objectivo estratégico de fundo, de forma a que essas correntes conjunturais, não coloquem "o navio" à mercê do capitão momentâneo, sem se saber verdadeiramente qual o destino final da viagem.

No caso português e a nível macro, do Estado, vários tipos de estratégias – muitas vezes consoante a cor partidária ou a perspectiva ideológica – têm sido definidas, mais assentes na tentativa de alteração do posicionamento do país – Europe's West Coast – ou no assentar no "fazer" – "as marcas-país", de maior valor, reconhecimento e notoriedade, que mais se têm salientado.

De alguma forma compatíveis estas diferentes estratégias, não têm assumido um Posicionamento estratégico claro que possa servir de alavanca à mudança de percepção externa da imagem do país.

Contudo, algumas medidas acertadas levadas a cabo na última década terão conduzido, a par da melhoria da conjuntura externa, e de alguma instabilidade de segurança em países com o nosso concorrentes, ao aumento claro e visível das correntes turísticas, à melhoria da imagem e da sua atractividade externa, a que não é também alheia a contribuição positiva de alguns grandes eventos, como a Web

Summit, a campanha da Selecção Nacional de Futebol no Europeu de 2016 até à vinda, como residentes, de algumas figuras públicas estrangeiras.

O sentido da evolução é positivo há, no entanto, que precaver que eventuais alterações das conjunturas externas, não possam pôr em causa esta evolução. Certamente que as conjunturas se poderão sempre alterar, mas há que assentar numa estratégia de fundo que continue a conduzir, a prazo, a uma continuada melhoria de imagem do país e à afirmação de uma marca-país, bem claramente posicionada e forte no mundo.

"*É interessante notar-se que não há nada de particularmente novo sobre o conceito de gestão de marca de um país. Apenas a palavra 'marca' é nova. A imagem, a identidade e a reputação nacionais são termos que normalmente se utilizam nesta área...*" (Olins, 2003).

De facto, o país constitui uma unidade identitária, acentuada pela nação que lhe serve de base, e as experiências que todos os agentes que com ele se relacionam (habitantes, turistas, investidores) vão provocar uma dada imagem que, tal como as marcas de produto, podem ser geridas de forma a se atingir a imagem que o país deseja ter.

Neste caso, há uma complexidade enorme de agentes que contribuem, positiva e negativamente, para a mesma, não só do lado da procura, mas também do lado da oferta, todos os agentes económicos, sociais e políticos, existentes nesse espaço.

As marcas-país desenvolvem-se com o desenrolar de todas as actividades do mesmo, contudo, como refere Olins "*precisam de orientação se quiserem materializar o seu próprio potencial*".

A complexidade de gestão da marca nacional existe mas não é inultrapassável. Um programa de identidade nacional baseia-se também na definição, de um conjunto de valores que a nação defende, de um objectivo país-nação que o mesmo quer atingir, coordenados pela autoridade central, não sendo no entanto autoritária e limitativa do exercício em liberdade das actividades individuais e colectivas.

É necessário ter uma ideia clara e simples, estratégica, para que possa ser claramente entendida, do que o país é e quer ser, ao abrigo da qual se estabeleça um esqueleto em torno do qual ele poderá evoluir.

Na realidade, o exercício da actividade orçamental e política, ao criar as base para a orientação do país numa dada direcção, constitui a base dessa afirmação e construção da marca.

Um dos problemas dos produtos portugueses, é de que a elevada qualidade de fabrico de algumas indústrias não é suficientemente incorporada e traduzida na proposta de valor final. Fazemos bem, mas em muitos casos a marca que vai para o mercado, nomeadamente externo, é estrangeira e é essa marca que acrescenta valor à empresa e significa valor para o consumidor.

Há marcas-produto que se conseguem impôr e diferenciar pelas suas características próprias, tornando a origem irrelevante. No que se refere às marcas portuguesas, isso é verdade para o Mateus Rosé, para o vinho do Porto, para a Vista Alegre, ou mesmo para o pastel de nata. Mas há muitos bons produtos, que mais dificilmente se conseguem impôr, tendo como background certas origem-país.

É conhecido o caso do calçado português, com um nível de qualidade elevado onde a marca-país teve, até há uns anos atrás, um impacto negativo na preferência dos consumidores estrangeiros. A origem Portugal constituiu em muitos casos, e até dado momento, factor de desvalorização do produto, quando deveria constituir factor de alavancagem e acréscimo de valor.

Neste caso, e face à estratégia acertada da iniciativa privada e da respectiva associação sectorial – a APPICAPS – o sector e as marcas têm vindo a assumir uma posição de relevo no mercado internacional, competindo até em termos de preço e valor acrescentado mais elevado, tendo atingido em 2018 os melhores resultados de sempre.

Cabe aos governos criar ou complementar o ambiente envolvente, a projecção de uma "alma" facilitadora do desenvolvimento das marcas e da sua relação com o mundo dos consumidores, este povoado de imagens, percepções e complexos face a certas origens-país.

Portugal, pelo menos até à década de 90, sempre foi reconhecido no estrangeiro, como um país pobre, pouco sofisticado tecnicamente, de gente simpática, de padeiros, porteiros, pedreiros mulheres a dias, de praia (estudo ICEP/BBDO), mas não mais que isso.

A nível de identidade gráfica, proliferavam logótipos, não havendo uma estratégia de gestão da marca. Em 2003, o Instituto de Turismo de Portugal, encomendou ao artista plástico José de Guimarães e à Wolf Ollins, a criação de uma nova ideia central e um logótipo. A ideia central passou a ser "Portugal, quando o Atlântico encontra a Europa".

Portugal

Diversos governos, através do AICEP, ensaiaram a prossecução de diversas estratégias de posicionamento e promoção do país, com base em características únicas identificáveis para o mesmo.

O reposicionamento "West Coast of Europe" (1999-2002), apresentado ao ICEP pela agência BBDO, tentava descolar a imagem de Portugal de "país do sul", conotado com subdesenvolvimento, para "país do oeste", aproveitando as conotações existentes com esta posição geográfica (praia, surf, criatividade, entertenimento, tecnologia, "Silicon Valley", sociedade aberta, multicultural), aliado a história e tradição.

Esta campanha, projectava ainda algumas celebridades portuguesas, conhecidas no estrangeiro, como o Prof. António Damásio, Mourinho, Mariza, Cristiano Ronaldo, Joana Vasconcelos, e alguns factos menos conhecidos da economia portuguesa, como a posição a nível das energias alternativas não poluentes.

Em 2002, é desenvolvido um outro projecto, "Marcas Portuguesas", que viu luz até 2005. Contrariamente ao primeiro, este abandonava o reposicionamento do país, em termos macro, adoptando uma estratégia de focalização nas marcas portuguesas mais bem sucedidas internacionalmente.

Em 2005, o "Portugal Marca" tenta, de alguma forma, conciliar os dois anteriores, focalizando-se nas marcas empresariais, mas com o endosso do país, como entidade moderna e mais sofisticada, e já melhor conhecido.

Em 2014 é lançado o programa "Portugal Sou Eu".

Opiniões diversas de vários especialistas, defendem com maior ou menor peso, um posicionamento baseado no país, ou simplesmente nas marcas empresariais do país. Certo é que, apesar das inflexões efectuadas – normalmente não desejáveis quando se trata do posicionamento de uma marca – a imagem do país no exterior tem vindo a mudar, quer até por alguma visibilidade "negativa", quando teve de recorrer à Troika, quer positivamente pela vasta campanha online e de relações com os media – nunca Portugal terá estado tanto, por razões positivas, nos mais importantes media internacionais – que o Instituto do Turismo desenvolveu trazendo, em consequência, um maior fluxo de turistas o que, certamente, está a contribuir para uma imagem mais actualizada levada depois para o exterior, através do word-of-mouth.

Uma comunicação bastante eficaz tem vindo a ser desenvolvida através de meios online (site "VisitPortugal") pelo Turismo de Portugal, onde constam sugestões temáticas de visitas ao país, afirmando-se uma imagem de qualidade do país.

Complementarmente acções de Relações Públicas atingindo múltiplos media internacionais de *Press Trips*, têm conduzido a resultados altamente positivos, com a consequência do destino-país aparecer nos media de todo o mundo, com o conhecido aumento significativo do ingresso de turistas e o aumento de estrangeiros a virem residir no país.

A campanha *Can't Skip Portugal* foi lançada em Maio de 2017, exclusivamente em meios digitais de 20 mercados estratégicos.

Esta é a campanha de Portugal mais vista de sempre, contabilizando mais de dez milhões de visualizações desde o seu lançamento, e apesar de ter sido implementada em 20 países, chegou, de forma orgânica, a mais de 200.

Já em 2018, uma outra campanha foi lançada numa zona de grande impacto mediático, em Times Square, Nova Iorque, com base nas ondas da Nazaré.

Finalmente e em síntese, há, em consequência, necessidade de uma "marca Portugal", que projecte uma personalidade própria e incorpore vantagens competitivas, consequência dos factores considerados,

política e economicamente, importantes (modernidade, saber fazer, qualidade, tradição), para que os objectivos estratégicos de crescimento da economia portuguesa sejam atingidos.

RANKINGS – PAÍS

A consultora espanhola Bloom Consulting, especializada em *Nation Branding*, publica rankings de marca de países, seguindo uma metodologia que se baseia em 4 aspectos: performance económica (receitas de turismo e seu crescimento), procura digital (que reflecte a procura de informação efectuada na internet no referente ao destino turístico), Country Brand Strategy/CBS Rating, do máximo de rating de AAA ao mínimo de D, medindo a maior ou menor e qualidade de intervenção das entidades públicas ligadas ao turismo) e performance online (avalia a presença e actividade online do país, nos websites e nas redes sociais.

Bloom Consulting's Branding Wheel

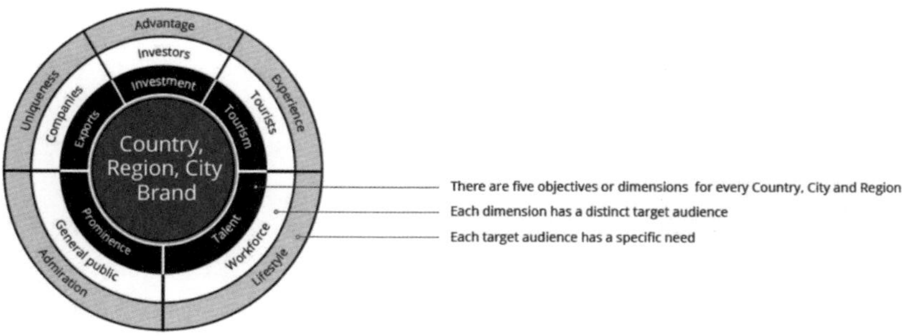

A consultora analisa, em relação a cada país, a capacidade de atracção de investimento, atracção turística, atracção de talentos, esforços das entidades públicas para aumentar essa atracção, Exportações.

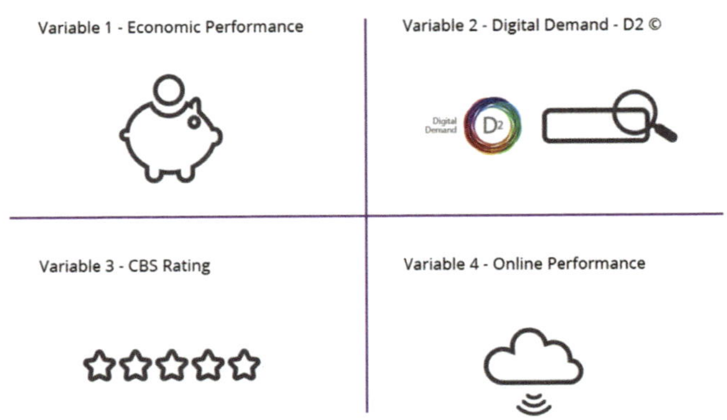

Fonte: Bloom Consulting

Bloom Consulting

The global top 25 performers rank

#	Variation		CBS Rating
1.	-	United States of America	AA
2.	+4	Thailand	A
3.	-1	Spain	BBB
4.	-	Hong Kong SAR, China	AA
5.	+2	Australia	A
6.	-1	France	A
7.	+2	China	AA
8.	-5	Germany	AA
9.	+2	United Kingdom	BBB
10.	-	Italy	BBB
11.	+5	Turkey	BBB
12.	-4	Macao SAR, China	AA
13.	-	Singapore	AA
14.	-	Japan	A
15.	+2	Canada	A
16.	+4	Mexico	BBB
17.	-2	Switzerland	A
18.	-6	Austria	AA
19.	+6	Greece	A
20.	+2	Portugal	A

Consequentemente, um dos rankings da marca-país que publica, é sobre o turismo, no qual – na edição 2017-2018 – Portugal surge no 20º lugar, a nível mundial, e em 10º, a nível europeu, com um ranking A, que significa "ligeiramente forte".

Bloom Consulting
Countries Regions and Cities

Country Brand Ranking© 2017 2018 Tourism Edition

Europe Rank

#	Variation		World Rank	CBS Rating
1.	-	Spain	3.	BBB
2.	+1	France	6.	A
3.	-1	Germany	8.	AA
4.	+1	United Kingdom	9.	BBB
5.	-1	Italy	10.	BBB
6.	+2	Turkey	11.	BBB
7.	-	Switzerland	17.	A
8.	-2	Austria	18.	AA
9.	+2	Greece	19.	A
10.	-	Portugal	20.	A
11.	-2	Netherlands	24.	AAA
12.	+4	Ireland	26.	A
13.	-1	Croatia	27.	BBB
14.	-1	Sweden	30.	AA
15.	-1	Russian Federation	32.	A
16.	-1	Belgium	33.	A
17.	-	Norway	34.	AAA
18.	-	Poland	36.	AA

No outro ranking que a consultora publica, sobre atracção de investimento estrangeiro, Portugal ocupa o 13º lugar europeu, tendo subido três lugares face a 2016-2017, com um rating AA (forte).

Bloom Consulting
Countries Regions and Cities

Country Brand Ranking© 2017 2018 Trade Edition

Europe Rank

#	Variation		World Rank	CBS Rating
1.	-	United Kingdom	2.	AAA
2.	-	France	8.	AA
3.	+1	Germany	11.	AAA
4.	+1	Spain	12.	AA
5.	+6	Ireland	14.	A
6.	-3	Russian Federation	15.	A
7.	-	Netherlands	16.	AA
8.	+1	Turkey	17.	AA
9.	-1	Italy	18.	AA
10.	-4	Sweden	21.	A
11.	+2	Luxembourg	24.	AA
12.	-2	Belgium	28.	A
13.	+3	Portugal	30.	AA
14.	-2	Poland	31.	A
15.	+2	Switzerland	33.	A

LESSONS TO LEARN:

Algumas características ou factores que contribuem para a identidade de Portugal, são os seguintes:

- Pequeno país europeu à beira do Atlântico
- Ponto de confluência dos continentes americano e europeu
- País antigo (séc.XII), com uma história rica de aventureiros e de descobertas
- Uma das grandes potências do séc.XVI-XVII

- Regime democrático
- Membro da União Europeia
- Cultura europeia com influências africanas e árabes
- Povo acolhedor, simpático e pacífico
- País com elevado nível de segurança, aberto e tolerante a outras culturas
- População não muito elevada, com individualidades que se têm salientado no exterior: desporto, ciência, música, literatura e arte
- Praias extensas
- Clima ameno e soalheiro
- País geograficamente diverso

MARCA-CIDADE

Uma cidade constitui um "organismo vivo" próprio, não só geográfico, como político, social e económico.

A gestão de uma cidade deve, em consequência, atender às pessoas, organismos e entidades que a constituem e que ela atrai no âmbito da sua actividade: residentes, visitantes e turistas, investidores, consumidores, produtores, comerciantes e outros prestadores de serviços.

Para a cidade desempenhar cabalmente esse papel, tem de ser vista como um óptimo lugar para se estar, viver e visitar e, se possível, propiciar experiências memoráveis, que levem os seus stakeholders a querer aí permanecer ou voltar.

Constituem factores de atracção, a sociabilidade dos seus habitantes, as suas actividades, o acesso e conveniência das suas ligações e conexões com o restante território, as suas atracções e riqueza histórica, a sua segurança, os seus espaços verdes e de lazer, limpeza e sustentabilidade, de entre outras características.

A gestão pública de uma cidade deve passar por encarar os cidadãos, de entre os diversos papéis que assumem, como clientes principais dos serviços públicos e privados e da oferta total que o espaço oferece.

A cidade deverá ser gerida como "uma marca" própria, com a sua identidade, personalidade e história, encarando-se não só as suas características físicas e funcionais, como também os seus aspectos imateriais e valores.

Fotos: Carlos M.Oliveira

É importante o conhecimento da forma como os seus agentes vêm e se sentem na cidade que habitam (habitantes, autarcas, media, agentes económicos, culturais, de desporto, sociais), a determinação de índices de qualidade de vida, como também a sua imagem externa, no sentido de detectar as melhores estratégias a seguir na sua gestão.

À semelhança de qualquer empresa, é indispensável a reflexão estratégica sobre "o que é" – desde a sua origem e desenvolvimento comunitário e diversidade cultural – e "o quer ser" a cidade no futuro de médio/longo prazo, do design ao planeamento urbano, de maneira a enquadrar as estratégias autárquicas – políticas – mas também o conhecimento por parte das entidades provadas, das eventuais oportunidades de negócio mais adequadas a seguir.

O ponto de partida a seguir é, desejavelmente, o encontro de uma "proposta única emocional de valor", com um posicionamento apelativo, motivador e envolvente, que a torne desejada por todos (local de férias? De negócios? Residencial? De eventos? Em qualquer das situações, com uma identidade e diferenciação própria, devidamente comunicadas, no sentido de transformar os seus habitantes em verdadeiros fãs, que a defendam e promovam activamente perante terceiros, tornando-a numa entidade viva e em crescimento.

Mas, a cidade muda todos os dias e, como organismo vivo, tem de ser objecto de actuação permanente, revitalizando-a, no sentido de evitar o o seu declínio.

A cidade, como organismo vivo, é actualmente sujeita a transformações rápidas, oportunidades e ameaças, que decorem de todos os fenómenos que atingem todos os espaços humanos, alterações tecnológicas, infraestruturas, climáticas, padrão de recursos, concorrência e mercados e, claro, políticas muitas vezes com agendas próprias, não totalmente em linha com os verdadeiros interesses locais, mas devido ao factor de proximidade, mais directamente sujeitas à fiscalização e ao veredicto eleitoral dos seus agentes.

Uma cidade em crescimento atrai novos investimentos, fixa as populações residentes e atrai novos habitantes, cria oportunidades de emprego, suscita a curiosidade de visitantes.

Para Kotler, (Marketing Places, 1993), as cidades necessitam de:

— Definir uma Visão Estratégica
— Encetar um processo de Planeamento Estratégico de Marketing
— Adoptar uma Perspectiva que atenda ao Mercado
— Definir Programas de Qualidade
— Criar e Divulgar as suas Vantagens Competitivas
— Flexibilizar e Diversificar a sua base económica
— Alimentar características Empreendedoras

— Elaborar o seu Plano de Mudança, baseado nas diferenças políticas, culturais, sociais e económicas
— Criar e fomentar Movimentos Organizacionais

Esta perspectiva holística de "gestão autárquica" e com a centralidade no cidadão já tem vindo a existir, nos últimos anos, em algumas cidades do mundo, como Nova Iorque, Amsterdão ou Barcelona e também em Portugal, nuns casos mais aprofundado que outros, como Évora, Guimarães, Maia, Óbidos, Santarém, Loulé ou Lisboa.

AVEIRO — CIDADE DOS CANAIS

Embora o epíteto não seja novo, ele corresponde a uma realidade traduzida num conceito que é único no país, "a cidade dos canais" ou, a um outro já antigo, mas não tão interessante, do ponto de vista da marca-cidade, "a Veneza portuguesa".

Aveiro tem uma dimensão média, com 80 000 habitantes, geograficamente situada entre cidades de maior dimensão, o Porto a norte, e Coimbra a sul, com actividades em vários sectores industriais, como a metalomecânica, porcelanas e cerâmica, produtos para a construção, de entre outros, comércio marítimo e serviços, acolhendo também importantes correntes turísticas, nacionais e estrangeiras.

A Ria de Aveiro, com os seus diversos braços ligados ao Atlântico tem permitido, ao longo de alguns anos, actividades ligada ao sal marítimo, actualmente com menor expressão. O sistema lagunar, desde o mar às rias, permite uma relativa biodiversidade.

Fotos: Carlos M.Oliveira

Mas Aveiro não são só os canais e, numa perspectiva de identidade da cidade, esta é também um espaço da reconhecida Universidade — uma das mais inovadoras do país, berço de diversas start-ups — do estabelecimento de unidades de investigação tecnológica, com a A Altice Labs (que sucedeu à PT Inovação).

No campo gastronómico, ela dispõe também de algumas características especiais, em particular nos famosos "ovos moles".

É uma cidade caracterizada por diversos edifícios marcantes de Arte Nova. Os moliceiros que, anteriormente, se dedicavam à captura das algas/moliços constituem, hoje, um marcado elemento turístico da cidade.

A edilidade está, actualmente, a trabalhar – em parceria com as unidades de investigação da universidade e das multinacionais aí instaladas – na definição de uma identidade mais marcante e inovadora para a cidade, em torno do conceito de Smart City.

Diversas experiências vão ser postas em prática, no campo da electrónica e na utilização da energia eléctrica nos transportes e nos moliceiros. Em consequência, um novo conceito identitário inovador estará para ser lançado, com o objectivo de apoiar a afirmação da cidade e a sua identidade própria e diferenciada.

LESSONS TO LEARN:

- Assim como se criam marcas para produtos e serviços, é igualmente possível definir como marcas, espaços e territórios, como os países e as cidades.
- A projecção de uma "marca Portugal" forte, com uma personalidade própria e que traduza vantagens competitivas, consequência de factores política e economicamente importantes (tradição e modernidade, saber fazer, qualidade, capacidade de inovação), é relevante para o apoio às marcas comerciais criadas no país.
- Uma estratégia bem sucedida de promoção do país, passa pela utilização dos novos media e pelas RP continuadas com os media internacionais.
- A gestão pública de uma cidade deve passar por encarar os cidadãos, de entre os diversos papéis que assumem, como clientes dos serviços públicos e privados e da oferta total que o espaço oferece.

8.3. Marcas pessoais

Be yourself. Everyone else is already taken

Oscar Wilde

Com o objectivo de ser bem sucedido na vida e vencer na vida privada e profissional, à semelhança das marcas comerciais, cada pessoa poderá realizar um raciocínio de autoavaliação que possa conduzir à explicitação do seu melhor.

Cada um pode, assim, também construir a sua marca pessoal. Para isso, deverá identificar e partir das suas características e capacidades diferenciadas, face ao mundo e aos que a rodeiam.

Não é necessário ser excepcional numa dada actividade, como o exemplo abaixo referido, mas tão só num exercício de autoavaliação, identificar uma ou outra característica própria, especialidade ou motivação, que a pode tornar diferente ou mesmo, se possível, única.

A identidade própria de cada um, devidamente explicitada por determinado comportamento e atitude, poderá conduzir a uma aposta vencedora, num mundo marcadamente concorrencial, mesmo em termos humanos, em particular no meio empresarial e do emprego.

Essa identificação, complementada com uma maior especialização, como num determinado campo do saber e do fazer, poderá aportar ganhos de satisfação e realização pessoais.

Após essa identificação, trata-se de projectar uma imagem que, de alguma forma, seja consonante com os interesses das suas audiências-alvo, como o grupo com quem se relaciona, um alvo a quem se pretenda vender alguma coisa, ou um potencial empregador. Na medida em que essa imagem seja consistente, diferenciada e relevante para o alvo em causa, maior a probabilidade de sucesso.

Brand yourself before others brand you

Os passos principais a seguir neste âmbito são:

1. Identificar a audiência-alvo e as suas expectativas face à pessoa em causa.
2. Determinar a imagem que se está a projectar, avaliando os seus aspectos positivos e negativos, em função do que pensam quem se relaciona com ela.
3. Corresponde a imagem projectada a que se pretende projectar? No caso positivo, isso significa que a identidade é igual à imagem, o que está correcto; no caso negativo, há que identificar as mudanças a fazer, desde o aspecto, ao comportamento, à forma de expressão, aos valores projectados.
4. Efectuar os ajustamentos necessários a tornar coerente a identidade própria à imagem projectada e às expectativas dos grupos com que se relaciona.
5. Criar elementos próprios de marca: nomes, que não correspondem aos nomes próprios de nascimento (caso de artistas – Lady Gaga, Marilyn Monroe); logotipos ou assinaturas (*The Edge* – U2); slogans (Steve Jobs – *This changes everything*); forma de vestir (Mark Zuckerberg – T shirt preta, Pedro Abrunhosa – óculos escuros, a extravagância de Lady Gaga).
6. Criação dos elementos de identidade própria.
7. Utilização coerente na projecção desses elementos identitários, na relação com os outros.
8. Análise e Avaliação dos resultados.

Em conclusão, não é necessário ser "um CR7" para ter uma imagem própria vencedora. No caso vertente, o conjunto de características próprias, pessoais e profissionais, veio permitir a Cristiano Ronaldo, somar a uma excelência técnica e profissional, um conjunto de outros elementos pessoais, que o tornaram verdadeiramente uma marca susceptível de diversas utilizações comerciais, para além do desporto.

CR7

A marca CR7 confunde-se, naturalmente, com o próprio Cristiano Ronaldo. A sua personalidade, comportamento e atitudes, estão imbuídas e são indissociáveis, uma da outra: o seu comportamento social e pessoal, as suas preocupações sociais, a sua dedicação ao local onde nasceu e ao seu país.

O exemplo de Cristiano Ronaldo, constitui um dos casos em que as suas características pessoais físicas de um excelente jogador de futebol, complementadas com a assunção de uma identidade própria e diferenciável, a vontade de trabalhar e vencer, lhe conferiu características vencedoras na sua profissão, mas que puderam ser transpostas para a marca comercial que criou.

As suas características são suficientes para se considerar CR7 como uma marca e a sua marca pessoal ser susceptível de criar valor e ser bem vencedora noutros territórios, como no vestuário, acessórios, hotelaria.

Segundo um estudo dos Professores Pedro Dionísio e Miguel Rodrigues, do ISCTE (2018), a marca CR7 terá um valor que se situa entre os 171 e os 186 milhões de euros.

Actuam como factores de valorização da marca CR7, segundo o mesmo estudo:

— Performance pessoal e nos clubes
— Valor mediático
— Troféus recebidos, nomeadamente da FIFA
— Recordes sucessivamente atingidos
— Acordos de patrocínio
— Valor dos contratos desportivos

LESSONS TO LEARN:

- Uma pessoa pode construir a sua marca pessoal. Para isso, deverá partir da sua identidade, das suas características e capacidades diferenciadas, face ao mundo e aos que a rodeiam e apostar naquilo que é o seu melhor, tentando ser coerente com a imagem pretendida.
- Cada pessoa possui uma ou outra característica própria, especialidade ou motivação que a pode identificar, como diferente ou, se possível, mesmo única.

8.4. Marcas de luxo

A palavra *luxury* deriva do latim *luxatio*, que significa "distância": o luxo representa uma distância enorme.

Em termos económicos, objectos de luxo são aqueles cuja relação preço/qualidade assumem os valores mais elevados do mercado. Em economia, essa qualidade é susceptível de ser medida, no grau em que possa satisfazer as necessidades dos consumidores.

Os produtos de luxo são rodeados de uma auréola de exclusividade, de quase inatingíveis, são aspiracionais para muitos, mas consumidos por poucos.

Em termos de marketing, um produto de luxo é aquele em que o grau de satisfação provocado por esse bem, ultrapassa largamente o seu valor tangível, o seu valor de uso. Nestes termos, um produto será tanto mais de luxo quanto maior for o diferencial, entre esse grau de satisfação tangível e o que uma dado estracto de consumidores está disposto a pagar por ele.

Desta forma, contrariamente à maior parte das marcas, as de luxo não produzem em série.

Qualidade elevada, Único, Factor de diferenciação social, Preço/Valor, Prestígio, Distinção, Hedonismo, Status, Valorização pessoal, canais exclusivos de distribuição e acesso, constituem características essenciais dos produtos de uma marca de luxo.

Uma marca, para ser de luxo, tem de conservar um halo em torno dela. Se o perde, por excesso alargamento da produção, pela criação de produtos a níveis mais baixos, vai afectar esse posicionamento da marca. A sua comunicação com o mercado, tem de ser de forma a aumentar o sentimento de exclusividade e, de alguma forma, alguma não atingibilidade.

Os franceses introduziram no campo das marcas de luxo, o termo *Griffe*, que se distingue das restantes, por ser uma marca distinta com assinatura de um criador, de criação pura, com ligação à arte, normalmente *hand made*, procurando a perfeição. Alguns exemplos, são: Rolls Royce, Cartier, Hermés.

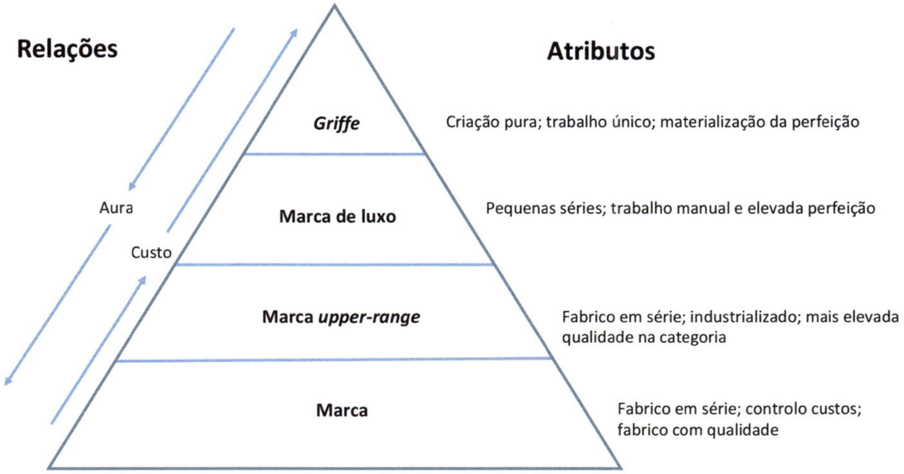

Fonte: Kapferer, Managing luxury brands, 1997

Algumas marcas têm alguns produtos que têm a característica de *griffes*, mas outros de luxo, não sendo por vezes fácil definir se uma marca é de luxo ou uma *griffe*.

Como marcas de luxo, podem-se citar como exemplos: Dunhill, Montblanc, Boss, Dupont, Porsche, Armani, Donna Karan; Patek Philippe, Gucci, Fátima Lopes.

Ainda como marcas de luxo, algumas outras podem ser consideradas como "*Upper range brands*": Dior, Calvin Klein, Carolina Herrera, Emporio Armani, Armani Jeans, DKNY.

Dando um exemplo genérico, os pilares-base da auquitectura de uma marca de luxo, desde a Visão até às práticas operacionais, poderão ser as seguintes:

Ex: MARCA DE MODA DIRIGIDA A CLIENTES AFLUENTES

VISÃO – Um futuro onde a beleza e a alegria predominarão

MISSÃO – Contribuir para uma vida de prazer e glamour

CULTURA ORGANIZACIONAL – Contratação de criativos de topo; localização numa cidade de referência da moda

VALORES – Glamour, Prazer, Estilo, Beleza, Exclusividade

OBJECTIVOS – Nível elevado (quantificado) de satisfação dos clientes

TÁCTICAS – Conhecimento profundo dos clientes; acompanhar nível de satisfação; lançar colecções de elevado impacto e qualidade

O alargamento a demasiados territórios, em especial com a prática de preços mais acessíveis, provoca um efeito de deterioração da marca e o ataque à sua posição de marca de luxo. Por exemplo, a dado momento a marca Pierre Cardin, tomou essa decisão, passando a disponibilizar no mercado produtos de menor qualidade e a preços baixos. Esse facto, provocou de facto a sua "destituição" do patamar de marca de luxo.

Para Kapferer, é necessário preservar um diferencial entre o conhecimento da marca pelos consumidores (*brand awareness*) e a sua difusão no mercado (*brand diffusion*). Quase paradoxalmente, a maior difusão e compra por parte dos consumidores pode levar a diminuir o seu carácter de exclusividade, logo afectar o estatuto da marca enquanto marca de luxo.

Por exemplo, a marca Mercedes sofreu algum impacto na sua exclusividade quando decidiu lançar a série A, mais acessível a maiores faixas do mercado. A aura da exclusividade da marca foi, assim, ligeiramente afectada pela maior acessibilidade, em termos de preço, que essa série veio trazer. Num outro exemplo, os automóveis Mercedes, devido à sua qualidade funcional e durabilidade, são muitas vezes preferidos pelas empresas de táxis, o que levou a BMW a fazer uma campanha, referindo que para andar de Mercedes, bastaria esticar o braço e mandar parar, o que não seria possível ao BMW, a que a marca não autorizaria a circular como táxi, preservando uma maior exclusividade aspiracional.

Actualmente, o conceito do novo luxo começa a não estar tanto ligado ao valor, ao preço, mas sim à exclusividade, à qualidade, à não vulgaridade, ao gosto requintado. A gestão de uma marca considerada de luxo tem, em consequência, de atender a estes aspectos, lançando produtos e serviços que continuam a privilegiar a exclusividade, mas principalmente a hipótese de, por exemplo, poderem providenciar momentos únicos, marcadamente aspiracionais e não vulgares, como um dado destino turístico.

A preferência de marcas de luxo pode ser afectada pela alteração da percepção do mercado. Caso uma marca comece a ser demasiado acessível, torna-se menos apelativa para os seus clientes mais afluentes.

Rambourg (2014), refere que, por exemplo, a marca Louis Vuitton se tornou demasiado vulgar, sendo considerada na China "uma marca para secretárias". Ela é vista em todo o lado em Pequim; a Gucci tem também atravessado um problema de reputação, sendo preterida perante outras mais personalizadas, como a italiana Bottega Veneta.

A venda de produtos de luxo é, normalmente, efectuada em lojas de grande qualidade, conforto, decoração e serviço de excelência. Isto não invalida que, também neste mercado, surjam propostas disruptivas, ultrapassando tudo o que era comum na área, disponibilizando produtos de marcas de luxo de todo o mundo e a todo o mundo, neste caso de vestuário e acessórios, online, como é o caso da marca Farfetch, uma start-up portuguesa, que foi a primeira a atingir o estatuto de unicórnio (valor superior a mil milhões de USD).

Uma outra classificação estratifica, assim, as marcas de luxo:

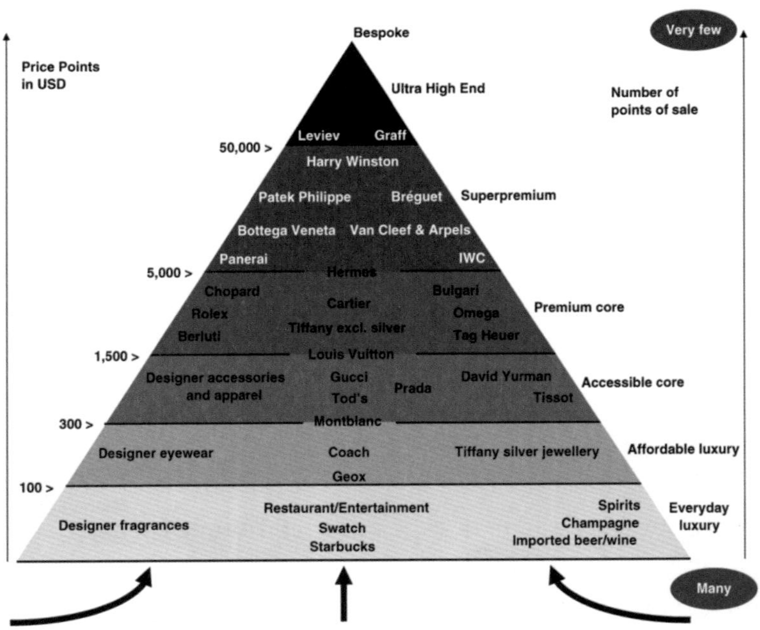

Fonte: Pyramid of luxury brands – Business Insider 2015

Efeito-país na imagem das marcas de luxo

"O marketing de bens de luxo é um paradoxo. Os marketers querem um certo nível de difusão para a sua marca, a fim de alcançar o sucesso no mercado; no entanto, se a marca é demasiado difundida, perde o seu carácter de luxo." (Dubois e Paternault, 1995)

Photo © Louis Vuitton

Gestão de marcas de luxo. O digital

O digital veio trazer às marcas de luxo uma contribuição importante na relação exclusiva com os clientes desses produtos e marcas.

Apesar da compra de produtos de marcas de luxo ainda ser feita, maioritariamente, nas lojas a elas dedicadas, alguns estudos apontam que 65% das compras destes produtos, passam antecipadamente pelo crivo do digital.

No meio digital começam a aparecer plataformas que permitem acesso mais fácil a essas marcas. Como referido, a Farfetch, a start up portuguesa, apresentou em 2008 uma proposta disruptiva, pela disponibilização online de produtos de marcas de luxo, pondo em contacto consumidores e boutiques de todo o mundo.

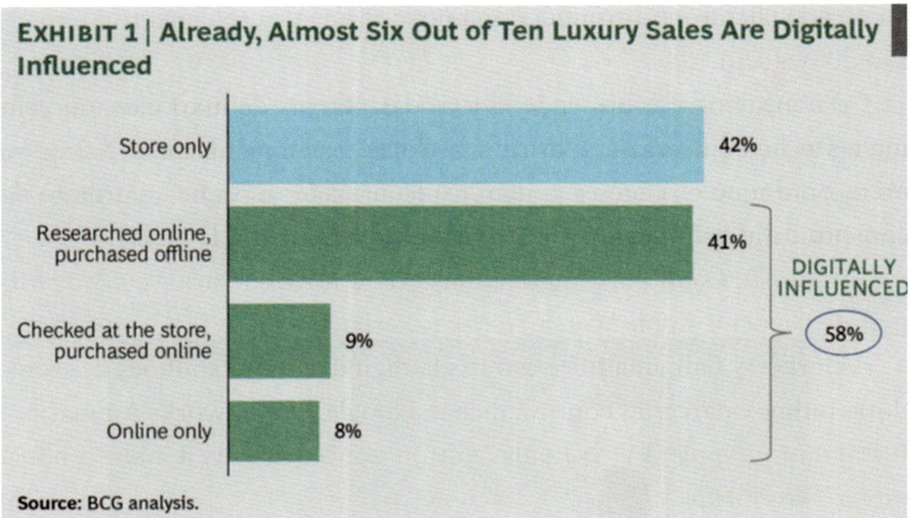

Constituem boas práticas para uma marca de luxo seguir no online, em particular no ecommerce, as seguintes:

— Conhecer profundamente as motivações e gostos dos potenciais clientes
— Ter uma presença atractiva, online e offline
— Contactar personalizadamente os clientes e ter conhecimento dos seus *customer journeys* (enviar mensagens relevantes em determinados momentos das suas vidas, como aniversários
— Fazer associações da marca com outras referências de prestígio
— Promover a presença em eventos exclusivos
— Elaborar narrativas e divulgar informação de *lifestyle*, relevantes para o alvo.

Existe um aparente paradoxo entre um mercado tradicionalmente mais reservado e exclusivo e o mundo da web, acessível por todos mas, embora possa não parecer evidente a utilização do digital pelas marcas de luxo, constitui um factor fundamental a ter em conta. Este meio cria a oportunidade da criação de ofertas personalizadas e individualizadas para cada cliente, constituindo uma nova forma de crescimento e expansão do negócio.

Certamente que a presença virtual das marcas de luxo não irá, pelo menos no médio prazo, substituir as lojas e as experiências "físicas" e emocionais que os clientes podem usufruir nestes espaços, mas terão de constituir um complemento de informação e também de venda.

A título de exemplo, o digital tem gerado novos acordos e novas formas de negócio: Apple Watch Hermés, Farfetch.

A Burberry tem uma forte estratégia digital, com 42 milhões de seguidores online e parcerias com: Snapchat, Google, Dreamworks Animation, Instagram e Apple TV; a Louis Vuitton concebeu City Guides online, numa *Travel App*.

Um ranking das marcas mais valiosas do mundo, aponta para a liderança da Louis Vuitton, seguida a uma distância considerável, pela Hermés e a Gucci, sendo que seis das mais valiosas são francesas e duas italianas.

Rank 2018	Marca	País de origem	Valor ($M)
1	Louis Vuitton	França	41 138
2	Hermés	França	28 063
3	Gucci	Itália	22 442
4	Chanel	França	10 383
5	Rolex	Suiça	8 721
6	Cartier	França	7 040
7	Burberry	RU	4 483
8	Prada	Itália	3 925
9	Dior	França	3 612
10	Yves Saint Laurent	França	3 316

Fonte: Statista 2018

Brand value of the leading 10 most valuable luxury brands worldwide in 2018 (in million U.S. dollars)*

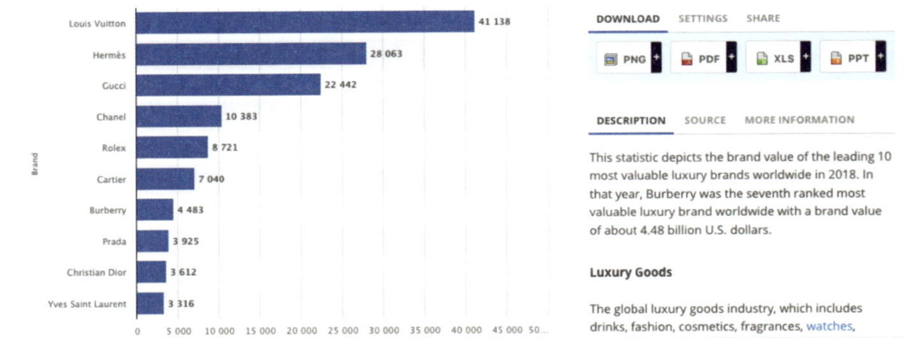

LESSONS TO LEARN:

- O conceito do novo luxo começa a não estar tanto ligado ao valor, ao preço, mas sim à exclusividade, à qualidade, à não vulgaridade, ao gosto requintado.
- A gestão de uma marca de luxo tem de lançar produtos e serviços que privilegiem a exclusividade, mas principalmente de poderem providenciar momentos únicos, marcadamente aspiracionais e não vulgares.
- A comunicação online das marcas de luxo deverá privilegiar a divulgação de informação e de ambientes condizentes com o *life-style* do alvo.
- O ambiente digital é especialmente interessante na promoção e na relação das marcas de luxo com o mercado, na criação de grupos e comunidades exclusivas.

9

GERIR UMA MARCA NO MUNDO 4.0

"A brand is a strategic asset that is key to long term performance."
David Aaker

Nike sells a commodity, they sell shoes. And yet when you think of Nike you feel something different than a shoe company. In their ads, as you know, they don't ever talk about the product, they don't ever talk about their air soles, how they're better than Reebok's air soles. What's Nike do in their advertising? They honor great athletes and they honor great athletics. That is what they are about.
Steve Jobs

O ser humano, assim como um produto, tem um ciclo de vida: nascimento, crescimento, maturidade, declínio e morte.

A gestão estratégica de uma marca pressupõe o acompanhamento das suas diversas fases de vida.

Uma marca não atravessa, necessariamente, as mesmas fases, isto é uma marca não tem que morrer. A sua gestão continuada deverá anteci-

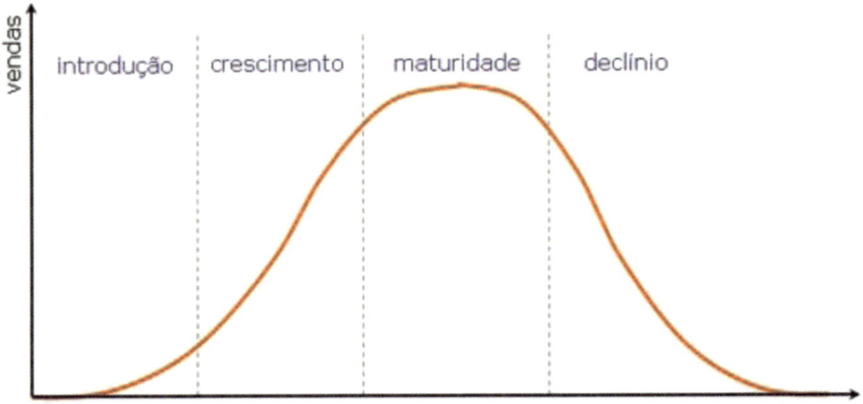

par o declínio, com a aplicação de estratégias e tácticas adequadas ao seu rejuvenescimento, como é referido anteriormente.

Processo de criação e gestão estratégica da marca (passos a seguir)

A. "Sonho" de quem concebe a marca
B. Avaliação do mercado e dos consumidores. Perspectivas futuras
C. Detecção da oportunidade do lançamento da marca
D. Materialização do Sonho e criação da Arquitectura da marca
   a. Identidade
   b. Designação (distintiva e que crie as correctas associações emocionais)
   c. Posicionamento (clareza e precisão, dferenciação)
   d. Imagem pretendida

E. Definição da experiência do cliente
    a. Proposta (promessa para criação de vantagem competitiva)
    b. Colaboradores (comportamento dos colaboradores em todos os momentos de contacto)
    c. Processos (melhoramento, eliminação ou criação)
    d. Produtos (potenciar os valores da marca)
F. Comunicação interna da marca
    a. Liderança (preparação gestores na gestão da marca e cometimento com a promessa)
    b. Informação a toda a estrutura
    c. Formação (preparação da equipa de contacto: conhecimento, atitude e skills)
G. Comunicação externa da marca (integração no Plano integrado de marketing)
    a. Comunicação (alvos, expectativas dos clientes, valores, promessa e meios)
H. Estratégia de Desenvolvimento da marca (portfolio, estratégias de expansão e revitalização)
I. Auditoria e Controlo (análise da performance)
J. Feed-back e Correcções

Utilização de Inteligência Artificial por marcas

Por vezes, existe um entusiasmo elevado quanto à introdução das novas tecnologias, que não se tem em conta a eventual aceitação do cliente, às soluções apresentadas. É necessário salvaguardar sempre um balanço entre a empatia e o contacto, não forçando o cliente a aceitar algo para o qual não esteja preparado e não deseje.

A IA possibilita interacções do tipo humanas, permitindo criar relações mais fortes entre pessoas, máquinas e as marcas, por isso é necessário o mais possível, "humanizar" esses contactos.

O assistente áudio Aristotle, da Mattel, relaciona-se com crianças respondendo às suas questões, através de um formato especialmente construído para entender as vozes dos jovens.

A Google, através de redes neurais, reconhece os rabiscos escritos em tempo real, através da análise dos antigos hieróglifos, sempre com o objectivo de entender o ser humano, mesmo que a sua escrita seja por vezes difícil de compreender.

Uma das manifestações práticas da IA é a que se observa através da utilização dos chabots, ou assistentes virtuais, como o Cortana da Microsoft, o Siri da Apple, ou o Alexa da Amazon, que constituem interfaces de automatização de certas tarefas, mas também assumem personalidades próprias, as quais reforçam as marcas das respectivas empresas.

Um outro exemplo é o de Amelia, da IP Soft. Amelia é uma assistente humanoide, que usa dados algorítmicos de um número enorme de bases de dados, permitindo a automatização de diversos processos de negócio e a realização de várias funções empresariais. Actualmente, a Amelia aparece virtualmente no écran, mas a empresa prevê a utilização próxima de tecnologia holográfica, para simular o mais possível uma pessoa real.

Um outro exemplo ainda é a da Cleo, uma assistente que gere o dinheiro dos seus clientes. Este chatbot combina linguagem natural de processamento e técnicas das Fintech, para organizar as finanças, usando *insights inteligentes*, através de um interface de simples utilização. Esta solução tem um aspecto personalizado e aparência humana. A empresa refere que mais de 70% dos utilizadores da solução deixaram de usar as aplicações e websites dos bancos para passarem a utilizar esta solução.

A Netflix utiliza a IA no aconselhamento de filmes aos seus subscritores, em função do historial de relação anterior, sugerindo a visualização de temas que se encontrem no campo de preferências dos seus clientes. Utiliza também a IA para a resolução de problemas técnicos em países emergentes com soluções de comunicação e de largura de banda menos potentes, aumentando a qualidade do *streaming*.

A Tommy Hilfiger começou a utilizar IA no seu processo criativo. A marca anunciou uma parceria com a IBM e o Fashion Institute of Technology (FIT). Os estudantes desta escola tiveram acesso ao Watson da IBM, o que lhes permitiu detectar as tendências da indústria da moda, opiniões de clientes sobre a marca, e a análise da imagem, padrões, cores e estilos e com esta informação criaram novos designs. A utilização desta solução permitiu ganhos de tempo, eliminando tarefas repetitivas, e informação sobre o passado e tendências de futuro.

A design by FIT student Grace McCarty for Tommy Hilfiger's Reimagine Retail project with IBM FIT

Fonte: "Artificial Intelligence empowers designers in...Tommy Hilfiger", Rachel Arthur, Forbes

Uma das estudantes de design ganhou o concurso promovido pela IBM e Tommy Hilfiger, ao desenhar uma gabardina com a marca do criador. O processo utilizado não eliminou a criatividade do designer, mas complementou positivamente o mesmo.

Insights dos clientes

A IA permite aprender e desenvolver insights inteligentes dos dados recolhidos dos clientes de uma dada marca e detectar o comportamento dos mesmos, para uma melhor segmentação.

Por exemplo, a Nestlé efectua previsões de vendas e de *supply chain*, através da utilização de sistemas de *machine learning*.

A *machine learning* permite também detectar e alinhar as necessidades creativas das marcas com oportunidades de influenciar os seus alvos.

9.1. Gestão global, local e gestão glocal

O assegurar a coerência entre os valores da marca e a sua imagem pública uniforme, levou a que muitas marcas multinacionais tivessem uma abordagem global, comunicando os mesmos valores em todos os países em que estavam presentes e, inclusivamente, fazendo passar a mesma publicidade que no seu país de origem.

Certo é que, embora marcas globais, elas se têm vindo a confrontar com mercados, hábitos e culturas muito diferenciadas, perante as quais muitos dos sinais de algumas dessas marcas, acabavam por não fazer sentido nem assumir relevância para as comunidades de consumidores e cidadãos locais.

Assim, na década de 80 do séc. XX, começa o termo "glocal" a ser utilizado. Como fusão de global e local, o termo começa a ser utilizado na estratégia dos negócios, significando uma estratégia internacional globalizada com um approach e adaptação local, em cada região, país ou zona, em que uma marca ou uma empresa estão presentes ("Pensar Global, Actuar Local").

A glocalização materializa-se, a nível das marcas, na utilização global das tecnologias, organização e produção e na adaptação local da produção, comunicação e distribuição.

De entre muitos, imediatamente surge o exemplo da McDonald's e da Coca Cola, que durante anos assumiram estratégias totalmente globais mas que, a partir da década de 90, começam a adaptar-se aos costumes e gostos locais, tanto a nível do produto, como a nível da comunicação. Exemplos disto em Portugal são: na McDonald's, o café expresso e a McBifana; na Coca Cola, as campanhas publicitárias, em que aparece o famoso e tradicional carro eléctrico de Lisboa ou o incentivo, nos Santos Populares, a acompanhar as sardinhas com Coca Cola.

LESSONS TO LEARN:

- As grandes marcas internacionais eram tendencialmente geridas a nível global, sem atender às especificidades de cada país ou área geográfica.
- Actualmente, as marcas globais tendem a definir a sua identidade, também a nível global, mas ajustando-se às especificidades dos países onde actuam (glocal), de forma a melhor serem aceites pelas diversas culturas, quer através da criação de produtos exclusivos para essas áreas, quer através da forma de comunicarem através da publicidade.

9.2. Lançamento

O lançamento de uma marca (ver caps. 5 e 6) coloca algumas questões prévias a atender e que vão determinar a definição da marca e a sua relação.

Questões prévias

— Qual a razão do lançamento da Marca? Destina-se a suprir alguma falta no mercado?
— Qual a sua Visão?
— O que pretende a Marca "mudar na vida das pessoas"?
— Quais os seus Valores?
— Que Propostas Únicas de Valor oferece a Marca?
— Em que Categorias de Produto, poderá a Marca aportar benefícios?
— Que Tipo de Produtos melhor corporizam a Visão e os valores da Marca?
— Que Estilo e Linguagem deverá apresentar a Marca?
— A Quem se dirige? Que Imagem pretende que os clientes tenham de si próprios?

9.3. Extensão

A uma marca vencedora no mercado coloca-se, por vezes, a questão da sua eventual extensão a outros territórios.

O pensamento-base é o de que, se uma marca tem sucesso, porque não a estender a outras áreas de actividade? Várias marcas têm atravessado processos de extensão, como os exemplos referidos.

Uma marca ocupa um dado território, isto é, uma área da satisfação das necessidades dos consumidores. A extensão da marca consiste no alargamento da sua presença a outros territórios.

Kapferer, 2008

Existem numerosos exemplos de extensões de marcas, como o caso da Marlboro, que começou por ser uma marca de cigarros tendo, posteriormente, sido alargada para outras categorias, como o vestuário e acessórios.

A decisão de extensão de uma marca depende de um conjunto alargado de factores, em particular da força que a marca tenha no mercado e da sua aceitabilidade, de entre os quais:

- Trata-se de um mercado em crescimento?
- Os factores de sucesso da Marca estão em linha com os seus pontos fortes?
- São os activos da Marca transferíveis?
- A extensão impactará positivamente o valor da Marca?
- O produto tem uma diferenciação clara?
- A distribuição aceitá-lo-á facilmente?
- Há consistência com a Marca, o seu Posicionamento e com e com a identidade da empresa?
- A empresa tem os recursos necessários para suster a concorrência?

Mas, qual a razão para as marcas fazerem uma sua extensão? As marcas envolvem toda a estratégia da empresa, procurando adaptar-se à evolução da tecnologia e dos consumidores. A optimização dos custos da comunicação publicitária, a defesa da marca, a capitalização e o reforço de imagem, constituem razões para uma decisão de extensão.

Alguns exemplos de extensão:

- Mitsubishi (estaleiros navais, fábricas de energia nuclear, automóveis, ar condicionado, alta fidelidade, Bancos, Alimentares, ...)
- Mars (barra de chocolate, gelados, bebida)
- Marlboro (tabaco, vestuário, calçado,...)
- Renova (papel higiénico, guardanapos, lenços, produtos complementares da cosmética)

Há, contudo, alguns perigos na extensão demasiada de uma marca ou ainda, no caso de ela se tornar genérica, podendo provocar alguma diluição, como os casos da Kleenex, Xerox, Gilette ou Nylon. Nestes casos, algumas marcas concorrentes acabam por aproveitar a "marca" genérica, vendendo os seus produtos em alternativa àquelas.

9.4. Co-branding

Uma marca pode sentir necessidade de se aliar a outra que, de alguma forma, complemente, potencie, os seus valores. Estas associações são designadas por *co-branding*. Por exemplo, a marca Visa tem-se associado a múltiplas outras marcas, no sentido de potenciar a sua acção e alargar o âmbito das suas operações, como por exemplo, Visa/Tap, Pingo Doce/BP, Repsol/El Corte Inglês.

Vantagens do co-branding:

— Sinergias para disponibilizar experiências únicas aos clientes
— Alavancar capital
— Redução de custos do lançamento de produtos
— Expansão do significado da marca para categorias relacionadas
— Entrada em novos mercados
— Aumento dos pontos de acesso
— Fonte de rendimento adicional
— Aumento da fidelização dos clientes

De um modo geral, as associações das redes de pagamentos Visa, Master Card com as gasolineiras e companhias de aviação, têm sido bastante bem sucedidas.

Outros bons exemplos são os da GoPro/Red Bull, marcas que se complementam no âmbito dos desportos mais radicais e da possibilidade de filmagem e visionamento posterior, por parte desses atletas.

Exemplos

– O caso do *Stratos*, da Red Bull, em que Felix Baumgarter efectuou um salto do espaço, de cerca de 29 kms da Terra, durante 9 minutos, ultrapassando a velocidade do som. O mesmo estava equipado com uma câmera GoPro. O visionamento no YouTube bateu o recorde do mesmo por mais de 8 milhões de pessoas, em simultâneo.

– A BMW acordou com a Louis Vuitton, a concepção de uma linha de malas para viagem, para o lançamento do modelo BMW i8.

– A UBER e a Spotify, criaram *"a soundtrack for your ride"*. Enquanto os clientes estavam à espera do carro da UBER, ligavam-se ao Spotify, tornando-se o DJ da sua viagem. Os utilizadores podiam escolher de entre as suas próprias *playlists*, quais as músicas que desejavam ouvir.

– Nike e Apple. A parceria consistia em trazer música aos clientes da Nike, através dos seus iPod, assim como medidores de performance do exercício.

– Lego/Shell. A relação manteve-se ao longo de muitos anos até que algumas pressões por parte da Greenpeace levaram ao insucesso da parceria. A organização alegava acções contra o ambiente levadas a cabo pela petrolífera, nomeadamente no Árctico, considerando negativo as crianças brincarem com brinquedos em que o nome da empresa aparecia.

Algumas associações têm vindo a ser feitas com bastante sucesso. Outras, nem sempre têm conduzido a bons resultados, como as seguintes:

– Ligação passada da Disney à McDonald's, através da qual os Happy Meal, vocacionados para crianças, tinham a oferta de uma figura da Disney, num ambiente em que os media faziam alguma pressão sobre produtos não totalmente considerado como saudáveis para as crianças.
– Accenture/Tiger Woods, após alegados escândalos sexuais do golfer.

Factores que condicionam e podem afectar o sucesso das ligações *co-branded:*

— Como as marcas se possam complementar
— Valor adicionado que possam propiciar ao consumidor

— Complementaridade dos valores das marcas associadas
— Benefícios oferecidos ao consumidor
— Reputação das marcas associadas
— Associações que façam sentido para os consumidores
— Impactos negativos que alguma perturbação que uma marca sofra, se possa reflectir na outra

Podem ser encontradas desvantagens do co-branding: perda eventual de controlo, risco de diluição da marca, efeitos de feedback negativos, falta de clareza e foco da marca, desfocalização organizacional, diluição da comunicação, eventuais efeitos negativos, caso haja problemas numa das marcas.

LESSONS TO LEARN:

- A associação de duas ou mais marcas – *co-branding* – tem sentido desde que fortaleça o mercado de ambas e reforce a estrutura dessas marcas, desde que não haja conflito de valores e a associação faça sentido para os consumidores.

9.5. Licenciamento

O Licenciamento baseia-se num contrato em que uma marca cede a um terceiro, normalmente a uma empresa, o direito de utilização do nome, logotipo, etc, para a comercialização de outras marcas a um dado

fee pré-determinado. De certa forma, trata-se de um aluguer de uma dada marca a outrem, no sentido de reforçar a sua marca.

No domínio do entretenimento e do desporto, têm proliferado acordos deste tipo. Como exemplo, Star Wars, Jurassic Park, Peanuts, Garfield, Sesame Street, Disney, Calvin Kelin, Donna Karan, Pierre Cardin, Ralph Lauren e Polo, ou Hello Kitty.

9.6. Franchising

Uma das técnicas usadas na expansão geográfica das marcas é o franchise, ou franquia, em português. Trata-se de um contrato, de um modelo de negócio, no qual o franqueador cede ao franqueado o direito de utilização de uma marca ou patente, com o direito de distribuição de produtos ou serviços.

É um modelo bastante utilizado, nacional e internacionalmente, devido às vantagens que apresenta, nomeadamente no referente à partilha de custos e *know-how*. A marca a franquear pode, assim, sofrer um processo de expansão cujo risco é partilhado pelos diversos agentes franqueados.

Esta técnica tem praticamente sido utilizada em todos os sectores de actividade desde, por exemplo, marcas estrangeiras que se querem estabelecer em Portugal, até marcas nacionais que pretendam uma expansão no território nacional ou no estrangeiro.

Como qualquer negócio, apresenta vantagens e desvantagens, como as seguintes.

Vantagens:

- Usufruir da força, do *know how* e da experiência de gestão de uma marca já existente
- Utilizar da capacidade de promoção e publicidade da marca, para promover o negócio local do franchisado
- Beneficiar da escala da marca, no acesso a fornecedores
- Usufruir da I&D da marca
- Orientação do Plano de Negócio
- Desenvolvimento mais rápido do negócio
- Maior facilidade na obtenção de financiamento
- Participação em alguns custos de capital, diminuindo a necessidade de fundos próprios do franchisado
- Formação e Assistência técnica
- Imagem corporativa, reputação e reconhecimento da marca
- Disciplina centralizada na gestão da marca

Desvantagens:

- Normalmente os fees, direitos e royalties a pagar são elevados, diminuindo consideravelmente a margem do negócio
- Sujeição quase total às normas da marca
- Como qualquer negócio de rede, qualquer perturbação que exista pode-se transmitir rapidamente a toda ela, com os prejuízos evidentes, sem que o franchisado possa ter um papel relevante na alteração da situação
- Liberdade mais reduzida na instalação e na condução do negócio

9.7. Declínio e revitalização

Marcas desfocadas

Uma marca focada é aquela em que a sua imagem corresponde exactamente à sua Identidade e Posicionamento. Estabelecendo o paralelismo com um espelho plano, "o que é" é o que se vê no mesmo, pondo de lado a natural distorção de 180°.

Uma marca desfocada é, assumindo o mesmo paralelismo de um espelho, é aquela em que o mercado a vê através de um espelho côncavo ou convexo, isto é, a imagem percepcionada é distorcida, não correspondendo exactamente ao posicionamento pretendido.

É necessária uma avaliação continuada desta imagem, de forma a se poderem introduzir, quando necessário, as respectivas correcções que possam conduzir às alterações pretendidas.

Há diversos factores e razões que poderão determinar o declínio de uma marca, como a degradação da qualidade dos produtos apresentados, a dificuldade de adaptação a novos ambientes concorrenciais até ao puro desinteresse dos seus clientes.

A questão que se coloca, então, à gestão de marcas é o tentar evitar que isso aconteça, ou em caso de qualquer acidente, desenvolver as práticas necessárias à correcção da situação, com o objectivo da sua revitalização.

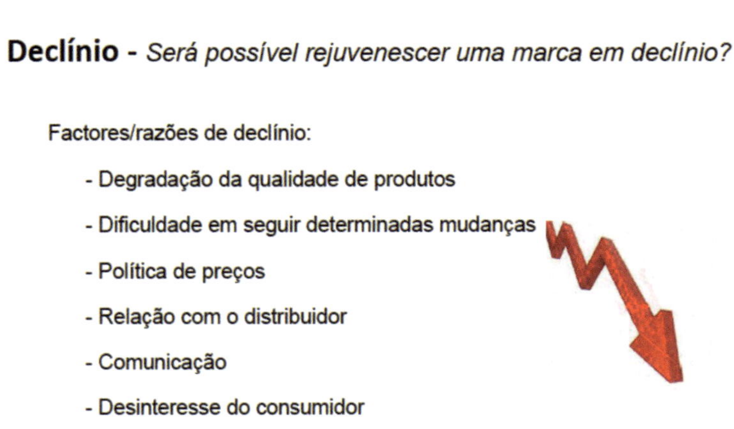

A par de muitos casos de sucesso, existem muitos outros casos de marcas que conseguiram inverter a situação criada, ou mesmo não a conseguiram alterar.

Por exemplo, a Kodak líder do mercado fotográfico durante décadas, não conseguiu antecipar a ajustar-se aos novos ambientes digitais, já que a base das suas vendas se concentravam na película fotográfica, entretanto substituída pelo digital.

A Polaroid não conseguiu igualmente resistir, tendo a empresa gestora falido em 2011, sendo posteriormente adquirida e relançada.

A marca Perrier atravessou uma crise nos anos 90, em virtude de ter sido encontrado benzeno numa das garrafas de água. A empresa reagiu de imediato o que não impediu, contudo, os efeitos negativos sobre a credibilidade da marca, que se estenderam por bastante tempo, em virtude da gestão da relação com a imprensa, não ter sido totalmente transparente nos primeiros tempos da crise.

"Caso Perrier"

1863 - Fundada a empresa "Société de l'Etablissement Thermal des Eaux Minérale de Vergezé"

1869 – Dr. Louis Perrier compra empresa de águas francesa

1903 – A empresa adopta o nome de **"Source Perrier"**

1989 – 50% do mercado nos EUA

1990 – CRISE: Encontrado benzeno numa garrafa, em testes nos EUA, produto de má limpeza de filtros na produção. A empresa perde 40 milhões USD.
Institutos de saúde dos EUA e França, concluem que a quantidade presente de benzeno não prejudica a saúde.
A companhia decide destruir 280 milhões de garrafas, distribuídas na Europa e nos EUA.
A recuperação da imagem da marca foi lenta, mas em 5 meses as vendas foram retomadas nos EUA.
Estudos de mercado revelaram que 84% dos consumidores continuariam a consumir a marca.

1992 – Comprada pela **Nestlé**. Produz 1000 milhões de garrafas/ano
2011 - A retoma da confiança não será ainda total.

LESSONS TO LEARN:

- Uma marca não tem, obrigatoriamente, de ter o mesmo ciclo de vida de um produto, isto é, nasce, cresce, amadurece, mas não tem de morrer. Ela pode ser revitalizada.
- É necessário estar atento aos eventuais sinais de desfocalização da imagem, assim como de eventuais perturbações de fiabilidade dos produtos.
- Na circunstância de crise e declínio, é necessário proceder à correcção de eventuais defeitos detectados e implementar um plano imediato de RP, conducente à recuperação da imagem da marca.

10

DO BROADCAST À INTERACÇÃO E AO ENGAGEMENT

A comunicação da marca através dos media, constitui um veículo indispensável, mas não o único, para a transmissão dos valores a ela associados.

A comunicação dever ser entendida como um todo global gerador de percepções positivas por parte do consumidor e do cliente.

Uma boa comunicação – eficaz, coerente, sustentada – é fulcral para o desenvolvimento de uma imagem consonante com os objectivos da marca.

Comunicar bem significa despertar nos clientes e potenciais clientes, uma percepção positiva, conducente à formação de uma atitude. Essa atitude deverá conduzir ao interesse e ao desejo de experimentação, da proposta que lhe é transmitida.

O aprofundamento desse interesse poderá levar à motivação da compra e, caso haja satisfação e surpresa positiva, à repetição da compra e à fidelização.

Como foi referido anteriormente, o grande impacto causado pela era digital foi a transformação da comunicação, que começou por ser unilateral – *broadcasted* – partindo do pressuposto que os alvos receptores – passivos – aceitariam as mensagens comunicadas.

A internet e as redes sociais vieram disruptar a comunicação das marcas. Os consumidores têm os meios e exigem interagir com as marcas, passando os influenciadores digitais a ter um papel relevante na credibilidade daquelas.

As marcas criam e inserem-se em comunidades de interesses, procurando o reconhecimento e a confiança, que possam levar ao envolvimento – *engagement* – dos membros, tentando torná-los fãs e embaixadores por iniciativa própria.

Campanhas de marcas, usando novas técnicas e instrumentos, podem ser utilizadas em tempo real, adaptando-se a interesses individuais manifestados ao momento.

Apesar da maior espontaneidade de relação e gestão, mantém-se a necessidade de definição de estratégias e do planeamento de campanhas de lançamento de produtos, institucionais e de lançamento e reforço de marcas, sujeitas estas a metodologias já existentes, mas adaptadas às novas realidades.

A gestão das Relações Públicas, através dos media, dos canais tradicionais, da presença online e das redes sociais, nunca foi tão importante. A capacidade de resposta atempada, imediata, em tempo real, é uma necessidade das marcas que se queiram manter activas e relevantes.

A divulgação de mensagens relevantes, de histórias que possam interessar e motivar as audiências, torna-se obrigatória.

A criação de experiências de marca, da nova economia experiencial, é um requisito para o envolvimento e para o sucesso.

Cada vez mais, consumidores querem marcas, outros são-lhes indiferentes, principalmente pela desconfiança perante falsas promessas. A comunicação tem de ser transparente, verdadeira, motivadora, com preocupações sociais e ambientais, correspondendo aos interesses dos cidadãos e das comunidades.

Exemplo de campanhas de sucesso de marcas

A Burger King desafiou a McDonald's para no dia 21 de Setembro, Dia Internacional da Paz, criarem um produto comum – o McWhoper – à venda nas duas redes, a que a última não acedeu. Outras mascas de fast food aceitaram a proposta da Burger King de criar a "*five brand peace burger*", que teve como consequência aumentar as *impressions* da marca em 60%, aumentando em 12% as vendas.

A Associação Salvador, desenvolveu a campanha "5 minutos fazem a diferença", com a Havas Worldwide, recorrendo a câmeras escondidas para captar a reacção de condutores que estacionam os carros em cima de um passeio. Ao regressar, um *sticker* encontra-se colado no vidro do carro, com a indicação "bati no seu carro" e um número de telefone.

Após o telefonema surge o mentor da Associação, Salvador Mendes de Almeida, na sua cadeira de rodas.

O vídeo desenvolvido teve um elevado efeito viral, sendo visionado por mais de 1,5 milhões de expectadores.

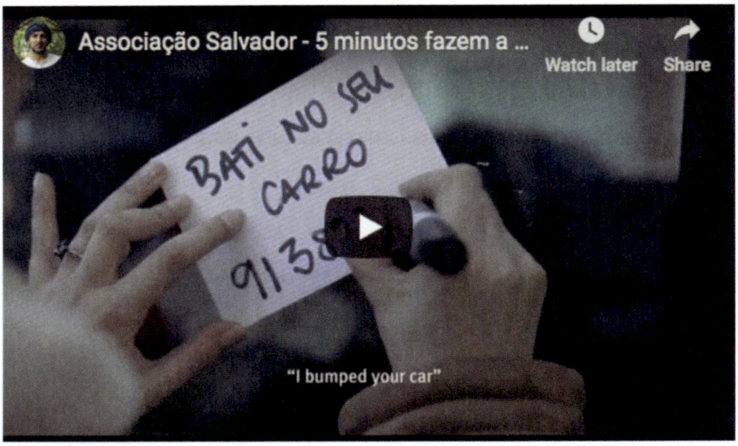

A FCB Lisboa desenvolveu para a marca de preservativos Harmony, uma campanha "Harmony, eu adoro crianças", a qual conquistou um Leão em Cannes, em 2017. Trata-se de um spot televisivo, onde uma pessoa refere "Se eu gosto de crianças?", afirmando seguidamente "Eu adoro crianças, excepto quando...", seguindo-se uma longa lista de comportamentos associados a crianças, normalmente de desagrado dos adultos.

A Super Bock comemorou os seus 90 anos com um filme histórico, acentuando relações de amizade entre portugueses, ao longo dessas décadas, através de um spot da autoria da agência O Escritório. O filme foca a evolução das garrafas e do logotipo, ao mesmo tempo que foca alguns dos factos mais relevantes da história contemporânea, durante esse tempo, desde a Revolução de Abril, aos movimentos estudantis, à eleições nos EUA, até a um beijo entre duas mulheres.

Dollar Shave Club – *Our blades are fucking great*

A Dollar Shave Club.com, criada em 2012, foi criada identificando a necessidade dos homens se barbearem diariamente, com lâminas de qualidade, sem pagar um preço elevado. Os subscritores pagam 1 USD por mês e recebem em casa, mensalmente, cinco lâminas de barbear.

A campanha "*Our blades are fucking great*", em vídeo, protagonizada pelao CEO da empresa, Michael Dubin, obteve uma notoriedade elevadíssima, tendo sido visionada mais de 25 milhões de vezes. A empresa tem mais de 3 milhões de membros, com 200 milhões de USD em cinco anos. Em 2016, é vendida à Unilever, por 1 bilião de dólares.

Apple – Get a Mac

A Apple produziu uma série de vídeos, a partir de 2006, onde dois actores cómicos protagonizaram a Apple vs os PC concorrentes (Microsoft), por exemplo, o PC aparecia com uma grande constipação, provocada por um vírus, e o Mac saudável, sem nunca apanhar vírus.

Noutro exemplo, o PC surge muito gordo, cheio de programas, e muito lento, em contraste com o Mac, sempre leve e rápido.

10.1. Gestão integrada da comunicação

Assim como não é recomendável estabelecer uma estratégia digital separada da estratégia global de marketing, da empresa e da marca, não é também aconselhável elaborar uma estratégia desintegrada de comunicação.

A optimização do orçamento de marketing e de comunicação passa pelo desenho de campanhas em que se considerem todos os meios passíveis de utilização, online e offline.

É também indispensável que cada meio seja encarado na sua especificidade, não se devendo criar campanhas que se dupliquem não importa o meio que seja.

A velocidade do meio, dimensão, características, expectativas do consumidor perante o mesmo, tem de ser levada em conta. À medida que as tecnologias e se multiplicam, não perdendo a noção de conjunto, será aconselhável recorrer a especialistas de cada um dos meios, de forma a assegurar a melhor e mais eficaz solução comunicacional.

Como se referiu o consumidor é *blended*, tanto está online, como offline, de forma que há que atender à coerência e adaptabilidade ao meio de cada mensagem, de forma a criar no receptor – também emissor – uma noção de qualidade.

É importante, do ponto de vista do gestor de marca, ter uma noção total da jornada de relação do cliente com a marca permitindo detectar, a cada momento, a sua reacção, o que o satisfez ou não, dar uma resposta rápida aos seus comentários, tentar captar o sentir do mercado de forma a introduzir, se necessário, as devidas correcções.

LESSONS TO LEARN:

- Na era digital o branding passa a ser caracterizado como de percepção e multilateralidade, face à interacção com os públicos-alvo.
- A comunicação com o consumidor tem de atender a que este é *blended*, está permanentemente *online* e *offline*, percepcionando a marca de uma forma global e integrada, tendo a comunicação de ser omnicanal.
- A gestão da marca tem de acompanhar a jornada do cliente, de forma a apresentar-se como coerente e ter a capacidade de dar respostas rápidas aos comentários e necessidades dos clientes e de

outros que interajam com a marca. Neste campo os *Social Media Tools* desempenham um papel fundamental.

Genericamente, os objectivos da Comunicação, são:

— Dar a conhecer. Criar e aumentar a Notoriedade
— Fomentar atitudes de preferência
— Despoletar o acto de compra

A Comunicação da marca constitui um veículo indispensável para a transmissão dos valores a ela associados. Uma boa Comunicação – eficaz, coerente, sustentada – é indispensável para o desenvolvimento de uma imagem consonante com os objectivos da empresa.

Comunicar bem, significa despertar nos clientes e potenciais clientes uma percepção positiva, conducente à formação de uma atitude. Essa atitude deverá conduzir ao interesse e desejo "de experimentação" da proposta que lhes é transmitida.

O aprofundamento desse interesse, poderá levar à motivação de compra repetente e, caso haja satisfação e surpresa positiva, à fidelização.

Tradicionalmente, a comunicação de marketing era unidirecional. Toda a arquitectura e estrutura da marca era pré-concebida e depois comunicada unilateralmente. O emissor, como agente activo, o receptor como agente passivo.

Com o surgimento do digital, não só a comunicação se tornou bilateral e até multilateral, como a própria construção da marca passa a ser partilhada, desenvolvida, com a participação dos públicos-alvo a que se destina. O branding passa a ser caracterizado como de percepção e multilateralidade.

Com o digital, a comunicação multicanal morreu. Tradicionalmente, a comunicação era desenhada, de forma mais ou menos uniforme, procurando-se depois quais os canais para a difundir, o mesmo para todos os canais.

Com o digital, a comunicação tem de passar a ser omnicanal, no âmbito da qual, sobre um conteúdo-base, são produzidos conteúdos diferentes para cada um dos canais online e offline, na medida em que possam desempenhar um papel específico e diferente no *customer journey*.

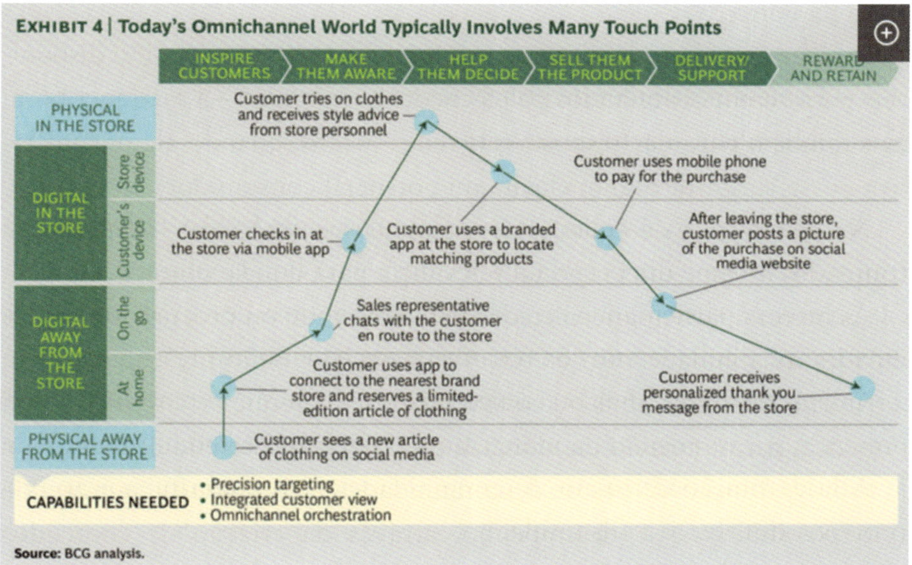

Na base desta nova forma de comunicar, o *Transmedia Storytelling* (Rowles, 2018), relaciona e liga a narrativa que se pretende transmitir, através dos diferentes canais e plataformas, atendendo às diversas fases da jornada referida (*Transmedia Campaigns*, em tempo real).

10.2. Gestão das redes sociais e da presença online

Por exigência dos consumidores e por necessidade das marcas estas têm, obrigatoriamente, de ter uma presença online nos diversos meios disponíveis e redes sociais.

O contacto bilateral permanente entre os receptores – consumidores – e os emissores – marcas – na realidade ambos receptores e emissores, impõe-se com o objectivo das marcas conviverem com os seus alvos e estes terem um canal aberto para o diálogo, cooperação e expressão dos seus interesses, até eventuais reclamações.

As redes sociais funcionam 24h, pelo que, no limite, uma boa gestão pressupõe também a disponibilidade permanente de um qualquer contacto da marca.

E assim é nalguns casos, em que *contact centres* não só estão disponíveis para serem contactados pelos clientes – *inbound* – a qualquet hora, mas também para dar resposta nas redes sociais, quando algums iniciativa possa surgir de algum cliente ou potencial consumidor.

Na perspectiva de emissão de mensagens – *outbound* – a gestão de conteúdos assume uma especial relevância para aquele objectivo.

As marcas participam nas redes sociais criando ou procurando comunidades de afinidade com os territórios em que estão presentes, ou em territórios de marca afins ou complementares, em que faça sentido a sua presença, para a missão da marca, e para os alvos pretendidos a atingir.

A nova função de gestor de comunidades – *community managers* – veio possibilitar esse desempenho, através da criação de conteúdos adequados a cada canal, gerindo a participação dos membros dessas comunidades no dia-a-dia da marca.

10.3. Gestão das relações públicas e media relations

A marca tem de assumir princípios éticos, de responsabilidade social e de reputação, factores estes que constituem, cada vez mais, preferência dos consumidores.

As relações com o mercado em geral e com os media, em particular, têm de estar sujeitas a todos esses princípios, de forma a maximizar o efeito de coerência e potenciar a leitura que o mesmo faz.

Dependendo da estrutura organizativa de cada empresa, os departamentos de comunicação, outras vezes os de marketing, são responsáveis pela gestão de comunicação da marca. É, contudo, necessário que o responsável de topo da marca seja o CEO, de forma a assegurar que a gestão da empresa se pauta pelos valores e identidade da mesma, e que também o exercício da actividade empresarial seja, mais uma vez, coerente com a definição da marca.

A imagem da marca e da empresa no mercado é, como referido, consequência de todas as mensagens comunicacionais e experiências do consumidor com a marca, com que é confrontado directamente, quer através dos media, ou de outras informações que recebe de quem se relaciona, na vida física e nas redes sociais.

Em consequência de tudo isto, é necessário que a gestão de marca esteja atenta a todos os sinais que possam, de alguma forma, desvirtuar a sua imagem.

10.4. Planeamento de campanhas de marketing digital

A existência de novos meios digitais e de novas técnicas de marketing, não invalida que a definição de uma qualquer estratégia de marketing, tenha de ser global, não necessariamente só digital.

A missão global da empresa e da marca, a sua Visão e objectivos do mercado, têm de servir de base a qualquer estratégia digital, que acaba por ser a utilização de canais mais directos com os consumidores e clientes. Isto não significa que não seja possível definir uma estratégia digital, assim como é possível continuar a definir uma estratégia para os canais offline.

A realidade é que o consumidor é uno, não é off ou on ele, normalmente, percorre diariamente os diversos meios, estando durante o dia uns períodos on, outros off, ou mesmo simultaneamente nos dois. Desta forma há que assegurar a coerência das estratégias, das propostas de valor, das mensagens comunicacionais, on e off, de forma a que a percepção do consumidor perante a marca seja uniforme e coerente.

De qualquer modo, indicam-se alguns passos a seguir na elaboração de uma estratégia digital, tendo sempre presente a sua necessária integração e unicidade com a estratégia global da marca.

Definição do Plano de Marketing na era digital

1. Efectuar **Estudos de mercado e Análise da concorrência**
2. Baseado na Visão, definir, ou partir das existentes, **Missão e Objectivos da marca** (onde queremos estar, aumentar notoriedade, aumentar vendas, retenção de clientes, etc.)
3. Analisar o **passado**: erros e ganhos. Análise SWOT, interna e externa (Pontos fortes, pontos fracos, oportunidades e ameaças)
4. Transformar os objectivos em **Metas Digitais e Outras** (por exemplo, se o objectivo for aumentar as vendas, os objectivos digitais serão: aumentar a taxa de conversão do website; reduzir taxa de abandono ao longo do processo de encomenda; aumentar o volume médio de encomendas)
5. Definir os **KPI**, Key Performance Indicators das metas (p.e. taxas máximas de abandono; avaliar quantas pessoas iniciam o ciclo de compra e terminam o check out e pagamento)
6. Definir **Estratégia e Objectivos** de cada KPI, online e offline, seleccionados
7. **Segmentar audiências** (emocional, lifestyle), preferências de media, suas percepções da marca
8. No digital, **definir "Personas"**, os clientes-tipo ideais (Motivações, objectivos, preocupações, interesses, actividades, quem influencia as suas decisões)
9. Criar **Propostas de Valor** para os segmentos-alvo e para cada Persona (Mensagens-chave; oferta personalizada)
10. Desenvolver as principais **tácticas de marketing**
11. Criar **Campanhas** (*data-driven*). Criação de **conteúdos** baseados nos "*customer journey*" de cada Persona. Criação de conteúdos contribuindo para sites relacionados com a actividade do negócio (*PR strategy*). Definir os melhores canais digitais de comunicação e instrumentos, com cada Persona: Instagram, Yahoo/Bing, Facebook Lookalike Audiences, emailing, Twitter, Blog, Google+, Google Adwords, YouTube vídeos, LinkedIn
12. Planear os media e Orçamento. Planeamento integrado de media (optimização dos meios, audiências, de SEO do site, *customer reach, customer acquisition, convertion*

rate, customer engagement and retention). Mapear os canais digitais ao ciclo de compra

13. Produzir e Testar as campanhas
14. Definir medidas de eficácia de cada canal
15. Controlar e Analisar resultados. Comparar com objectivos
16. Feed-back e eventuais correcções

Os meios digitais vieram possibilitar uma extensão da actividade de marketing, vindo a ocupar um papel anteriormente atribuído às vendas. Assim, o marketing passa a interagir desde o início da *customer journey*, dominando todo o processo até ao acto de venda, nomeadamente a nível das vendas online, do ecommerce.

Esta situação pode ser retratada na readaptação das funções de marketing e vendas. A partir do mesmo, há que definir as melhores tácticas, meios, instrumentos, acções, que possam mais facilmente atingir uma taxa de conversão mais elevada de leads em vendas, sabendo-se que o marketing/comunicação passou a assumir uma função mais larga face às vendas, ao longo do processo de relação com os clientes, com estes se relacionando até praticamente à fase da venda.

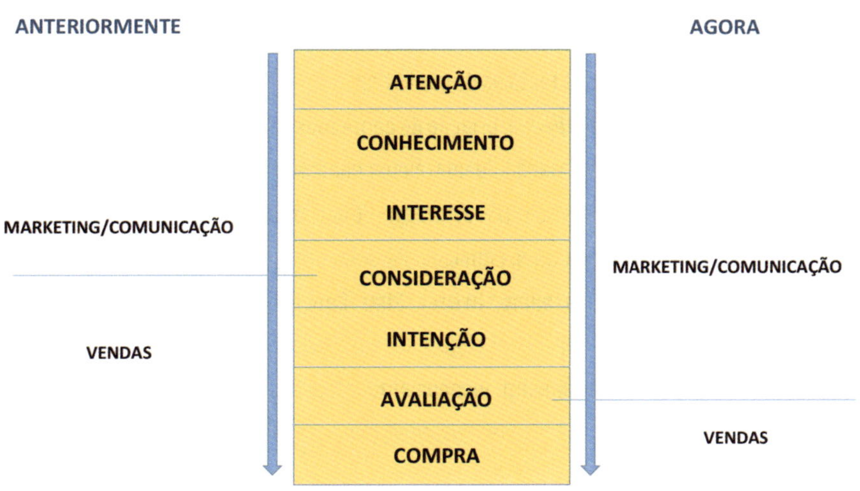

Na realidade, o acompanhamento total da jornada do cliente, obriga o *marketer* a ter conhecimento e intervir, mesmo após a concretização da compra.

Estratégia digital

A representação deste "funil" de marketing digital apresenta o percurso de conversão de *leads* em vendas:

— Disponibilizar informação a potenciais clientes, sobre diversas possibilidade de satisfação de necessidades, através da oferta proposta. Utilização de conteúdos optimizados em SEO, interessantes e captadores da atenção e interesse.
— Persuadir potenciais consumidores em clientes, do interesse e desejo à acção.
— Vender aos clientes (*call to action*), através de incentivos, descontos, experimentação do produto. Envio de email incentivador, na sequência de uma visita não traduzida em venda, ao website.
— Analisar resultados.

Campanhas de relevo de marcas digitais e de social media

AMERICAN EXPRESS (AMEX)

A AMEX criou o website *Open Forum*. Este é um site colaborativo, onde autores convidados e especialistas de diversos sectores, partilham os seus conhecimentos de negócio.

A diversidade de colaboradores contribui para a difusão de conhecimentos especializados para largas comunidades, associando à marca esses conteúdos, não elaborados por ela.

25 maiores marcas portuguesas no digital

Posição	Marca	Relevância	Influência	Sentimento	Total
1º	MEO	45	61	65	171
2º	Worten	35	52	65	152
3º	Fnac	45	47	58	150
4º	Vodafone	42	49	56	147
5º	NOS	47	41	55	143
6º	Pestana Hotels	27	40	74	141
7º	Super Bock	19	55	62	136
8º	Ikea	30	47	58	135
9º	Vila Galé	29	35	69	133
10º	TAP	9	60	61	130
11º	Peugeot Citroën	36	22	69	127
12º	EDP	45	22	57	124
12º	Santander Totta	13	48	63	124
13º	Volkswagen	37	35	51	123
14º	Sumol Compal	12	36	63	111
14º	Zara	22	23	66	111
15º	BPI	22	31	56	109
15º	Fidelidade	34	16	59	109
16º	Audi	7	38	63	108
17º	Sagres	17	18	60	95
18º	Repsol	7	24	63	94
19º	Delta	8	17	62	87
20º	Liberty Seguros	9	15	62	86
21º	Galp	16	9	53	78
22º	Endesa	21	1	52	74

Fonte: Digital Index Portugal 2017, Llorente & Cuenca

CISCO

A Cisco procurou utilizar o marketing de influência para gerar mais vendas. Desenvolveu a campanha "*Cisco Champions Program*", oferecendo incentivos à sua comunidade de peritos e amantes da marca (*champions*), traduzidos em formação gratuita, acesso a novos produtos. Em contrapartida, pede a essa comunidades que partilhem as suas histórias e experiências, como os sistemas da marca, nas suas redes sociais.

Esta campanha teve um êxito considerável, pelos milhares de partilhas efectuadas no Twitter e Facebook.

HEINEKEN

A marca tem aproveitado, por exemplo, situações de conflito internacional, para agregar pessoas em torno da discussão, à volta de umas cervejas.

Tem, assim, criado conteúdos que provocam um envolvimento emocional com os seus seguidores, trazendo à marca a discussão de temas com preocupação social, tornando-o mais relevante em termos sociais.

Numa dessas campanhas, juntou algumas pessoas com pontos de vista totalmente opostos, dando-lhes a oportunidade de se sentarem a discutir o tema *sitting for a beer*.

O vídeo produzido foi divulgado – *Open your world. Coming together despite the tension*", tendo tido mais de 138 000 partilhas, com cerca de 18 milhões de *views*, tendo também provocado um efeito alargado de PR em diversos media.

LICOR BEIRÃO

O Licor Beirão desenvolveu a campanha "We're sorry Harry Kane". O avançado da selecção inglesa foi atingido por Bruno Alves, num jogo de preparação da seleção portuguesa para o Euro 2016. Este momento coincidiu com a passagem da marca nos placards publicitários do estádio. A marca aproveitou a situação, pedindo desculpa ao visado, convidando o jogador inglês a desfrutar de uma outra forma de saborear Portugal, através de um Licor Beirão.

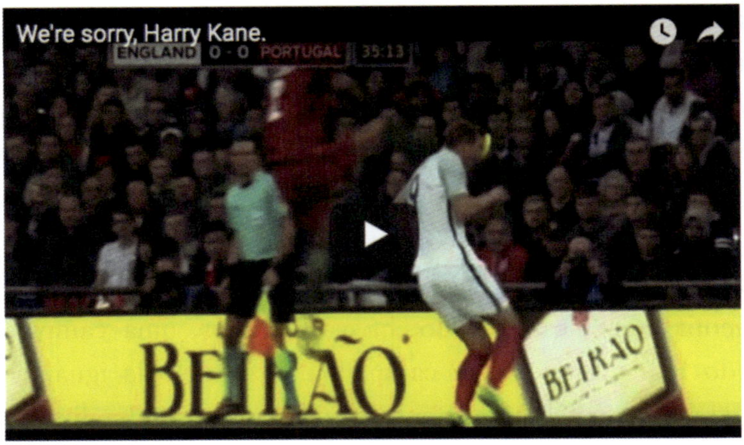

Este spot foi um dos mais partilhados nas redes sociais em todo mundo.

SEPHORA

A Sephora produziu, para uma das suas últimas campanhas, uma app que combina realidade aumentada com inteligência artificial, para possibilitar aos seus utilizadores, experimentarem diversos *make-ups*, que podem encontrar online ou nas lojas.

Os utilizadores podem obter sugestões e recomendações, nesta app e, se entenderem, terem acesso directo à loja online para efectuarem a compra de algumas das sugestões obtidas.

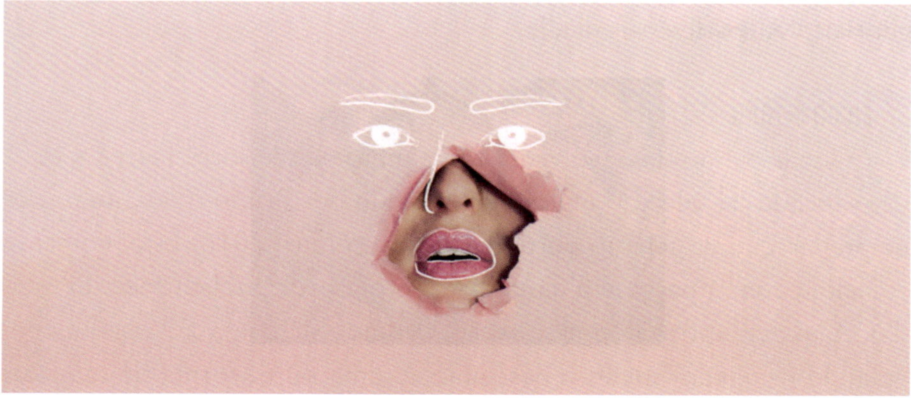

A marca reporta que esta estratégia tem sido muito bem sucedida, tendo-se registado mais de 8,5 milhões de visitas tendo, segundo a mesma, os clientes experimentado mais de 200 milhões de sombras.

Este exemplo demonstra que os clientes querem, cada vez mais, experimentar os produtos antes de os usar neste caso ajudados com uma plataforma que apoia a sua decisão.

SPOTIFY

A Spotify tem desenvolvido, há vários anos, uma campanha por altura do Fim do Ano. Esta campanha, desenvolvida igualmente em 2017, expressa também fisicamente em outdoors, partilha diversas frases de humor, e de registo de expressões usadas online pelos seus clientes, no que se refere às desejadas resoluções de novo ano das pessoas, em mais de catorze mercados no mundo.

O objectivo é também propiciar às comunidades digitais a fisicalidade do ambiente outdoor.

DISNEY

A marca fornece aos visitantes dos parques, hotéis e viagens de cruzeiros – *The Magic Band* – uma pulseira digital lançada em 2014 que, detendo informações pessoais do utilizador, disponibiliza diversas experiências aos utilizadores: tratar o hóspede pelo nome; abrir a porta do quarto do hotel; ter o almoço na mesa quando chega ao restaurante; efectuar compras.

IKEA

A solução 3D, de Realidade Aumentada, *Ikea Home Planner* permite escolher o mobiliário pretendido, ajustando-os ao espaço disponível, permitindo diversas simulações.

A empresa criou, em 2015, o *Space 10 Innovation Lab*, uma unidade de investigação para o desenvolvimento de produtos do futuro, com a preocupação da sustentabilidade. Esta unidade tem vindo a desenvolver soluções para o interior dos *self-driving cars*, espaços de *co-working*, espaços de entretenimento e produtos destinados às casas inteligentes. O processo insere-se no projecto de transformação digital do IKEA.

IGREJA ANGLICANA

Alexa Skill é uma solução disponibilizada pela igreja inglesa para apoiar as pessoas a encontrar as igrejas mais próximas, informação sobre figuras da igreja e sobre a Cristandade.

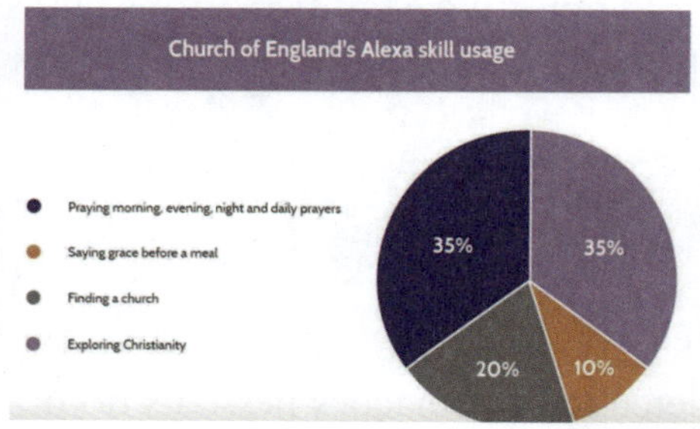

A igreja ganhou em 2018, no âmbito dos *Digital Impact Awards*, cinco prémios, para a melhor app, website, melhor uso dos media sociais e melhor uso do digital, através da solução da Amazon.

TESLA

Não obstante ser uma marca relativamente nova, a Tesla tem disputado a liderança a nível das redes sociais, batendo-se e, por vezes, suprindo a Audi e a BMW ou a Ferrari.

Curiosamente a marca atinge estes objectivos, não produzindo mais que 4 tweets por mês (interessante ver "Silêncio como capital do futuro", de Marta Oliveira, in "O marketing em Portugal", 2017).

Não é, contudo, estranho a esta situação o facto do CEO, Elon Musk, ter mais de 20 milhões de seguidores no Twitter. Musk, assume assim uma postura transparente, humanizadora da marca que criou.

A marca edita diversos *livestream events*, assumindo-se como uma marca *hype*, onde está presente, provocando um maior envolvimento dos seus clientes e seguidores e gerando conversação, entre amigos e outros.

10.5. Storytelling

"O *storytelling consiste na* concepção de uma determinada narrativa, com a capacidade de contar histórias relevantes sobre uma dada marca, ambiente, ou produto, a um determinado alvo que se quer atingir. Pode

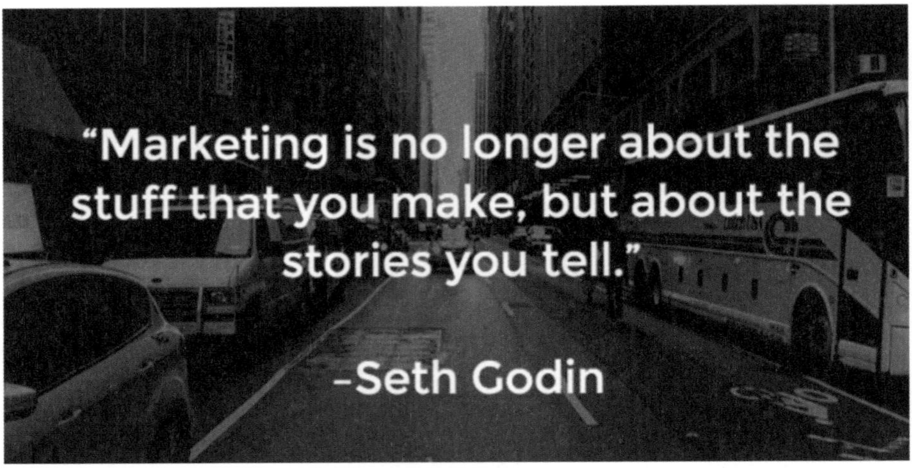

utilizar **palavras ou recursos audiovisuais para "contar uma história"**. (Oliveira, 2017)

O *storytelling* e, no geral na elaboração e gestão de conteúdos, é uma forma usada na publicidade e na comunicação para transmitir uma mensagem, não de forma unilateral, mas que provoque um envolvimento cognitivo e emocional, que faça o destinatário sentir empatia com os valores da marca em questão (*pull*).

Conta-se uma história da marca, uma partilha de um ambiente em que a marca possa estar, directa ou indirectamente, presente, de alguma forma relevante para o receptor, que lhe desperte a curiosidade, que lhe possa despertar uma maior proximidade ou reacções emocionais positivas, que o mesmo relacione com a marca em questão. Os ingredientes a usar podem ser, assim, mistério, suspense, intimidade, conflito, emoção, acção, com o objectivo de informar, entreter, encantar, envolver, comunicar.

O storytelling/a narrativa, só é eficaz se considerar que do lado do receptor não está só "o consumidor", mas está "o ser humano", em toda a sua complexidade holística. O que determina as reacções do mesmo, são a sua complexidade emocional e racional global e não a sua particular faceta "de consumidor" ou "cliente".

JOHN LEWIS

A marca John Lewis, retalhista britância, apresenta anualmente na altura do Natal, campanhas criativamente interessantes, em que o storytelling assume sempre um papel de relevo.

Em 2017, o filme da campanha baseia-se na história de uma criança de 7 anos, que não consegue dormir devido a um simpático "monstro", Moz, que ressona debaixo da sua cama. A criança sofre acordada durante muitas noites, até que uma noite Moz faz um som fora do normal.

Joe olha debaixo da cama e vê a grande criatura, de cabelo comprido, com grandes olhos e um volumoso nariz, a olhar para ele, e recolhe à cama com receio.

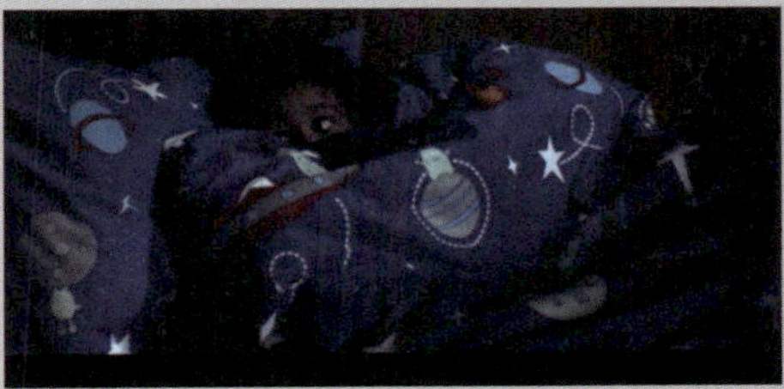

Contudo, rapidamente se tornam amigos. Moz mantém-se escondido no quarto de Joe, e acabam por brincar os dois.

A partir daí, Joe dificilmente consegue ficar acordado durante o dia, adormecendo a jogar futebol, ou na escola a fezer os seus trabalhos, sempre a imaginar o seu novo amigo.

Contudo Moz parte, mas deixa uma prenda na árvore de Natal, um candeeiro com forma de globo. Joe acende o candeeiro e ouve o som familiar do seu amigo a ressonar. Rindo, percebe que consegue trazer o seu amigo de volta, sempre que pensa nele.

O pack shot da marca, referindo-se ao department store John Lewis, acentua "prendas que iluminam o mundo".

Com este tipo de campanhas a marca tem atingido resultados vencedores, tendo as suas vendas aumentado mais de um terço, nos últimos quatro anos. As campanhas da marca constituem já verdadeiros ícones da comunicação sendo aguardadas, com curiosidade, em cada ano.

LESSONS TO LEARN:

- Storytelling é a transformação das realidades em narrativas com capacidade de atrair a atenção e o interesse dos alvos de uma marca.
- Não basta contar uma história. É necessário que essa história emocione, faça rir, faça chorar, faça pensar, que seja, se possível, inesquecível, que marque a vida das pessoas, que as mobilize, que as convença de algum ponto de vista.
- Só as melhores histórias, as mais bem contadas, mais estruturadas, as que fazem mais sentido, que dizem mais coisas relevantes, é que conseguem cativar a atenção das pessoas.

10.6. Brand experiences. Da economia do produto à economia da experiência

Na era da Revolução Industrial, o mercado caracterizava-se pela produção de massa e pelo desenvolvimento de técnicas comerciais que impulsionassem as vendas. Produzia-se em escala, inovando, lançando produtos que iam satisfazer necessidades existentes no mercado.

À medida que se aumentava a produtividade e a produção, surge a necessidade de diferenciação, da criação de marcas que fizessem a diferença e atraíssem os consumidores, num ambiente de oferta elevada e de procura dinâmica.

O mundo fica povoado de marcas, cada vez mais com dificuldade de percepção diferenciada pelos consumidores. Particularmente a partir da década de 90, começa a surgir a economia da experiência.

Algumas marcas mais dinâmicas, percebem que não basta satisfazer as necessidades funcionais dos seus clientes, mas também as suas necessidades emocionais mais subjectivas. Para isso e dadas as características de reacção e comportamento humano, as marcas começam a entender a necessidade de provocar experiências positivas e memoráveis, junto dos mesmos.

Experimentação de produtos – *tryvertising* – eventos, no local de venda e em outros meios, ofertas e premiação/surpresa, situações que não só satisfizessem os seus clientes, mas que os surpreendessem.

Tudo isto, tem conduzido a que o consumidor se começou a habituar a este tipo de desafios, que lhes provocam uma relação mais forte com as marcas que preferem. Por isso, criando situações que mais o surpreendam, a utilização da virtualidade, através da Inteligência Artificial e da Realidade Aumentada, projectando situações, em que a realidade se mistura com o virtual, criando experiências únicas e de vontade de repetição.

As emoções constituem as pedras de toque da relevância pessoal.
António Damásio

Como referido anteriormente, o consumidor não exige unicamente um produto que satisfaça as suas necessidades funcionais, mas que também lhe traga algo mais, que lhe provoque experiências emocionais positivas.

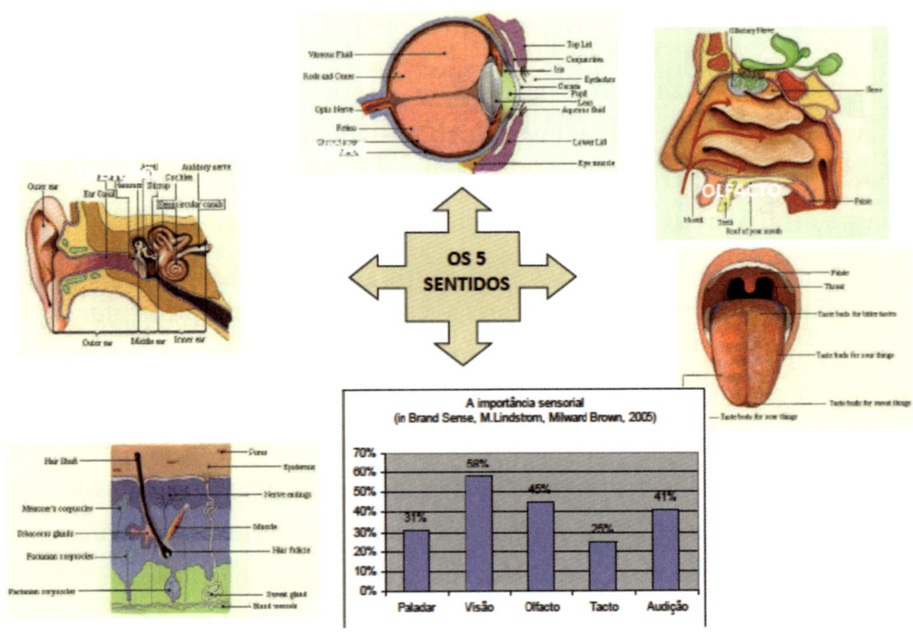

Compreendendo este comportamento humano, têm de procurar criar situações que surpreendam positivamente os seus clientes, em experiências memoráveis que as desejem voltar a ter.

Procurando causar esses efeitos, torna-se mais eficaz tentar atingir os diversos sentidos do ser humano, a visão, o paladar, o tacto, o olfacto e a audição, de tal forma que uma área especializada do marketing, em colaboração com outras áreas científicas, tem vindo a ser desenvolvida, o marketing sensorial.

VISÃO

Assume especial relevância a apresentação e o design da loja, o merchandising, a iluminação, o conforto e a atracção visual do cliente. Algumas marcas começam a usar soluções de Realidade Aumentada, por exemplo, permitindo a inserção virtual da pessoa num determinado espaço – casa, rua, cidade – simulando a figuração de uma dada peça de vestuário, sem a necessidade de a vestir (Zara, Fly London). Outras soluções de Inteligência Artificial são igualmente utilizadas.

PALADAR

Já é comum o uso de provas de produtos alimentares e bebidas, para atrair o consumidor no local de venda, o designado *tryvertising*. Algumas marcas servem também refeições e café, com o objectivo de atrair os seus clientes (Lanidor)

TACTO

A concepção de áreas de acolhimento e relaxamento nas lojas, com música ambiente, disponibilizando sofás e ambientes, não só agradáveis à vista, como agradáveis ao toque, vindo igualmente a ser utilizado por algumas marcas de retalho (Sacoor).

OLFACTO

Tendo-se concluído que o olfacto constitui um dos factores mais significativos na memorização, diversas marcas têm vindo a colocar difusores de cheiro de diversos aromas nas suas lojas.

A Nike refere que, por ter colocado difusores de aromas de flores em determinados locais de venda, estas terão aumentado cerca de 80%. A Zara Home, a Uterque e o Maximo Dutti, de entre outras, também utilizam estas técnicas.

AUDIÇÃO

A utilização de música ambiente, de sons de água corrente, a combinação de sons musicais com sons da natureza, têm vindo a demonstrar a sua eficácia, na permanência dos clientes nas lojas, ou na melhoria das condições de espera em determinados locais, como o caso utilizado no Aeroporto de Glasgow.

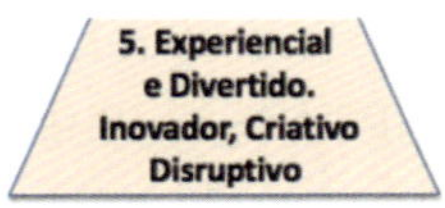

*"Contem-me....................
que eu esquecerei*

*Ensinem-me....................
que eu talvez possa recordar*

***Envolvam-me..................
que eu compreenderei"***

Benjamin Franklin, Séc XVIII ?

Xun Kuang, séc. IV ?

A COMUNICAÇÃO E A DECISÃO EMOCIONAL

85% das decisões de consumo são de origem emocional e a nível do sub-consciente

"A diferença essencial entre emoção e razão é que a primeira leva à acção e a segunda a conclusões"

Donald Calne, neurologista

No âmbito da gestão da marca, o Marketing Experiencial, envolve uma gestão integrada e holística da marca, conducente à criação de experiências emocionais nos consumidores ou clientes, tendo de ser assegurada a coerência necessária em todos os pontos de contacto, de forma a suscitar e potenciar uma recordação agradável.

O processo pode ser optimizado, se passar por uma adequada segmentação comportamental, selecção e optimização dos alvos, de forma a que as experiências criadas – à partida tendo em atenção esses comportamentos e expectativas – venham a ser, de facto, relevantes para esses consumidores, de modo a poderem ter uma maior probabilidade de êxito posterior, mensurável e tradutível em compras efectivas.

A presença da preocupação experiencial é já latente em formas de comunicação/campanhas e lojas de algumas marcas, em que se pretende principalmente reflectir ambientes e não propostas comerciais de hard-selling (Nike Stores, Sephora, Apple), ou na disponibilidade de serviços de uma forma diferente e que surpreenda os utilizadores (ver Oliveira, 2017).

A relevância do valor emocional da Marca

O branding é essencialmente emocional e psicológico. Tem a ver com crenças, com a interiorização dos valores das marcas, com as experiências interrelacionais havidas anteriormente com elas, expressos em modelos mentais ou networks neurais, com os quais as pessoas constroem diversas associações, ou impressões sensoriais e emocionais, com uma empresa ou uma marca.

Sabendo-se que as vantagens comparativas dos produtos são temporárias e cada vez mais indiferenciadas e que qualquer processo de fidelização se baseia nas marcas e não nos produtos, então a receita de sucesso passa pela construção, de uma *Unique Emotional Value Proposition*, UEVP (Hill, 2007), que possa impactar "emocionalmente" o potencial comprador. Esta UEVP traduz-se no facto de como os produtos estão "comodotizados", há que acrescentar "valor emocional" à oferta, através dos valores, das características e do ADN da marca.

Com a neurociência e a economia comportamental demonstram, muitas vezes as pessoas não fazem escolhas lógicas. Em alternativa, reagem às suas respostas emocionais e justificam posteriormente essas decisões usando "álibis racionais" (Hill, 2007).

Uma nova pirâmide de valor de respostas emocionais pode ser construída.

Um consumidor avalia a oferta de mercado pelas experiências que ela lhe possa proporcionar e se forem positivas e relevantes, ele "investe" emocionalmente nessa marca criando uma verdadeira barreira à concorrência.

O único aspecto negativo no processo de escolha ou adesão a uma nova marca, é o da aversão ao risco. Segundo LeDoux (2003), "*as emoções negativas estão ligadas à sobrevivência e são muito mais fortes que as positivas*". As pessoas sentem uma dor maior pela perda que o prazer que têm com o ganho, desenvolvendo assim alguma aversão ao risco.

Há que então avaliar cada oferta, em especial a sua coerência com a identidade da marca e os possíveis impactos que poderão ter sobre os seus seguidores e clientes.

LESSONS TO LEARN:

- A receita de sucesso para uma marca, passa pela construção de uma UEVP, "*Unique Emotional Selling Proposition*" (Hill, 2007), que possa verdadeiramente impactar emocionalmente o potencial comprador.
- Um consumidor avalia a oferta de mercado pelas experiências que as marcas lhe possam proporcionar, se elas forem positivas e

relevantes ele "investe" emocionalmente nessa marca criando uma verdadeira barreira à concorrência.

- O *branding* é essencialmente emocional e psicológico. Tem a ver com crenças, com a interiorização dos valores das marcas, com as experiências interrelacionais havidas anteriormente com elas.

Experiências de marca

Disney – Espalhando magia

O maior activo da Disney é a "magia", que se traduz em todos os espaços, publicações e filmes da marca.

Por exemplo, com as suas iniciativas para as férias, como nos cruzeiros que organiza, a marca promove a magia como ambiente e *lifestyle*. Os parques temáticos materializam essa magia, para as crianças e adultos, através das experiências únicas que podem viver nas diversas soluções apresentadas.

As crianças acreditam estar com o Mickey ou o Pato Donald, quando se cruzam com as figuras caracterizadas que povoam esses parques; acreditam estar a viver esse mundo mágico, quando entram num dos divertimentos disponíveis; acreditam ser personagens de cinema, quando assistem a uma simulação dos cenários e ambientes dos seus filmes preferidos.

COCA COLA – A marca da alegria

Afirmam os responsáveis da marca que o seu negócio é "espalhar sorrisos e alegria, todos os dias, em todo o mundo". A marca, sempre inovadora, tem vindo a lançar novas experiências que atraiam os seus clientes e consigam atrair novos.

Uma das campanhas com maior impacto da marca focava a "máquina da felicidade", simulando, num vídeo animado, uma fábrica onde dominava a alegria e era produzida a Coca Cola.

A Coca Cola lançou uma *vending machine* que permite ao cliente decidir que ingredientes quer adicionar na sua bebida: pode ser baunilha, xarope e até cafeína. E isso faz com que o serviço se torne uma experiência, diferente do consumo simples de uma qualquer bebida.

H&M – Upsale

A H&M está a desenvolver, na Suécia, um novo conceito de experiência para os seus clientes, apresentando colecções limitadas, café e aulas de yoga, entre outras actividades (Business Insider, 2018).

A *concept store* apresenta uma selecção alargada dos artigos mais caros da marca, Premium Quality e Trend, sendo a decoração do ambiente da loja mais luxuoso do que as restantes.

NIKE – Just do it

A Nike compilou diversas informações das compras online, para ajustar os stocks da sua nova loja de Los Angeles, aberta em 2018, aos hábitos de compra dos seus clientes.

A marca pretende, assim, conjugar e testar a procura online com a oferta offline do novo espaço Melrose, podendo vir a fazer o *roll out* da solução.

Nike, by Melrose

Os clientes podem usar a app de retalho da marca para "scannerizar" os códigos de barras dos produtos, obtendo informação sobre os mesmos, incluindo conhecer a eventual existência desses produtos na loja. A Nike está, também, a introduzir outras facilidades para os clientes nas lojas, como cofres susceptíveis de ser abertos com smartphone.

Na sequência da Melrose, a marca inaugurou na 5th Avenue, em Nova Iorque, em 2018, a sua nova *flagship store*, a *Nike House of Innovation 000* onde, em seis pisos e 22 000 m^2, combinando meios digitais e físicos, proporciona um novo ambiente experiencial aos seus clientes.

A loja é modular, com paredes amovíveis, permitindo diversas configurações e eventos. Os clientes podem interagir com os expositors, através de duas apps – Nike app e Nike Plus – permitindo um *instant check out* e o *shop the look* onde, através da leitura por um smartphone de códigos QR dos manequins, se pode obter toda a informação sobre o exposto e a respective encomenda.

Os clientes *Nike Plus* dispõem, ainda de um lobby exclusivo.

AMAZON GO

Mais um exemplo de marcas online que estão a procurar entrar nas lojas físicas é a Amazon Go, aberta em Seattle.

A Amazon Go constitui uma experiência "*just walk out*", que utiliza sensores, câmeras e leitores de cartões, para seguir e registar as compras efectuadas na loja. A solução elimina os registos físicos de *check out*, com a consequente eliminação das filas na loja.

A marca abriu mais lojas, em Seattle, Chicago, prevendo abrir em Nova Iorque e S. Francisco, pretendendo abrir até 3 000, até 2021.

Destas experiências se pode concluir que os consumidores, não obstante o crescimento constant do comércio electrónico, continuam a dar relevo, e muitos ainda a preferir, o comércio físico, de onde se pode concluir uma tendência para o comércio de retalho, de tal forma que a Deloitte Consulting, fala em "*retail renaissance*", pela introdução da tecnologia e utilização de dados no comércio físico.

10.7. Influenciadores e endorsers

Os influenciadores, *endorsers*, são um dos meios que as marcas, desde sempre, utilizam para tentar persuadir os seus alvos a experimentarem as suas marcas, a comprar os seus produtos.

As marcas procuram grandes figuras públicas, que atraem maiores audiências, para seus *endorsers*, desportistas, actores de cinema, outras figuras públicas estão, normalmente, entre essas escolhas.

A campanha "Portugal sou eu", lançada em 2016, utilizou em ambiente offline diversos "embaixadores", como Nelson Évora, Carlos Coelho, Fátima Lopes, Henrique Sá Pessoa e Cuca Roseta.

Um "embaixador" de uma marca é uma pessoa escolhida para ser a sua imagem, representá-la em eventos e nos media. São pessoas com audiências elevadas, assumindo valores e estilos de vida coerentes com a marca. Normalmente, são chamados para testar novos produtos e campanhas.

Como é conhecido, Cristiano Ronaldo tem-se apresentado igualmente como embaixador de diversas marcas, como a Nike, Sacoor, Tag Heuer; Hailey Baldwin da L'Oréal; Karlie Kloss da Swarovski; Julia Roberts da Caledonia.

Os meios digitais vieram introduzir uma nova dinâmica neste âmbito, em particular pela ascensão de diversas pessoas que, não sendo figuras públicas, conseguem atingir um nível de audiência apreciável, por vezes de grande dimensão.

Algumas marcas começaram também a utilizar influenciadores digitais. Estes novos influenciadores digitais são consequência da definição de "Personas", que se adequem perfeitamente aos alvos desejados por estas marcas

Um dos casos conhecidos é o da modelo Shudu Gram, sul africana – 140 000 seguidores no Instagram – criada para a Fenty Beauty, marca de cosméticos da cantora Rihanna, a primeira supermodelo digital do mundo.

Uma outra personagem digital já famosa é Miquela Sousa, brasileira-americana, com campanhas já efectuadas para a Supreme, Prada e Diesel. A sua conta no Instagram tem mais de 1,4 milhões de seguidores.

A utilização de modelos digitais tem sido, também, conjugada com Avatars, como o caso do Avatar de Ajur Akoi, uma sudanesa que vive na Austrália, que foi utilizada conjuntamente com a digital Shudu.

Os influenciadores – digitais ou reais – constituem um meio para algumas marcas atingirem mais cirurgicamente os seus alvos.

Influenciadores digitais são, como se passou a designar, *Bloggers, Vlogers, Instagrammers, Youtubers*, cujos conteúdos divulgados atingiram um nível de popularidade e "celebridade", que os leva a ter um conjunto de seguidores fiéis, relativamente influenciáveis por esses seus "ídolos", podendo assim constituir importantes *endorsers* para as marcas.

Diária ou regularmente publicam conteúdos, do que fazem, do que gostam, onde estiveram, desenvolvendo narrativas diárias da sua actividade, recolhendo um nível de atenção e seguimento apreciável. Tornam-se novos ídolos que levam os seus seguidores a querer fazer, usar, ir, onde esses influenciadores vão e usam.

As marcas atentas a estes movimentos, têm/podem utilizar este novo meio digital para propagar as suas mensagens, normalmente de produtos que, devidamente segmentada a audiência vão atingir, directamente em comunicação, os alvos desejados.

A moda e os produtos de beleza, cosméticos, nutrição, lifestyle, são a área com maior peso neste domínio, experimentando os influenciadores essas marcas e expressando a sua opinião, supostamente independente, através dos meios digitais.

Há diversos tipos de influenciadores, com diferentes níveis de audiência, uns maiores outros menores mas que, mesmo assim, devido à sua especificidade, podem trazer eficácia e foco à comunicação de certas marcas. Têm um número elevado de seguidores, por exemplo, os blogs "A Pipoca Mais Doce" (lançado em 2004, por Ana Garcia Martins, "O Blog da Carlota", "French Fries", "JoãoCajuda.com" (relato de viagens e, posteriormente, sua organização e participação), "Poupadinha" (com conselhos de poupança) ou os Youtubers, SirKazzio (quase 4 milhões de seguidores), FerOmOnas.

A actividade ao crescer foi adquirindo um grau de maior especialização, existindo já a agências especializadas e agências de bloggers que orientam as marcas nos seus processos de escolha.

Os influenciadores não se assumem como vendedores das marcas, sendo a sua actividade, como se designa, de influenciadores e persuasores dos seus seguidores. Assume especial relevância, não só o número de seguidores, mas o nível de interacção com os mesmos, porque isso é que vai determinar o envolvimento e a potencial eficácia da comunicação.

Os influenciadores podem desempenhar diversos papéis para as marcas: participantes em campanhas de comunicação e divulgação; em processos de activação, ou embaixadores das mesmas, os quais assumem um papel de mais longo prazo, de verdadeiros porta-vozes dessas marcas.

Existem múltiplos exemplos de utilização, por parte de marcas portuguesas e/ou operam em Portugal, de influenciadores nas suas campanhas de comunicação.

Não particularmente no campo digital mas, como exemplo, a Microsoft Portugal já utilizou, mais do que uma vez, influenciadores para as suas campanhas. Recentemente, para os seus produtos *Surface Book 2, Surface Pro e Surface Laptop*, lançou a campanha *#CreateYourOwnSuccess*, na qual diversos profissionais demonstram como esses produtos contribuíram para o seu secesso profissional.

Maria Guedes – Blog Stylista e João Cajuda – Blogger de Viagens

A Nespresso Portugal convidou, em 2017, diversos influenciadores digitais para a campanha "O seu Nespresso sempre à mão", em que eles partilhavam as suas experiências pessoais com aquela marca de café.

A Clinique desenvolveu a campanha "Clinique Girls", através de três influenciadoras digitais.

A Worten lançou em 2017 a plataforma *Worten Game Ring*, onde disponibilizam experiências de gaming, tendo usado quatro Youtubers na divulgação dessa plataforma. Na *Lisboa Games Week*, um desses YouTubers dinamizou o espaço do evento.

10.8. Fãs e tribos. Comunidades. Culto e religião das marcas

Atitudes perante a marca

> *If people believe they share values with a company, they will stay loyal to the brand*
>
> Howard Schultz, ex-CEO Starbucks

Os consumidores podem ter diversas atitudes perante uma marca, desde o desconhecimento da mesma até ao patamar mais elevado de apóstolos da mesma. Há que ter conhecimento da fase em que se encontram os mesmos, de forma a lançar as acções que conduzam aos melhores resultados.

ATITUDES PERANTE A MARCA

1. **Apóstolos**
2. **Lealdade**
3. **Preferência**
4. **Indiferença**
5. **Rejeição**
6. **Reconhecimento**
7. **Desconhecimento**

Caso se encontrem dentro do alvo pretendido pela marca, do nível mais baixo até ao mais alto, há que desenvolver diversas acções, consoante o nível a que o consumidor se encontre:

1. Desconhecimento – Divulgar e interagir, através dos meios de comunicação e interacção disponíveis, online e offline.
2. Reconhecimento – Caso se entenda que é relevante para o alvo, divulgar os principais aspectos identitários da marca.
3. Rejeição – não haverá muito a fazer. Provavelmente, os produtos e a marca não serão relevantes para quem a rejeita.
4. Indiferença – Tentar perceber a que se deve a indiferença, se não consideram a marca suficientemente diferente e relevante, se não apreciam os seus produtos.
5. Preferência – Incentivar a relação de forma a que se transformem em clientes fiéis.
6. Lealdade – Recompensar a lealdade, fazendo propostas e promoções únicas ou, pelo menos, dando uma preferência temporal a esses clientes. Por exemplo, proposta exclusiva num determinado número inicial de dias.
7. Apóstolos – Criar ofertas e experiências únicas para esses fãs. Informá-los com antecedência do lançamento de novos produtos; criar, se possível, eventos destinados a eles.

De entre aqueles que já se encontrem envolvidos com a marca, há a distinguir diversos estádios. Estes consumidores ou clientes, poderão constituir o maior activo na defesa da marca e na venda dos seus produtos. Se se sentem envolvidos com a marca, constituirão um factor muito relevante no *word-of-mouth*, na promoção da marca sem custos para a mesma. Para além disso, atendendo ao comportamento actual dos consumidores, terão uma maior audiência e mais aceitável, do que a própria comunicação directa da marca para o mercado.

Naturalmente que todas as marcas desejariam atingir o estádio mais elevado, o dos clientes apaixonados, mas isso não será certamente possível para todas, o que não deve impedir que se ponham em prática, medidas diversas consoante o estádio.

Com os meios actuais de conhecimento individual dos clientes, as marcas que recolhem informação, que tenham sistemas de CRM, que processem essa mesma informação dos seus clientes, podem desenhar respostas automatizadas para cada um dos níveis em que os seus clientes se encontrem.

1. **ENVOLVIDOS**: Procuram informação; Fazem Tags; Subscrevem informação.
2. **PARTICIPANTES**: Fazem networking; Adicionam amigos; Partilham informação; Conversam; Interagem.
3. **COMETIDOS**: Comentam; Influenciam; Defendem.
4. **APAIXONADOS**: Dinamizam comunidades; Fazem podcasts; Cocriam; Defendem a marca como se fosse deles.

"Brands are the new religion, people turn to them for meaning. The brands that are succeeding are the ones which convert people to their way of thinking"

Jim Williams
Director de Estratégia
para a Europa, Y&R

"...Oito consumidores tinham sido convidados a partilhar os seus sentimentos a respeito de uma conhecida marca de sapatilhas.

Todos tinham manifestado o tipo de intensa convicção que se imaginaria só possível num encontro religioso ou num lugar de culto.

A sua linguagem era evangélica, o seu fervor estava no limite do fanatismo.
Eles tinham-se convertido!"

(Observado num gabinete de estudos de mercado em Nova Iorque)
in, Atkin, Douglas - "O culto das marcas", 2008

All you need is love. Os Fãs e as Marcas

Existem algumas semelhanças entre o amor e a paixão que se pode desencadear entre duas pessoas, e a paixão que algumas pessoas têm por certas marcas.

A paixão caracteriza-se por uma intensidade emotiva, forte, de entrega de tudo o que se tem de bom ao outro. Representa a dádiva total de si próprio, do subvalorizar aquilo que se gosta em favor do agrado ao parceiro, do pensar "ele" ou "ela" antes de pensar "eu", da entrega total à paixão, da realização pessoal pela realização do outro, da "cegueira da razão" perante a riqueza "do coração".

A relação entre uma pessoa e a marca apresenta algumas semelhanças com esta situação, em especial no que se refere a algumas delas.

O fã e o apóstolo da marca, tem perante ela atitudes e comportamentos como se ela fizesse parte integrante da sua vida e da sua realização enquanto pessoa. Algumas "tribos" constituem-se em torno de certas marcas, como a Harley Davidson ou a Apple. Um verdadeiro fã da Harley Davidson (HD) dispõe-se a fazer e exibir tatuagens da sua marca adorada em todo o seu corpo, de andar centenas ou mesmo milhares de quilómetros para se reunir e festejar com os seus pares, para eles a HD não é uma moto é uma Harley! Para um fã da Apple, um PC é um PC e um Mac é uma coisa diferente, é "um Mac".

Alguns fãs – apaixonados – acabam por exercer um verdadeiro culto pela marca que adoram, tornando-se verdadeiros crentes da "verdade" que as marcas propagam como se de uma religião se tratasse (Douglas, Atkin, 2004). Afirma Jim Williams, ao momento director de estratégia para a Europa da Young & Rubicam, "*Brands are the new religion. People turn to them for meaning. The brands that are succeeding are the ones which convert people to their way of thinking*".

É exemplo desta situação o observado num gabinete de estudos de mercado, em Nova Iorque, em 2008, numa sessão-painel encomendado por uma conhecida marca: "*...oito consumidores tinham sido convidados a partilhar os seus sentimentos a respeito de uma conhecida marca* *de sapatilhas. Todos tinham manifestado o tipo de intensa convicção que se imaginaria só possível num encontro religioso ou num lugar de culto. A sua linguagem era evangélica, o seu fervor estava no limite do fanatismo...Eles tinham-se convertido!"* Tratava-se da Nike!

O verdadeiro fã, à semelhança do apaixonado, tem o seu coração e a sua mente aberta a todas as propostas da marca amada. Ele está sempre disposto a aceitar todas as suas inovações, todas as suas propostas, todos os seus produtos. A marca faz parte integrante da sua vida. A marca, neste domínio e junto dos seus fãs – à semelhança dos seres humanos – só tem então de manter viva a chama da paixão, dos seus valores, da sua personalidade. A coerência da gestão destes princípios será factor necessário e talvez suficiente, para manter a adesão, a chama da paixão e o amor dos seus fãs.

Se a gestão da paixão e do amor entre duas pessoas pressupõe a capacidade de manter essa chama viva, dando atenção ao detalhe às reacções do parceiro perante si, garantindo o prazer continuado, o reconhecimento, a satisfação do parceiro assim como a sua própria auto-satisfação, a gestão da paixão de um consumidor por uma marca depende também da capacidade que a marca tenha de manter viva essa chama, não ter comportamentos que surpreendam pela negativa e desapontem os seus fãs.

Exemplificando, a Disney tem no mercado uma imagem de qualidade, de família, pedagógica, de entretenimento. O que aconteceria se a Disney resolvesse realizar um qualquer filme em que esses valores fossem postos em causa, imagine-se a realização de um filme de sexo! Seria o descrédito total, a destruição da marca.

Uma relação de amor pressupõe a existência de um conjunto de expectativas em relação ao outro. A relação de um fã com uma marca pressupõe igualmente uma expectativa em relação ao seu comportamento. Da Apple, espera-se não conformismo, qualidade, design, inovação, liderança. Em consequência, estas expectativas ou são cumpridas ou poderão levar à desilusão, ao desamor, tal qual numa relação amorosa entre dois humanos.

A força que algumas marcas têm, os valores que pretendem transmitir e os *lifestyle* que induzem, até a nível comportamental dos cidadãos sobrepõe-se, por vezes, a características e aspectos que mesmo certas arreigadas raízes culturais não conseguem impedir.

LESSONS TO LEARN:

- Existem semelhanças entre o amor e a paixão que se pode desencadear entre duas pessoas, e a paixão que algumas pessoas têm sobre certas marcas.
- O fã e apóstolo de uma marca, tem perante ela atitudes e comportamentos como se ela fizesse parte integrante da sua vida e da sua realização enquanto pessoa.
- Alguns fãs – apaixonados – acabam por exercer um verdadeiro "culto" pela marca que adoram, tornando-se verdadeiros crentes da "verdade" que as marcas propagam como se de uma religião se tratasse.
- A relação de um fã com uma marca pressupõe expectativas, em relação ao seu "habitual" comportamento.
- A marca tem de manter, junto dos seus fãs – à semelhança dos seres humanos – a chama da paixão, dos seus valores, da sua personalidade.

3 MARCAS ÍCONES DO SÉC. XX

Fiat 500, Vespa e Mini. Todos as reconhecem como automóveis e scooters. São isso, mas são muito mais (Oliveira, 2017).

Para além de veículos motorizados e de transporte, estas três marcas são verdadeiros ícones da sociedade actual e um excelente exemplo de sucesso na gestão de marcas.

Comecemos pelo "produto". Em contextos nacionais e diferentes, todos os produtos destas marcas surgiram como solução ao aumento crescente da mobilidade, à vida citadina e seus constrangimentos, de deslocação, de estacionamento, de consumo.

O "Cinquecento" foi lançado em Itália, em 1957 e foi produzido até 1975. Anos mais tarde, foi "ressuscitado" em Turim, no ano de 2007. Na ocasião do lançamento, Sergio Marchionne, Presidente Mundial da marca, afirmou que "o novo 500 seria o iPod da indústria automóvel". E acertou! Passados dez anos, essa decisão tem-se revelado um sucesso.

Mas será que o Fiat 500 é o melhor carro do mercado. Bom, com certeza será bom, mas certamente não foram "unicamente" as suas novas características técnicas a justificar o seu êxito.

A dada altura, muitos consumidores que tenham optado por outra marca, poder-se-ão interrogar...comprei um carro pequeno, utilitário, mas não é um Fiat 500!

Tal como tinha acontecido com os leitores de MP3. A Apple não foi a primeira marca a lançar o produto, mas a Sony. Mas a força da marca Apple, do seu design e empatia com os consumidores era/é tão forte, que as pessoas interrogavam-se ao comprar um produto da sua concorrência... "é bom, mas não é um iPod!". E a força da conduziu a se apoderar da categoria. Qualquer que seja a marca do leitor, os consumidores têm tendência a dizer "o meu iPod"... podendo ser da Apple, da Sony, ou mesmo de uma outra qualquer marca.

Ainda o caso do Fiat 500. O repescar um carro icónico dos anos 50 e 60, da *bella vita*, do ambiente romântico de glamour e do realismo e do mito italiano da paixão, a que se adiciona a modernidade técnica e de design mas, também, o gosto das actuais gerações pelas marcas *vintage* e pelo retro. Receita infalível para o sucesso da marca, que passa a constituir um "novo luxo", um elo a um passado mítico e único, mas também algo misterioso, a um sonho do passado tornado realidade pela modernidade do presente, atingindo o estatuto de um objecto de desejo.

A Vespa, fabricada pela italiana Piaggio, surge quase no mesmo momento, tendo sido lançada em 1946. Aquando do lançamento, a marca referia que "o conjunto constitui um veículo racionalizado, um motociclo confortável, que oferece protecção da lama e do pó, sem esquecer a importância da elegância, do design e do aspecto". A utilização da marca em diversos filmes de referência da história cinematográfica italiana, tem apoiado largamente a sua força junto do público constituindo um caso, de alguma forma, paralelo ao Fiat 500.

A produção da Vespa tem-se mantido, sendo o produto constantemente modernizado, mas preservando o mesmo conceito, constituindo os modelos mais antigos objectos de procura acentuada. A reacção do consumidor é semelhante ao caso anterior. E, como "a Harley Davidson não é uma mota, é uma Harley Davidson", "a Vespa é uma Vespa e não uma scooter". A marca e o modelo tornaram-se um objecto de desejo e uma marca incomparável a qualquer outra scooter.

O também automóvel icónico da cultura popular inglesa, o Mini, foi produzido pela inglesa British Motor Corporation, sob as marcas Morris e Austin, entre 1959 e 2000, tendo sido lançado sob o mesmo conceito citadino. Chegou a ser votado como o segundo carro mais influenciador do séc. XX, logo a seguir ao também famoso americano Ford T.

A BMW adquiriu a marca em 1994, redesenhou o veículo, revolucionou e modernizou totalmente o design e a técnica mantendo, no entanto, o mesmo conceito-base aspiracional da marca.

BRAND RELIGION

Lançamento do 1º iPhone

29 de Junho de 2007, dia em que o primeiro iPhone foi posto à venda.

Com a prevista falta de conexão 3G, uma câmara de fraca qualidade, a exclusividade de ligação à AT&T, um elevado preço de 600 USD, tudo isto poderia prever um nível de vendas mal sucedido, para o primeiro telemóvel da Apple.

Apesar disto, fãs excitados da Apple fazem filas, durante dias, à porta das suas lojas, com o objectivo de serem uns dos primeiros a possuir o novo *game-changing smartphone*. Uma dessas fãs, Melanie Rivera, à porta da loja da Apple de SoHo, em Nova Iorque, relatava à CNN: "É muito desconfortável estar aqui sentado nestas cadeiras. Já estivemos à chuva, mas sentimos que cada vez estamos mais perto de ter o nosso iPhone".

No dia do lançamento, alguns especulavam como é que o iPhone iria afectá-los e mudar as suas vidas. Uns pensavam que seria unicamente um telemóvel que tocava música, com alguns outros extras mas, como fãs da Apple, iriam comprá-lo de qualquer forma. Outros pensavam – muito justamente – que o novo produto seria um *game changer*. E estavam certos!

Como refere Ron Farris, CEO da Virgin Mega, "uma fila de fãs que aguardam ansiosamente a chegada de um produto de uma dada marca, constitui a corporização fisica da *brand religion*".

A experiência de antecipação é quase tão forte como o próprio produto. Não é por acaso que a estratégia de comunicação de Steve Jobs sempre se baseou no secretismo e expectativa, que levava os fãs da marca a esperarem ansiosamente, em cada ano, pelo dia 7 de Setembro, para conhecerem e terem acesso às novidades anuais que a marca iria apresentar e sobre as quais nada se sabia anteriormente.

E a Apple é uma dessa marcas que tem, em torno de si e dos seus produtos, uma verdadeira religião de seguidores e apóstolos.

Malcolm Gladwell, no seu livro *The tipping point*, refere que "as religiões não se difundem tanto pela carisma dos seus fundadores carismáticos, mas pelo envolvimento emocional dos seus seguidores, que trocam activamente ideias em torno da mesma, de forma a tornarem-se influenciadores da comunidade e seduzirem cada vez mais seguidores da religião".

Os fãs das marcas, em particular os caracterizados por um maior fanatismo, acabam por ter um comportamento semelhante já que, seja no desporto, na música ou na religião, é a emoção que impere e dita os comportamentos desses fãs.

Um fã de uma marca é, assim, menos sensível ao preço e, por vezes, até às características funcionais do produto, que ao que a marca para si representa. Um verdadeiro fã de uma marca sempre espera ansiosamente a chegada de novidades da mesma, dispondo-se à partida a ser um *early adopter.*

Em consequência, a criação de comunidades de fãs é fundamental para o sucesso de uma marca, tanto mais quanto, por exemplo, uma

pequena ou média empresa, que não disponha de vastos recursos para a comunicação.

A *brand religion* consiste em explorar a novidade, o sentimento de primeira experiência, de escassez e urgência na compra, do comportamento emotivo e não racionalizado. A Apple sempre tem tido esta estratégia, seguida aliás por outras marcas, com uma ou outra nuance, como é o caso da Zara, por exemplo.

10.9. Gestão de crise

Considera-se uma crise quando exista uma ruptura forte com a normalidade do comportamento de uma empresa no mercado, ou uma manifestação não alinhada com a identidade da sua marca que provoque, ou possa vir a provocar, um efeito grave na imagem da marca.

As marcas estão, mais que nunca, fortemente expostas perante todos. Os consumidores, os cidadãos, têm instrumentos que permitem uma resposta rápida a eventuais situações que os possam afectar no relacionamento com a marca, decorrentes de um mau serviço prestado, de uma deficiência de um produto.

É impossível conceber-se um cenário, em que seja impossível surgir uma crise, logo as marcas têm de estar preparadas para qualquer incidente grave que possa ocorrer, no sentido de não afectar a imagem que têm no mercado.

Qualquer facto grave ocorrido pode provocar:

— Associações negativas com a marca
— Quebra na lealdade e fidelização
— Diminuição das vendas
— Corrosão de outros produtos da mesma marca
— Afectação da Reputação da marca
— Afectação negativa do valor da marca

Numa situação de profilaxia da marca, alguns procedimentos devem ser postos em prática, antes que qualquer eventualidade de crise ocorra:

— Elaboração do "Manual de gestão de crise", onde estejam contemplados, desde enumeração de situações que possam criar uma crise, ao reconhecimento dos pontos fracos que tenha
— Responsáveis envolvidos quando exista uma situação desse tipo
— Procedimentos-tipo a adoptar, interna – junto e dos dos colaboradores – e externa, perante os media, on e offine, e os clientes
— Formação adequada dos colaboradores no sentido de estes estarem perfeitamente conhecedores e sintonizados com os valores da marca e da forma como os seus gestores a querem relacionar com o mercado
— Responder sempre à reclamações dos clientes
— Felicitar e agradecer aos clientes que se pronunciem positivamente sobre a marca
— Monitorização das campanhas online, para estar atento às reacções de todos os impactados com a mesma
— Optimização das relações entre as Relações Públicas, a actividade nas redes sociais e as declarações públicas dos responsáveis da empresa

Grande parte das crises surge por ineficácia da organização, por um mau tratamento e atendimento de um cliente, por um produto deteriorado, por uma resposta não verdadeira

Numa situação de crise – acentuado pela capacidade de reacção rápida dos consumidores através das redes sociais – a resposta tem de existir, ser Rápida, Sincera e Esclarecedora. É importante, se for o caso, a empresa que gere a marca assumir a responsabilidade do acontecido, ser colaborativa e tentar resolver a situação da melhor forma, que não afecte mais quem possa ter sido afectado.

Com as redes sociais e a possibilidade de haver algum tipo de situação negativa que possa ter ocorrido, através de uma denúncia anónima, tem de haver uma resposta imediata, em primeiro lugar, através do canal onde surgiu o facto.

A reacção da empresa tem de ser caracterizada por:

— Consulta e utilização do Manuel de Crise
— *Empowerment* do elemento da empresa selecionado como Gestor da Crise
— Agilidade
— Reconhecimento do problema
— Não atacar o cliente
— Escolha e utilização das plataformas necessárias e correctas
— Escolha de uma resposta bem elaborada
— Procura de apoio externo de consultoria de comunicação de crise, em empresa especializada na área.

Diversos casos têm surgido ao longo dos anos que têm afectado a Reputação de algumas marcas, com fortes impactos negativos nos negócios.

ZIPPY

A marca Zippy, de vestuário infantil, do Grupo Sonae, ocorrido em 2013. A marca fez uma parceria com a Dream Pills (marca de guloseimas, cuja embalagem é semelhante às usadas na indústria farmacêutica para a venda destas embalagens nas suas lojas. Esta parceria não foi bem aceite pelos seus clientes pois alegavam que as crianças poderiam confundir as embalagens com verdadeiros frascos de medicamentos. Imediatamente, se despoletou uma reacção em cadeia de pais, nas lojas e através das redes sociais.

Perante isto, a marca demorou algum tempo a responder à situação, não tendo alegadamente dado resposta a contactos de jornalistas, nem tomado publicamente uma acção concertada para gerir esse efito de crise, favorecendo a ampliação do efeito. Posteriormente, a Zippy veio a suspender a venda do produto nas suas lojas.

Este incidente terá, apesar de tudo, servido de aprendizagem à marca, tendo actualmente a mesma um comportamento activo nas redes sociais.

DISNEY/MCDONALD'S

A McDonald's efectou uma parceria com a Disney no âmbito dos seus Happy Meals, destinados a crianças. O acordo veio a ser largamente criticado, em virtude da ligação da Disney a uma marca de *fast food* reconhecida como provocando obesidade nas crianças.

O acordo foi abandonado, tendo sido retomado recentemente, após a McDonald's anunciar em 2018, que a sua refeição para crianças tinha um grau reduzido de gorduras e açúcar.

PERRIER

No caso Perrier, anteriormente referido, após o incidente verificado em 1990, nos EUA, quando foi encontrado benzeno numa garrafa, uma verdadeira derrocada aconteceu à marca que, no entanto, apesar da sua gravidade tem conseguido vir a recuperar.

A assinatura da marca era "*Earth's first soft drink. It's perfect. It's Perrier*", o que criou uma imagem grave de promessa não cumprida.

Tendo o incidente ocorrido em Fevereiro de 1990, a empresa retirou o produto do mercado, em todo o mundo, durante três meses, apesar de se ter provado que não haveria nenhum efeito negativo para a saúde. Nesse período, naturalmente os consumidores começaram a substituí-la por suas concorrentes, até porque a mesma não teria verdadeiros *Points-of-Difference*, para além da imagem de pureza, que era assim afectada.

Perante a crise, o Director Geral da marca declarava: "Não queremos deixar a menor dúvida sobre a sinceridade da marca Perrier. Temos uma imagem de pureza no mundo inteiro, e não podemos deixar que cresça a mínima ideia da nossa falta de sinceridade".

A recuperação das vendas registadas até 1989, não obstante os esforços da gestão, só se veio a registar em 2013.

Perante esta situação a Nestlé lançou uma OPA, em 1992, tendo adquirido a marca para o seu portfolio.

11

CONTROLO E AUDITORIA

Tão importante como a identidade da marca é a sua imagem. É esta que vai determinar as acções dos consumidores, em relação à sua preferência, indiferença ou rejeição.

Visto a marca ser a percepção que os consumidores têm de uma dada identidade, é necessário acompanhar e verificar se essa percepção (imagem) corresponde à identidade e posicionamento pretendidos.

Sendo subjectiva a percepção que aqueles têm de uma marca, torna-se necessário efectuar auditorias regulares à imagem que ela tem no mercado. Só assim se poderão delinear estratégias a seguir, no sentido de acentuar determinadas características relacionais e de comunicação, ou corrigir eventuais desfoques que a marca possa ter, face ao posicionamento pretendido.

Sendo a marca uma identidade viva, que é projectada diariamente no mercado e que reside na mente de cada consumidor, há que estabelecer mecanismos que assegurem que, a cada momento, a sua imagem no mercado, corresponde à identidade e posicionamento pretendidos.

A avaliação dos resultados empresariais passa, assim, não só pelos resultados financeiros, mas também pela definição de KPI que meçam a evolução da marca no mercado, nomeadamente, a sua notoriedade, penetração, imagem.

O digital veio trazer uma contribuição relevante na possibilidade da mensuração que pode ser efectuada, permanentemente, em tempo real. Encurtam-se, assim, os ciclos anuais de controlo e auditoria – que poderão continuar a ser efectuados, para determinados KPI – para um processo de feed-back e de auditoria permanente, com a possibilidade de resposta imediata e de eventuais correcções a fazer, se necessárias.

Algumas técnicas continuam a ser usadas, como as referidas anteriormente, por exemplo o *Brand Asset Valuator*, de entre outros, os Brand Map, ou estudos qualitativos de percepção, ou quantitativos.

O acompanhamento pode ser efectuado, complementarmente, através do seguimento dos *customer journeys* dos seus clientes, mas também através de auditorias ocasionais de marca para efectuar essa verificação.

A auditoria da marca revela a saúde da marca, através da análise dos componentes dos factores que contribuem para o seu valor patrimonial, produzindo alertas para eventuais correcções tácticas, ou mesmo estratégicas, que possam ser necessárias pôr em prática, através de um plano de marketing adequado.

As conclusões de uma auditoria à marca Polaroid conduziram a que a mesma, abandonasse o seu lado mais convencional, recentrando-se numa imagem mais *fun* das suas máquinas (Keller, 2003).

Métricas de monitorização dos media sociais

A economia e o marketing digital disponibilizam diversas ferramentas que permitem definir métricas para os diferentes objectivos de marketing e branding, complementando as ferramentas offline existentes.

ALGUMAS MÉTRICAS DO MEIO DIGITAL

a. *Social media reach* (número de utilizadores que foram atingidos por um certo conteúdo, numa rede social)
b. Tráfego por canal (número de visitantes por media social)
c. Novos visitantes/visitantes que retornam
d. Tempo despendido (view time)
e. *Universal interaction rate* (% de impressões numa campanha em que o utilizador entra no anúncio e permanece activo durante um period de tempo, pré-determinado)
f. *Bounce rate* (% de visitantes que entram e saem sem qualquer acção)
g. *Brand mentions* (menções; Google alerts)
h. *Media mentions* (número de links que a campanha provoca)
i. *Branded searches* (*Ad words*; *Google trends*)
j. Total de conversões
k. *Click-through rate* (rácio de utilizadores que fazem *click* num determinado *link*, sobre o total de utilizadores que viram uma página, um email ou um anúncio)
l. Custo por conversão (CPC). Custo por *click*
m. *Lead to close ratio* (quantos *leads* finalizam a operação)
n. ROI (relação entre o resultado obtido e o investimento efectuado)
o. CPA (custo por venda)
p. *Shopping card abandonment rate* (percentagem de utilizadores que estão prestes a finalizar uma operação no *shopping card*, mas abandonam, sem efectuar a compra)
q. *Engagement rate* (quantas pessoas de entre o público-alvo estão a interagir)
r. Persuasão (se for notada uma mudança de comportamento durante ou após uma campanha, esta é considerada eficaz)
s. *Brand favorability* (se a campanha causou algum impacto positivo)

Instrumentos de monitorização dos media sociais

Há um conjunto de instrumentos que compõem o que se pode designar de "Digital Tool Kit": Media Sociais; SEO, *Search Engine Optimization*, *Mobile*, Publicidade online, *E-mail marketing*; *Transmedia*. Todos estes instrumentos, estrategicamente definidos, alinhados devidamente com eventuais sistemas de CRM existentes, podem produzir campanhas com um elevado grau de eficácia.

A maior eficácia das campanhas online, poderá ser atingida através da utilização simultânea do SEO, *Search Engine Optimization* e do PPC, *Pay per Click*.

Particularmente, o digital permitiu desenvolver processos de acompanhamento das opiniões e reacções dos consumidores, perante os serviços, campanhas e marcas.

Os *Social Listening Tools*, permitem conhecer quais os canais que as diferentes audiências estão a usar; monitorar a eficácia da actividade da marca nos media sociais; gerir a divulgação e o *engagement*, permitindo identificar os influenciadores-chave em cada canal social. Exemplificando, o *Brandwatch.com* é um dos instrumentos mais utilizados para aquele efeito.

Para a análise do comportamento nas redes sociais, cite-se o *Facebook Insights*, que gera dados gerais de contacto com as páginas ou campanhas, ou o *Klear.com*, para a análise dos influenciadores nas redes sociais.

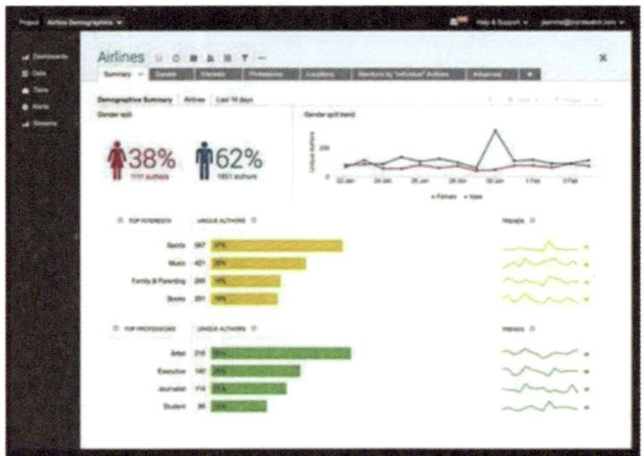

Brandwatch

É possível identificar, em tempo real, os principais insights de mais de 70 milhões de fontes de tráfego da web, incluindo canais sociais, blogs, sites de review. Sugere também insights para resposta.

O Brandwatch permite, ainda, salientar a performance do conteúdo visual da marca, sugerindo as mais populares.

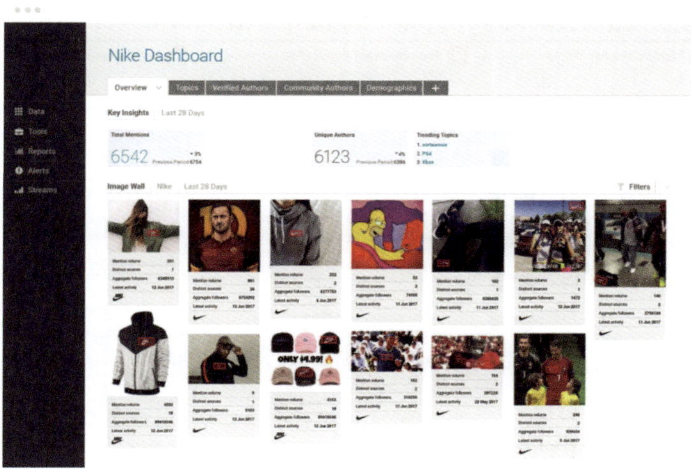

Os *Web Analytics*, como o *Google Analytics*, permitem compreender o impacto das campanhas nos media sociais, em confronto com os objectivos digitais previamente delineados. (*)

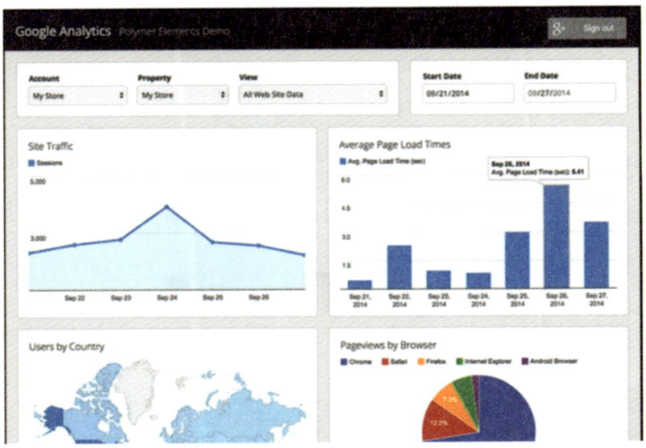

Reddit Keyword Monitor Pro

O Reddit tem 250 milhões de utilizadores e 8 mil milhões de page views mensais.

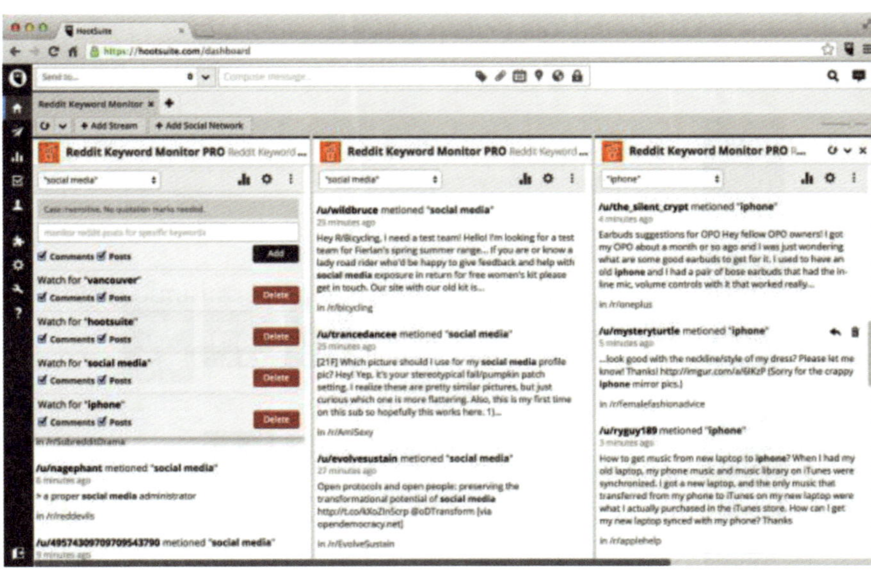

Streamview (Instagram)

Tem uma comunidade de cerca de 700 milhões de utilizadores, cobrindo principalmente a faixa etária dos 18 aos 29 anos. Monitoriza posts por localização, hashtag e username. É possível escolher a área de cobertura, que pode variar consoante o interesse.

Reputology

Permite seguir sites como o Facebook, Google, e respectivos posts/reviews, com o objective de acompanhar e proteger a reputação da marca.

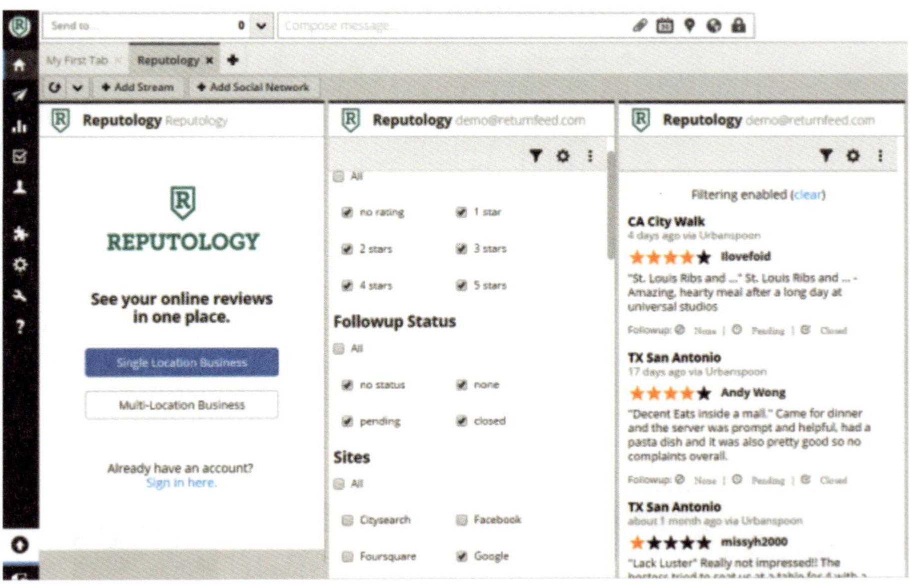

Agrega reviews e comentários, em tempo real, permitindo igualmente uma resposta imediata.

Google Alerts

Permite monitorizar as menções efectuadas na web, a um nome, a uma empresa, a uma marca, aos concorrentes. Permite obter alertas em regiões e línguas específicas.

Mention

Ajuda as marcas a identificar as interacções, os influenciadores e os "advogados" mais relevantes.

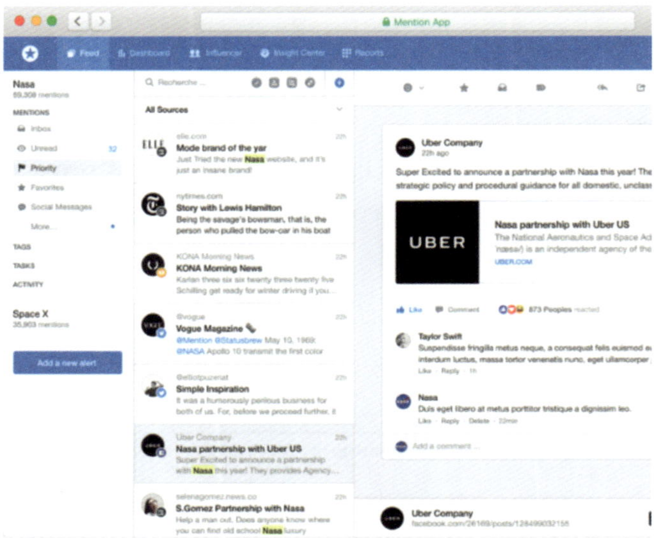

Hootsuite Insights e Pro

Uma das melhores aplicações de social listening, que monitoriza palavras-chave, hashtags, regiões, de entre outros, que cobre o Twitter, Instagram, Facebook, LinkedIn, Foursquare, Google+.

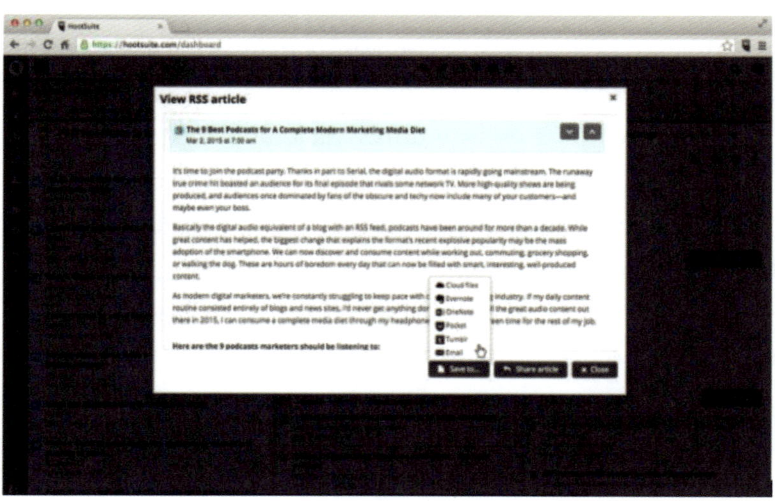

Permite, igualmente, monitorizar certos termos de pesquisa em tempo real, especialmente relevante para o tracking da marca, de produtos e palavras-chave.

TweetReach

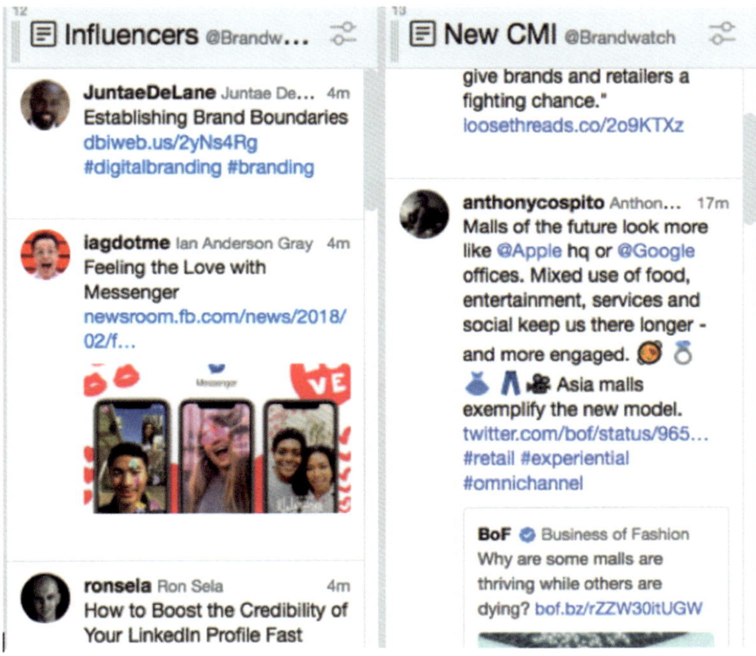

Especialmente dedicada ao acompanhamento de tweets, medindo o impacto e implicações de discussões nos media sociais. Um bom instrumento para encontrar os seguidores mais influenciadores, permitindo um targeting mais afinado.

Social Bakers

A plataforma utiliza dois instrumentos para o Instagram: um para contas pessoais, outro para negócios, a primeira acompanhando os mais populares hashtags, filtros e fotos, para a respectiva audiência, o segundo, os anúncios dos concorrentes.

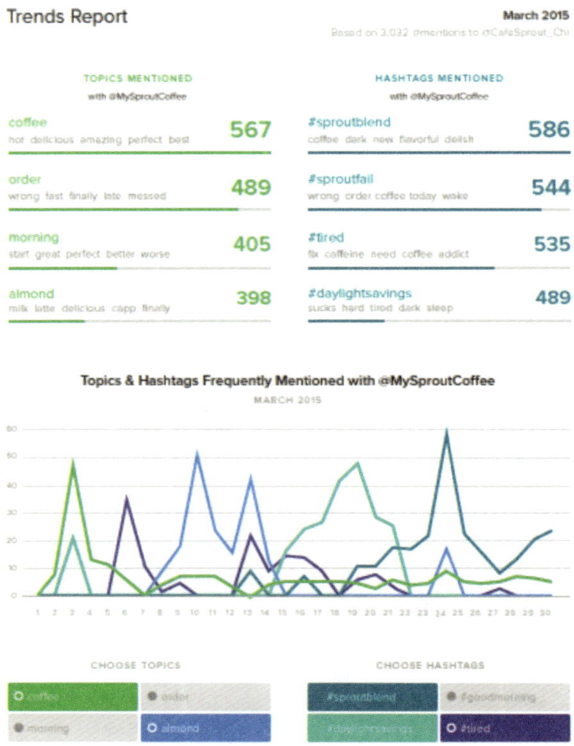

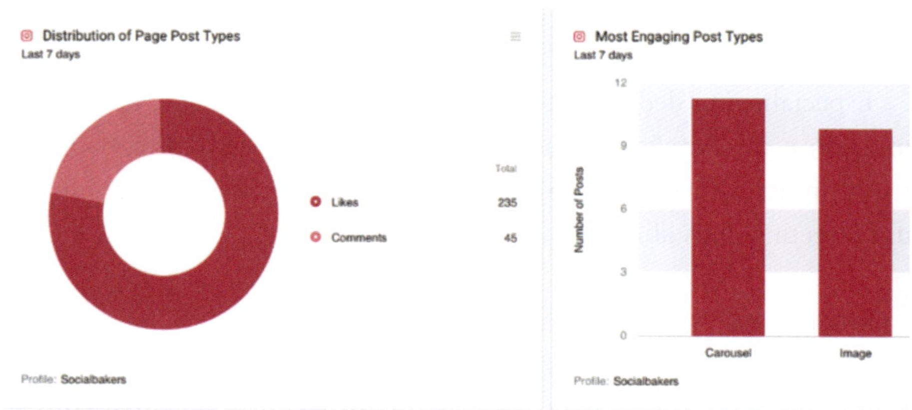

Serve de monitor de media social e também de instrumento de análise dos concorrentes, permitindo optimizar o orçamento de comunicação.

Google Alerts/Google Analytics

Um dos primeiros instrumentos, permitindo receber, por email, as menções efectuadas à marca.

O Analytics apresenta sobre a forma gráfica, os *referrals* efectuados comparados com o tráfego total, permitindo perceber o que gera tráfego para o website.

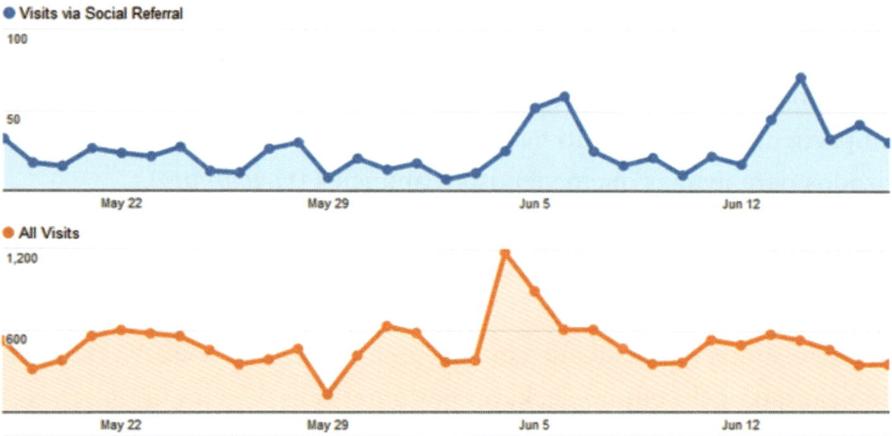

Sprout

Apresenta a presença os media sociais num único quadro.

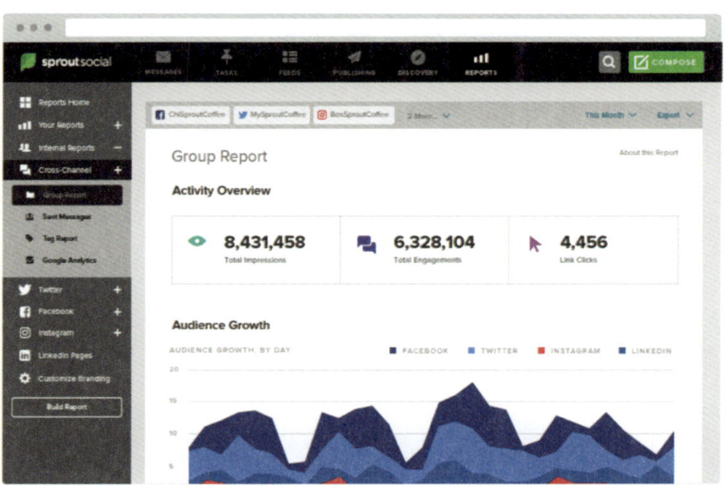

O Sprout agrega a actividade dos diversos perfis da marca, permitindo obter insights sobre as audiências. Através da utilização de IA, as marcas podem conhecer quais os posts pagos que têm um melhor desempenho, assim como os dos seus concorrentes.

Alguns problemas com as métricas digitais

Não obstante a possibilidade de uma medição mais exacta da eficácia das acções nos meios digitais, algumas questões podem ser levantadas, em particular devido a não haver ainda definições e processos estandardizados para avaliar quem vê posts e anúncios (*viewability*).

Têm-se constatado fraudes – *ad frauds* – pela utilização de *bots* que efectuam *clicks* fraudulentos. Assim, por vezes é difícil separar os verdadeiros dos falsos.

Existe ainda a dificuldade em intrepretar as conversões. A venda terá sido causada pelo ultimo click, ou por anteriores? Ou a outras causas – devido à existência de diversos pontos de contacto – porque não se toma em consideração outros factores influenciadores ao longo da jornada do cliente.

Na realidade, a questão não é nova. Nos meios tradicionais – para além do *direct response* advertising – também não é fácil, por vezes impossível, detectar o ultimo *drive* da compra.

12

BRAND EQUITY. O VALOR PATRIMONIAL DA MARCA

O valor patrimonial da marca – *Brand Equity* – é o valor acrescentado ao produto ou serviço, que uma dada marca gera. Dois produtos podem ser idênticos, de qualidade igual, preenchendo os mesmos benefícios funcionais, mas um deles poderá ter um preço de mercado muito superior, correspondendo à procura e à disponibilidade dos consumidores pagarem um preço *premium*, em virtude da marca a que pertençam.

Assim, uma marca tem a capacidade de acrescentar o valor percebido pelo consumidor, tornando-o menos sensível ao preço, logo permitindo a sua comercialização a um preço mais elevado que outros produtos concorrentes.

Se se considerar – o que poderá não ser rigoroso – que todos os computadores pessoais têm as mesmas funcionalidades, parte dos consumidores está disposta a pagar um preço mais elevado pelos produtos da Apple, sejam os Mac ou, no caso dos smartphones, do iPhone, em virtude do valor global percebido ser superior, devido principalmente à "promessa" da marca. Esse diferencial representa o *brand equity* dessa marca e para o seu desenvolvimento, existem várias estratégias possíveis.

12.1. Cálculo da força da marca no mercado

Metodologia BAV

O Grupo WPP – o maior grupo publicitário do mundo – através de uma subsidiária, o BAV Group, dispõe de uma metodologia própria para medição da força de uma marca no mercado, criado por Davi Aaaker para a Young & Rubicam.

A metodologia BAV assenta em 4 pilares: Diferenciação, Relevância, Estima e Familiaridade e abrange 52 países, com a participação de **230 mil consumidores** que avaliam 56 mil marcas.

Quanto mais uma marca é Familiar e Estimada, maior a sua força actual, ou Estatura; quanto mais é relevante e diferenciada, maior a sua Vitalidade, o que revela um maior potencial de crescimento no futuro.

BRAND ASSET VALUATOR (Y&R)
Os 4 pilares

- **DIFERENCIAÇÃO – Reconhecimento de uma marca diferenciada** é importante para a decisão de experimentação, preferência e fidelização
- **RELEVÂNCIA – Pertinência e grau de implicação** para o consumidor. Grau de penetração no mercado
- **ESTIMA – Apreciação** do consumidor pela marca
- **FAMILIARIDADE** – Como é **conhecida**, como está **presente no dia-a-dia** do consumidor

***BRAND ASSET VALUATOR* (Y&R)**
Os 4 pilares

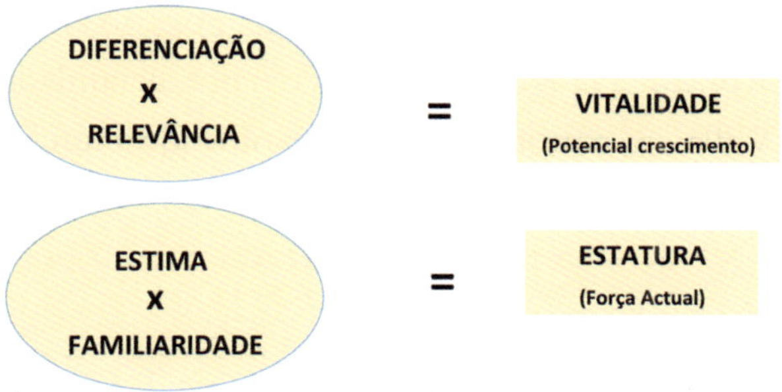

A análise no mercado permite determinar o grau de grandeza das quatro variáveis. O seu resultado é objecto de multiplicação algébrica, conduzindo a uma escala de valores, de 0 a 100. Os resultados obtidos permitem posicionar as marcas num gráfico, o *power grid*.

Pode-se concluir que uma marca líder de mercado, tem uma elevada Força e Estatura; Uma marca de nicho, uma elevada Força, com uma Estatura mais baixa; uma marca nova, terá uma baixa Força e Estatura. Quando uma marca se situa no quadrante direito, se baixo, isto é,

Diferenciação. Relevância. Estima. Familiaridade

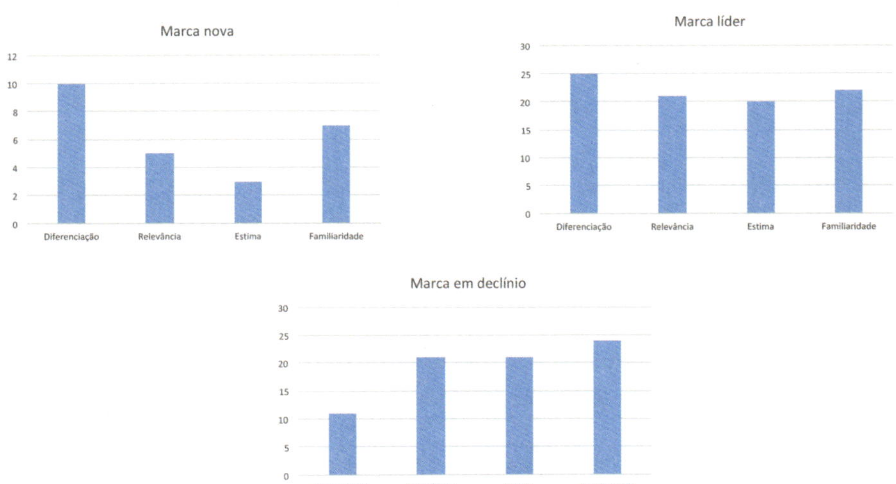

embora com uma Estatura elevada, mas com uma baixa Força, prediz que a mesma se encontra em declínio, ou se trata de uma *commodity*.

Esta metodologia traduz, assim, através da posição em que quadrante a marca se encontra, avaliar da sua saúde e potencialidade, permitindo a prossecução das estratégias mais adequadas à alteração da situação objectivo.

BRAND ASSET VALUATOR (Y&R) - *Power Grid*

Performance passada

ESTATURA = ESTIMA x FAMILIARIDADE

BAIXO	ALTO	
Marca Potencial ou Marca Nicho	Marca Líder	**ALTO**
Marca Nova ou Desfocada	Marca em Erosão	**BAIXO**

Potencial de futuro

VITALIDADE = DIFERENCIAÇÃO x RELEVÂNCIA

Como exemplo, cite-se a posição competitiva da Ralph Lauren face à Lacoste. O BAV revela que a primeira tem uma força e uma estatura mais relevante que a segunda, colocando a Lacoste, no quadrante inferior esquerdo, o que revela que, não se tratando de uma marca nova, estará numa situação desfocada, necessitando de algumas correcções.

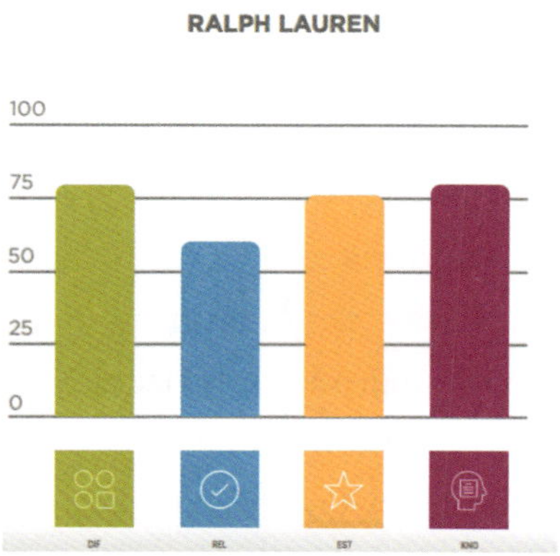

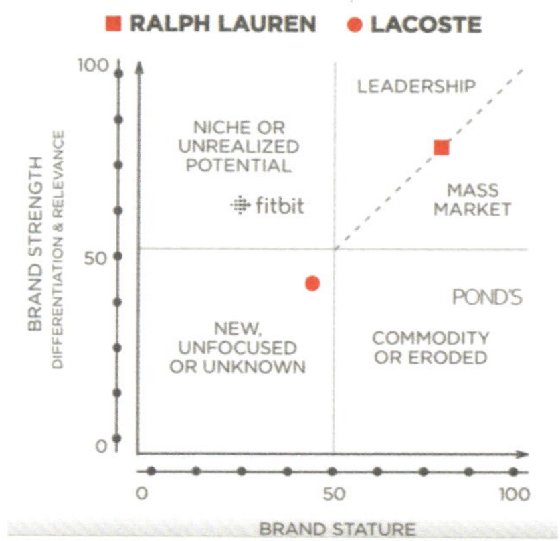

Fonte: BAV

Outro exemplo, a comparação da BMW, Audi e Mercedes, revela a posição relativa mais favorável para a BMW e para a Mercedes, face à Audi.

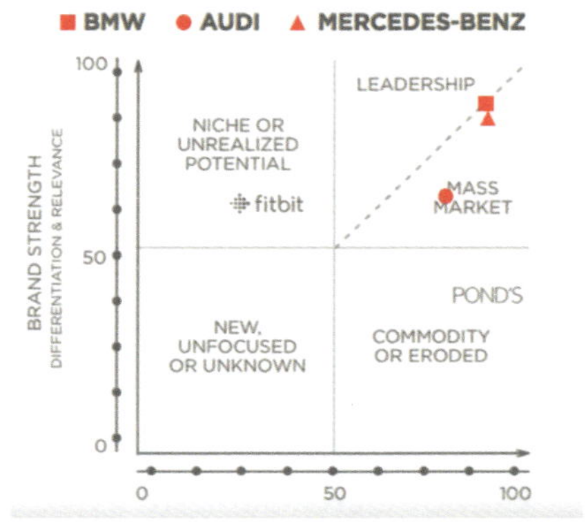

Fonte: BAV

12.2. Principais métodos de cálculo do valor da marca

O tema da valoração das marcas e da constatação que alguns activos intangíveis das marcas valem mais que os seus activos tangíveis, começa a colocar-se na década de 80, quando algumas transacções internacionais são efectuadas a valores que ultrapassam largamente os valores contabilísticos das marcas detidas por algumas empresas.

Consultoras, académicos, auditores, empresas de marketing e de branding, outros especialistas, têm desenvolvido métodos e processos de avaliação de marcas, ao longo dos anos. Não se tratando de uma ciência exacta, os diversos métodos que têm proliferado, conduzem algumas vezes a resultados diferentes.

Alguns rankings são também publicados anualmente, com o interesse de posicionar relativamente as marcas, umas em relação às outras. Contudo, para calcular o verdadeiro valor de uma marca é necessário haver uma análise individual pormenorizada.

Uma marca pode assumir um valor muito mais relevante se, por alguma razão, é considerada estratégica para um dado grupo ou marca. Nesta perspectiva, os valores apresentados pelos rankings são valores indicativos que, embora aceites pelo mercado e pelos media, não se referem a nenhuma potencial transacção específica, na qual esses valores poderiam ser outros.

Os principais rankings – para citar alguns dos mais reputados: Interbrand, BrandZ/Milward Brown, Brand Finance, de entre outros – são comummente aceites como indicadores do valor relativo das marcas e da sua evolução ao longo do tempo.

Como referido, tratando-se de metodologias heterogéneas e proprietárias, as mesmas conduzem a resultados diferentes, em virtude das hipóteses de risco assumidas e das respectivas taxas de desconto usadas, das diferentes projecções de cash flows e resultados, de assunções diversas quanto aos custos de capital, da própria estrutura dos modelos utilizados.

Como referência neste livro, citam-se os casos dos rankings da Interbrand, da Milward Brown e da Brand Finance.

A principal e primeira questão que se coloca no processo de avaliação de uma marca, não totalmente em sintonia com os tradicionais métodos financeiros de avaliação de empresas, é a consideração para o cálculo, dos activos intangíveis, nem todos eles contabilizados nos sistemas de contabilidade geralmente aceites.

A avaliação financeira de uma marca trás à avaliação tradicional de empresas, o factor mercado e clientes, numa palavra, o poder que uma marca tem para alavancar as vendas de determinados produtos.

Consideram-se activos intangíveis, as patentes, os sistemas de informação, os sistemas de produção, os sistemas de distribuição, os contratos, as tecnologias utilizadas, o capital humano e, tão ou mais importante que tudo, os clientes, as relações, bases de dados, sistemas de CRM e as marcas, profundamente analisadas.

Como o capital da marca gera valor

FIDELIDADE	Redução de custos de marketing; atracção de novos clientes; resposta a desafios competitivos
NOTORIEDADE	Familiaridade; marca a considerar; âncora para outras associações
QUALIDADE PERCEBIDA	Razão para comprar; diferenciação; preço; extensões
ASSOCIAÇÕES	Razão para comprar; criação de atitude e reacções positivas; extensões
OUTROS ACTIVOS	Vantagem competitiva

Fonte: Aaker, Managing Brand Equity

Métodos de avaliação

Existem diversos tipos de métodos de avaliação de marcas (vide Salinas, 2007).

Face à multiplicidade de métodos e técnicas disponíveis para a avaliação financeira de uma marca, a *International Organization for Standardization* (ISO) criou uma norma que regulamenta os processos para esta avaliação, a ISO 10 668. Esta estabelece o enquadramento para a actividade, apontando princípios a seguir, como parâmetros legais – protecção, propriedade, registo – transparência, objectividade, validade dos dados e técnicas de reporte.

A norma define marca como : "um activo intangível relacionado com o marketing incluindo, mas não limitado a nomes, sinais, símbolos, logótipos e desenhos, ou uma combinação destes, com o objectivo de identificar produtos, serviços ou entidades, ou uma sua combinação, que criam imagens distintas e associações na mente dos stakeholders gerando, em consequência, benefícios e valor económicos".

Segundo a norma, poderão ser aplicados diversos métodos: do rendimento (método dos cash-flows descontados), custos (valor da marca baseado no custo da sua construção ou substituição), de mercado (comparabilidade com outras transacções efectuadas, por marcas comparáveis).

Citamos alguns exemplos de tipos de metodologia que podem ser utilizadas, cada uma com as suas vantagens e desvantagens.

- Por custos históricos
- Por custos de substituição
- Pelo preço do mercado
- Por ganhos potenciais
- Multicritério

Por custos históricos

- Por custos históricos: de desenvolvimento, marketing, publicidade e comunicação.

Trata-se de um método de difícil utilização em virtude da dificuldade de determinação de alguns componentes necessários ao cálculo, como os seguintes:

— Elevada complexidade na determinação do período adequado
— Os investimentos efectuados podem gerar vendas imediatas, mas também geram efeitos positivos para a marca no médio/longo prazo e são de difícil cálculo

— Há componentes dificilmente quantificáveis, como a reputação da marca e da empresa, o know-how acumulado
— Por questões de concorrência, alguns produtos adoptam estratégias de preço não totalmente consonantes com a incorporação do factor inovação (ex: Swatch)

Por custos de substituição

- Por custos de substituição: notoriedade, quota de mercado, imagem, liderança, presença internacional

Embora, teoricamente, possa fazer sentido, certo é que se trataria neste caso de calcular o custo da criação, de raíz, de uma Coca Cola, de um Porsche.

Não parece razoável, senão mesmo possível, efectuar esse cálculo, recriando uma situação impossível de acontecer.

Pelo preço de mercado

- Pelo preço de mercado: valor de marcas similares

Trata-se de um método muito utilizado naos EUA para o cálculo do valor de empresas. Para ser eficaz e traduzir mais fielmente a realidade, ter-se-ia de supor que o mercado é perfeito, que existe um mercado competitivo e uma certa igualização de marcas, o que não corresponde à realidade.

Exemplificando, ao calcular o valor de uma dada marca, ter-se-ia de calcular o valor que marcas "idênticas" estariam a ser transaccionadas no mercado e, daí inferir o valor para a que se estivesse a calcular. Se uma acção de uma marca concorrente estivesse a ser transacionado com um dado PER (*Price Earnings Ratio*), a esta deveria ser aplicado o mesmo PER, derivando daí o valor dessa.

Na realidade, não há duas marcas iguais, não há um mercado de marcas, e o valor de uma marca, como foi referido, para um dado acionista, poderá ser muito diferente do que para outro, face a um eventual interesse estratégico diferente (eventuais sinergias, desejo de domínio do mercado, objectivos estratégicos), que pudesse levar este outro a estar disposto a pagar mais pela transacção.

Em consequência, o cálculo do valor pelo preço de mercado, poderá ser usado como um dos indicadores, mas nunca se poderá substituir a um cálculo individualizado do valor da marca que se deseje calcular.

Por ganhos potenciais

O cálculo do valor de uma marca por ganhos potenciais é o processo mais utilizado, pressupondo que se efectuem projecções financeiras dos cash flows e resultados, face às previsões de negócio futuro – processo tipicamente financeiro utilizado para o cálculo do valor de empresas *(Discounted Cash flows)* – ao qual se acresce o cálculo dos factores que influenciam o valor da marca.

Genericamente, a importância da marca deriva das funções que desempenha, do efeito sobre os clientes e sobre a empresa que a gere, gerando valor económico para o negócio.

Como factores a ter em conta, salientam-se:

- Liderança da marca (quota de mercado existente e potencial)
- Status (Grau de fidelização dos clientes; *brand franchise*)
- Perspectivas de mercado para a marca (estável, em crescimento, em declínio; barreiras à entrada)
- Qualidade da imagem e notoriedade (reputação de qualidade, diferenciação, envolvimento dos consumidores com a marca)
- Força do produto
- Grau de inovação
- Potencial de expansão

— Potencial de internacionalização
— Investimentos acumulados na marca
— Eventual protecção legal existente
— Expertise da empresa
— Risco-país

Os métodos utilizados pelas consultoras não levam, contudo, em conta um factor que se tem revelado como fundamental nos tempos actuais, tanto para as sociedades, como para os cidadãos, o factor de sustentabilidade social. Cada vez mais os consumidores estão conscientes da importância da responsabilidade social e da sustentabilidade, no domínio da gestão das organizações, tornando-o num factor importante para a previsão do futuro, até da consistência das previsões de vendas, face à crescente consciencialização desses consumidores.

A inclusão estratégica da sustentabilidade social na gestão das empresas, terá de constituir um dos factores a ter em consideração, para uma melhor aderência e ajustamento das previsões das diversas marcas, à realidade espectável do futuro.

Metodologia Wisemix

O processo de avaliação atravessa diversas fases. Na metodologia de uma das consultoras que efectua este tipo de análise – a portuguesa Wisemix – desde os aspectos legais, aos de mercado e concorrência, até aos financeiros.

Fonte: Wisemix

Os vários passos deste processo de avaliação, podem ser constatados na sequência seguinte de imagens.

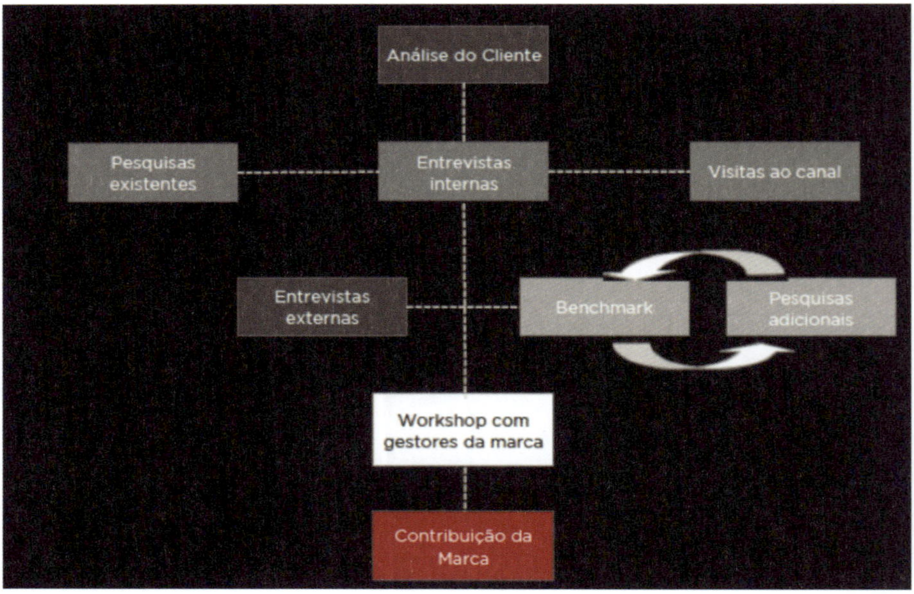

FACTORES EM AVALIAÇÃO	ENTREVISTAS	PESQUISAS	VANTAGENS COMPETITIVAS
DIFERENCIAÇÃO	X	X	Única, singular e diferente da concorrência, inovadora e disruptiva.
AUTENTICIDADE	X	X	Original, verdadeira, fiel e cumpridora da sua promessa, de longa relação.
CREDIBILIDADE	X	X	Confiante, segura, respeitada, com know-how, honesta, aporta valor.
RELEVÂNCIA	X	X	Satisfaz necessidades, com um propósito, boa experiência, conveniente, individual.
GOVERNANCE	X		Compromisso, capacidade de gestão, ética, investimento, proteção legal.
PRESENÇA	X	X	Capilaridade, distribuição,, cobertura geográfica, omnicanal e social media.
INTERAÇÃO	X	X	Participativa, dinâmica, cria tendências, tecnológica, influenciadora, envolve.
LIDERANÇA	X	X	Líder de quota, notoriedade e de atitude, aspiracional e de referência.
CONSISTÊNCIA	X	X	Entendida por colaboradores e clientes na sua essência, posicionamento e oferta.
SATISFAÇÃO	X	X	Clientes satisfeitos tendem a ser mais leais e a recomendar na sua network.

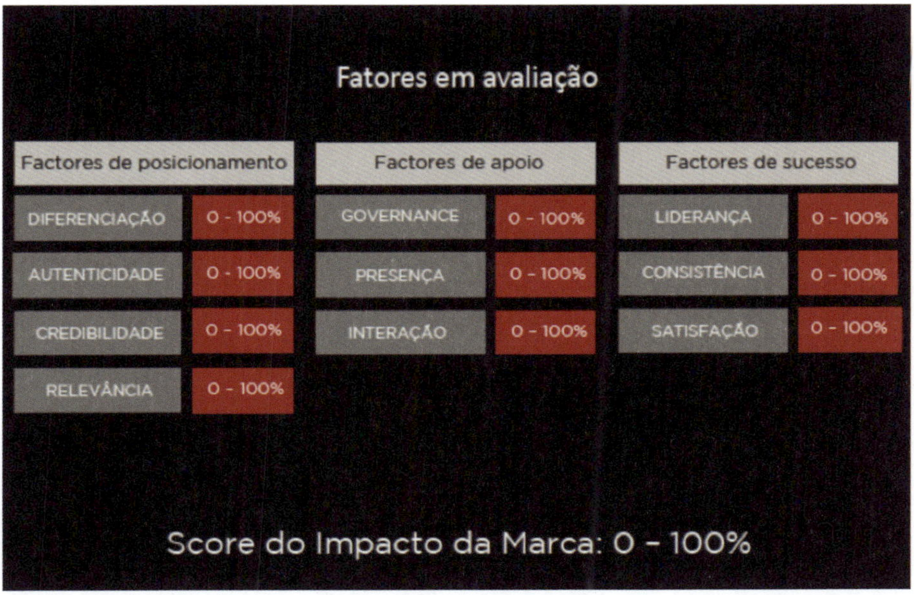

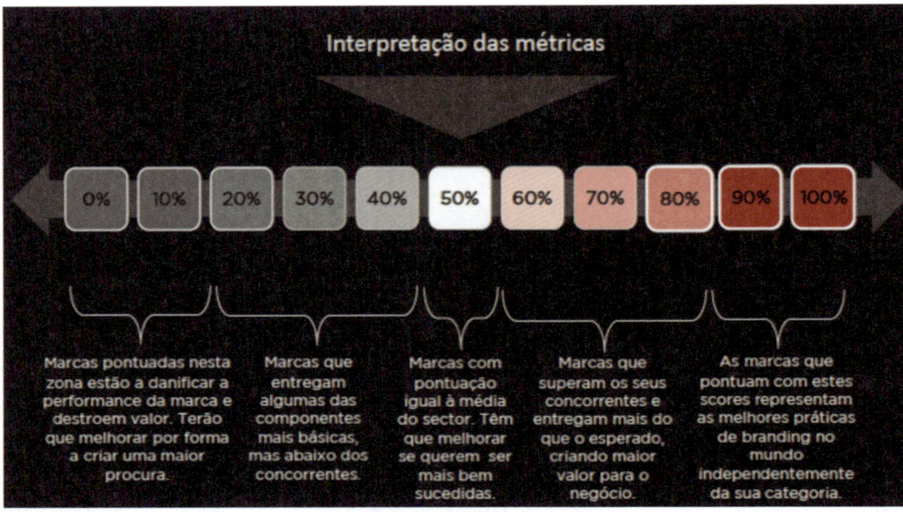
Interpretação das métricas
0%
10%
20%
30%
40%
50%
60%
70%
80%
90%
100%
Marcas pontuadas nesta zona estão a danificar a performance da marca e destroem valor. Terão que melhorar por forma a criar uma maior procura.
Marcas que entregam algumas das componentes mais básicas, mas abaixo dos concorrentes.
Marcas com pontuação igual à média do sector. Têm que melhorar se querem ser mais bem sucedidas.
Marcas que superam os seus concorrentes e entregam mais do que o esperado, criando maior valor para o negócio.
As marcas que pontuam com estes scores representam as melhores práticas de branding no mundo independentemente da sua categoria.

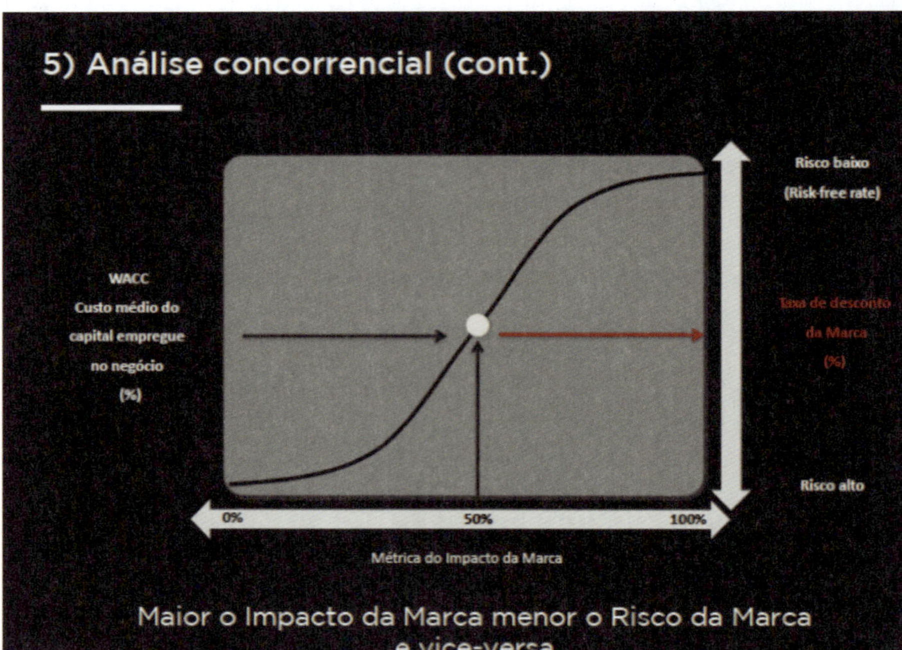
5) Análise concorrencial (cont.)
Risco baixo
(Risk-free rate)
WACC
Custo médio do
capital empregue
no negócio
(%)
Taxa de desconto
da Marca
(%)
Risco alto
0%
50%
100%
Métrica do Impacto da Marca
Maior o Impacto da Marca menor o Risco da Marca
e vice-versa

5) Análise concorrencial (cont.)

Cada atributo é avaliado comparando a performance da marca com os seus principais competidores.

Dependendo da sua relativa importância, a marca tem uma métrica entre 0% e 100% por cada atributo.

A média das métricas dos atributos será o score do Impacto da Marca e será expresso em percentagem entre 0% e 100%.

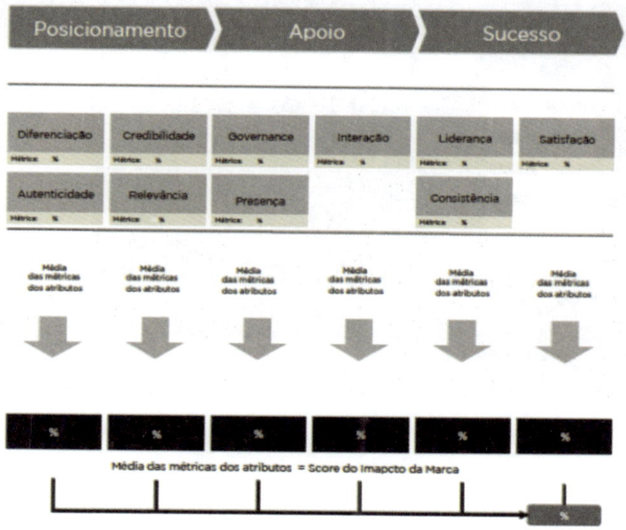

A performance da marca em cada atributo é avaliada relativamente à concorrência. Idealmente, a marca mais seis dos seus mais importantes concorrentes são tidos em conta.

Se a marca tem uma métrica no atributo de Satisfação de 50%, acima da média do set competitivo de 44%, então a marca recebe um score de 70% pela Z-Transformation.

A performance de cada atributo é analisada por meio da Z-Transformation, que transforma a métrica do atributo num score entre 0% e 100%, expressando a performance relativa da marca em cada atributo face aos seus principais competidores.

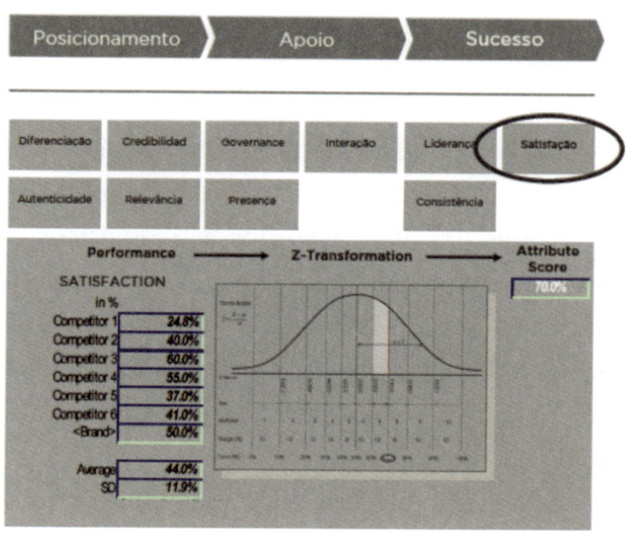

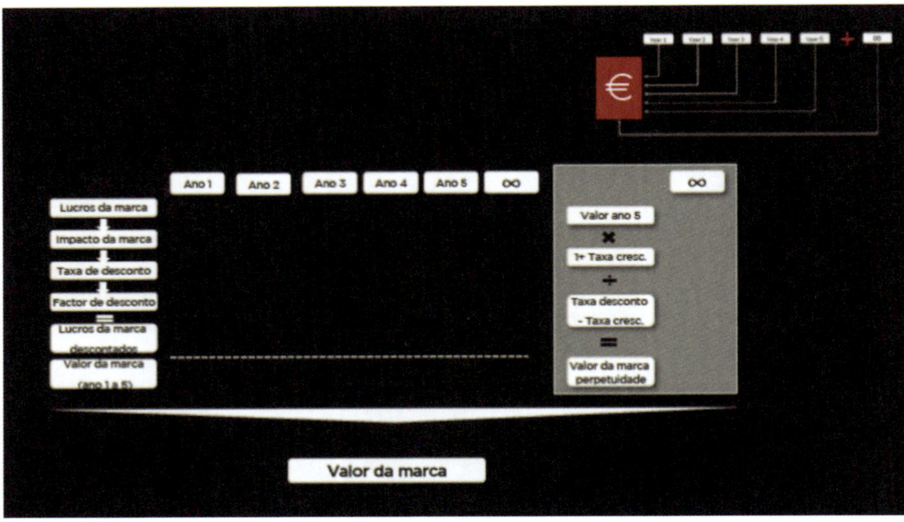

Uma outra consultora – a Interbrand – utiliza um método de avaliação, também baseado na projecção de *cash flows* descontados, seguindo basicamente os mesmos princípios, como se refere seguidamente.

Metodologia Interbrand

O cálculo do valor da marca pressupõe a resposta a algumas questões, como: projecção de lucros no médio prazo; qual a parte desse lucro que excede a remuneração dos activos físicos da empresa que gere a marca; qual a proporção do Valor Acrescentado Económico associado à marca; qual o risco associado à conta de exploração previsional.

A metodologia utilizada pela consultora Interbrand para o cálculo do valor da marca, assenta em 3 áreas: análise financeira, análise da procura e análise da marca.

A conjugação algébrica dos resultados obtidos nestas três áreas conduz ao valor final da marca.

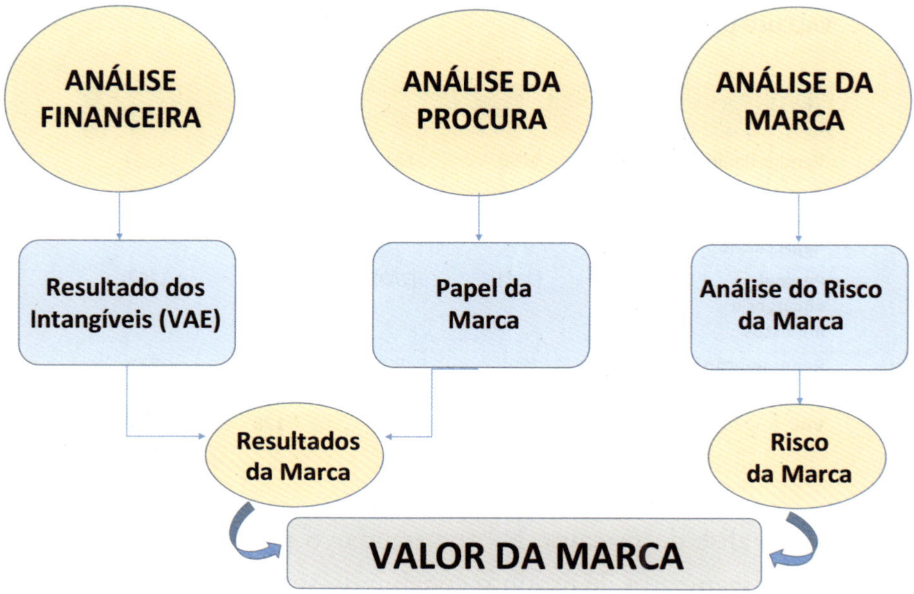

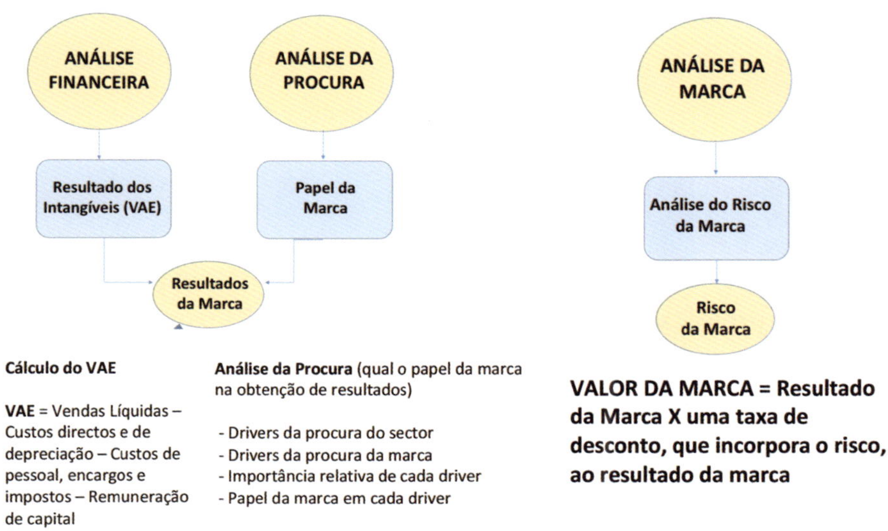

No âmbito da análise financeira da marca, através de uma conta de exploração previsional, são efectuadas projecções dos resultados para os 5 anos seguintes ao ano de cálculo, com o objectivo de determinar o EVA, *Economic Added Value*, o valor económico acrescentado.

CÁLCULO DO VAE

	Ano 1	Ano 2	Ano 3	Ano 4	Ano 5
Vendas líquidas	1100	1156	1213	1273	1337
Custos directos e de depreciação	(726)	(762)	(800)	(840)	(882)
Pessoal, encargos e impostos	(220)	(231)	(243)	(255)	(267)
Remuneração do Capital	(50)	(50)	(50)	(50)	(50)
VAE	**104**	**112**	**120**	**128**	**137**

Exemplo Interbrand

Para a análise da procura, há que estudar o peso que a marca tem nos diversos segmentos de produto concluindo-se, que o mesmo, assume um papel mais relevante em tipos de produtos como os perfumes ou os refrigerantes e inferior, no sector financeiro.

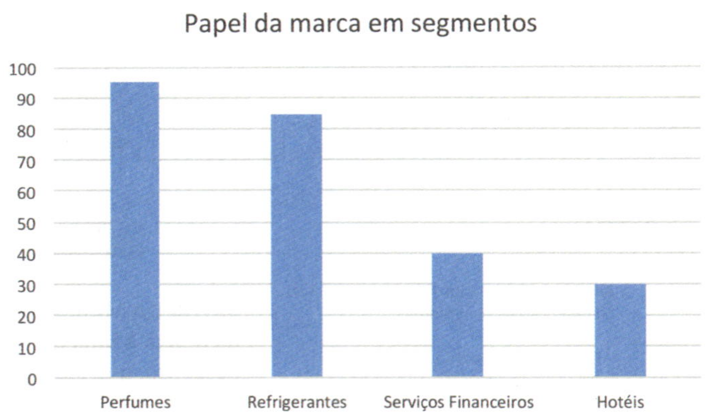

Seguidamente vai-se determinar quais são os principais *drivers* da procura, os factores mais relevantes que explicam a procura desse produto. Tomando como exemplo o caso dos produtos petrolíferos, o acesso é o factor mais importante, seguindo-se a qualidade percebida do produto e depois, o posto de abastecimento, o atendimento e as promoções.

Pretende-se, assim, concluir, quais destes factores os consumidores assumem como mais relevantes na sua escolha de um posto de abastecimento e do produto a abastecer.

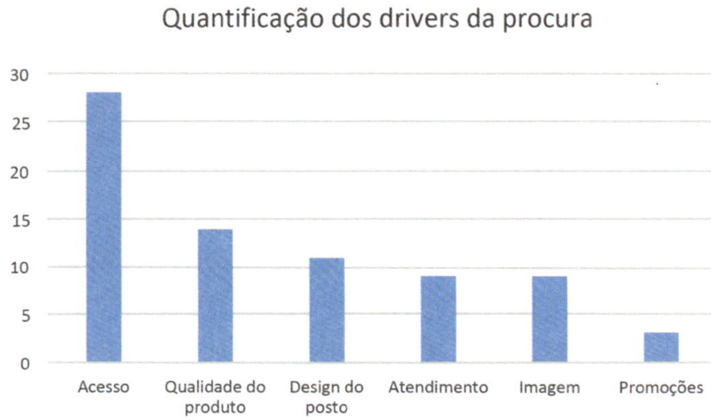

O passo seguinte é o de interligar as duas conclusões anteriores, isto é, conjugar os drivers com o papel da marca na procura, concluindo--se do peso da marca em cada um dos *drivers*. Conclui-se neste mesmo exemplo que o papel da marca é mais relevante na escolha do produto, pela percepção da qualidade do mesmo, a imagem da marca no posto de abastecimento e, igualmente, o melhor ou pior acesso.

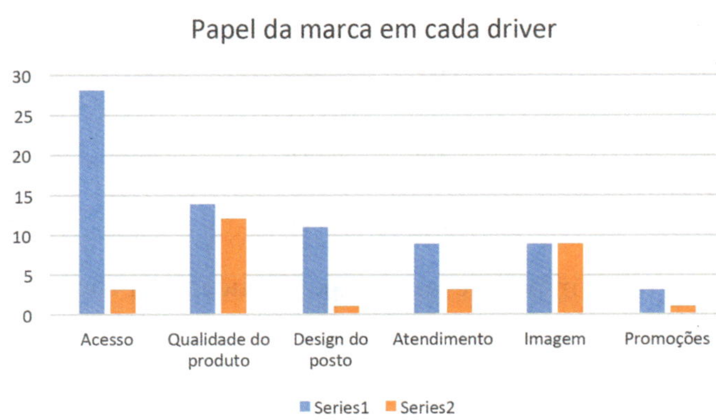

Pela conjugação dos dois factores mencionados, conclui-se no mesmo exemplo, que neste caso o índice médio do papel da marca é de 30%, isto é, em média 30% da escolha do combustível se deve à marca da gasolineira.

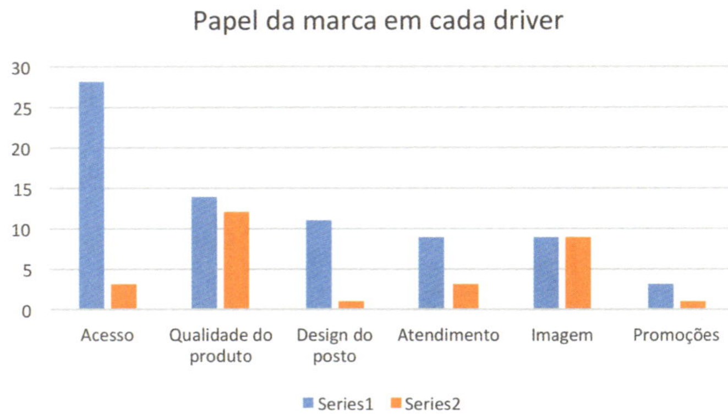

Índice do papel da marca 30%

Novo passo, o de multiplicar o EVA, calculado anteriormente, por este índice do papel da marca, em cada ano da projecção financeira.

O resultado da marca obtém-se pela multiplicação do VAE pelo índice de papel da marca

	Ano 1	Ano 2	Ano 3	Ano 4	Ano 5
Vendas líquidas	1100	1156	1213	1273	1337
Custos directos e de depreciação	(726)	(762)	(800)	(840)	(882)
Pessoal, encargos e impostos	(220)	(231)	(243)	(255)	(267)
Remuneração do Capital	(50)	(50)	(50)	(50)	(50)
VAE	**104**	**112**	**120**	**128**	**137**
Índice do papel da marca	30%	30%	30%	30%	30%
LUCROS DA MARCA	**41**	**44**	**47**	**50**	**54**

Contudo, a análise tem de incorporar factores de risco a que a marca poderá estar sujeita, nos anos da projecção.

A metodologia vai, pois, quantificar alguns desses factores, como o nível de estabilidade do mercado, o grau de fidelização dos clientes à marca, a eventual liderança de mercado, de entre outros.

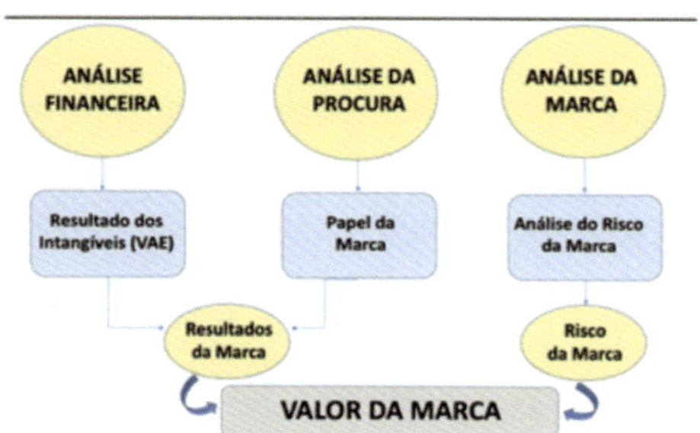

FACTORES DE RISCO DA MARCA

- Estabilidade do mercado
- Notoriedade
- Fidelização
- Estabilidade da procura
- Eventual protecção legal
- Liderança

O índice de risco obtido vai ser utilizado para a determinação da taxa de desconto a usar na actualização da projecção ao ano base. Essa taxa vai ser usada conjuntamente com uma taxa de referência do mercado financeiro.

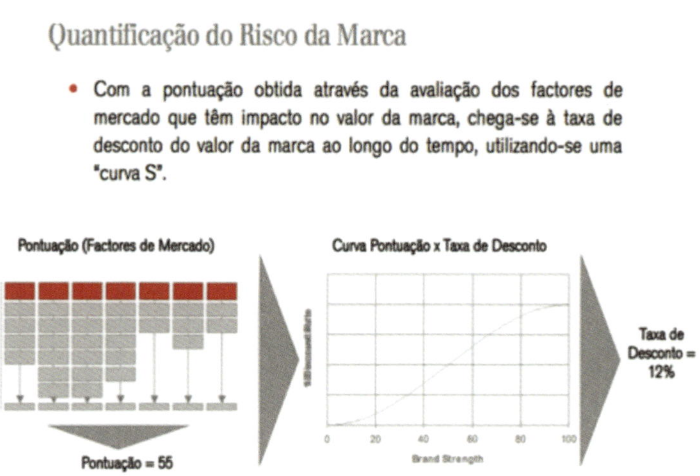

Finalmente, aplica-se a taxa de desconto à projecção de resultados-base efectuada, multiplicando-se o EVA, pelo índice do papel da marca, obtendo-se através da actualização dos resultados, o valor final da marca em análise.

O cálculo da Valor Final da Marca é o resultado da aplicação da taxa de desconto aos lucros da marca, que foram calculados multiplicando-se o VAE pelo índice de papel da marca

Risco da marca		55		Taxa de desconto	12%
Mercado		6			
Estabilidade		10			
Liderança		17			
Geografia		5			
Suporte		6			
Tendência		6			
Protecção legal		5		VALOR DA MARCA	360

Este tipo de metodologias de cálculo do valor das marcas, vai conjugar a análise financeira tradicional, que já se usava para o cálculo financeiro puro, nomeadamente para projecções financeiras do cálculo do valor de empresas, a um *apport* da análise de marketing e da procura, tornando os valores obtidos mais em consonância com o real valor da marca no mercado, através de uma análise mais cuidada do comportamento dos consumidores e da sua relação com as marcas a avaliar.

12.3. Principais rankings

Your brand is the single most important investment you can make in your business.

Steve Forbes

A Brand Finance, consultora internacional especializada na avaliação de marcas calcula que, a nível mundial, quase metade do valor de capitalização de mercado se deve ao valor dos activos intangíveis, como a marca.

A título de exemplo, o valor da Coca Cola deve-se claramente aos activos intangíveis, representando mais de 2/3 do total (125 de 136). De um total de capitalização bolsista de 136 bio USD (dados de 2002, mas que servem de mesmo modo, como exemplo), a contribuição da marca foi de 51%, de 71% no caso da Coca Cola e de 47% na Mercedes-Benz.

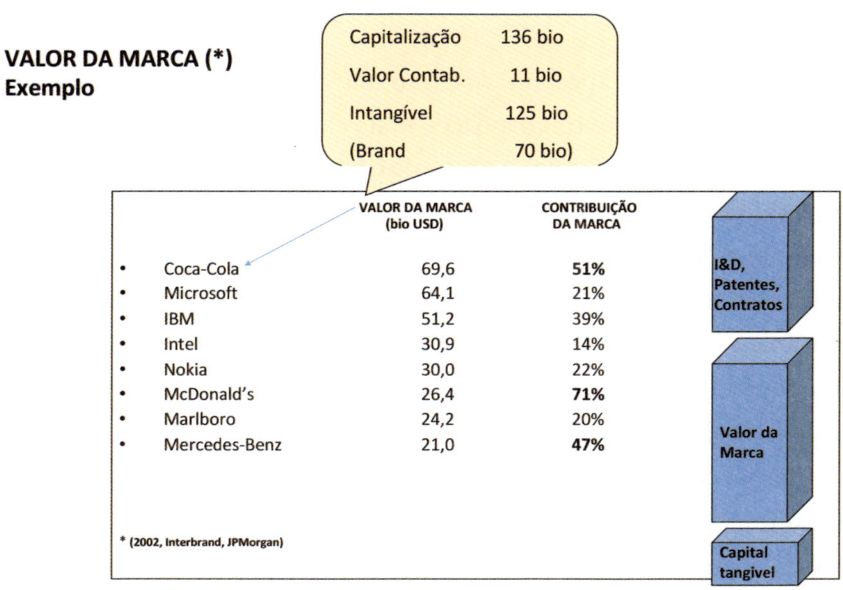

O valor de uma marca no mercado é, no limite, aquele que eventuais compradores possam querer pagar por ela. Desta forma, o seu valor não será o mesmo para todos os agentes económicos. Uma marca poderá ser estratégica para um dado grupo empresarial e, por isso, estar disposto a valorizá-la mais alto que o restante mercado.

Admitindo esta situação, poderia parecer desadequado estabelecer rankings de valor de marcas que, na prática, constituem unicamente valores de referência relativa estre elas, mas que não podem traduzir qualquer realidade transacional.

De qualquer forma, é interessante dispor dessas avaliações e rankings, que permitem situar as mais valiosas marcas entre si e acompanhar a sua evolução, ao longo do tempo.

Os rankings conhecidos são efectuados por um conjunto de grandes consultoras internacionais, mais especializadas neste campo. Assim, são anualmente divulgados diversos – nacionais, sectoriais e globais – salientando-se, como exemplo, os da Interbrand, Milward Brown e Brand Finance que, dispondo de metodologias próprias e diferenciadas, têm conduzido a resultados algo diferentes mas, cujo interesse se coloca mais na observação da posição relativa das mesmas e da sua evolução ao longo do tempo.

As marcas que se apresentam como mais valiosas, não são as que possuem um nível de activos corpóreos mais elevado, mas sim aquelas cujos activos incorpóreos são de maior valor, em particular no que se refere à contribuição do valor da marca para o valor final.

São as tecnológicas que têm vindo a assumir posições mais relevantes, face á sua actividade estratégica no crescimento e desenvolvimento económico e ao próprio valor da componente marca. Constituem disso exemplo, a Apple, Google, Amazon (que alternam no topo entre os diversos rankings), Microsoft, Samsung, Intel, ou Facebook, mas também outras como a Coca Cola, McDonald's (cujo activo/marca é muito relevante), para além das do sector automóvel, no qual se salientam a Toyota, Mercedes, BMW.

Interessante, também, o aparecimento nos últimos anos de diversas marcas chinesas nestes rankings.

Interbrand ranking 2018

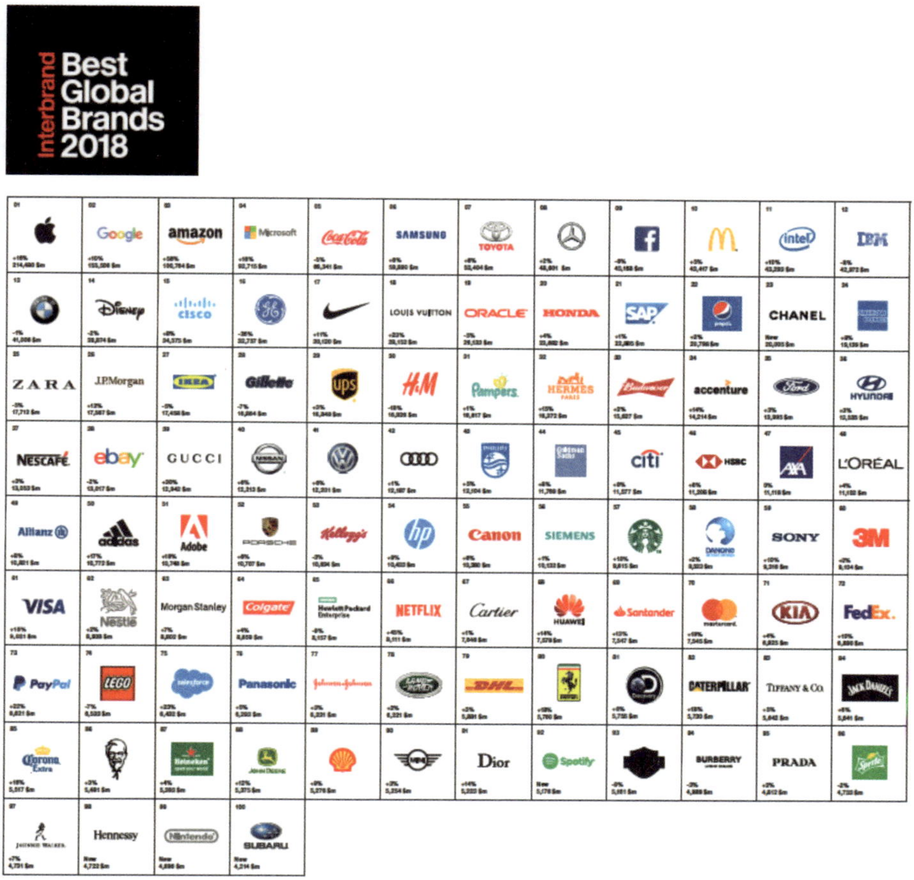

Interbrand 2018

No ranking desta consultora, registaram ultimamente crescimentos mais acentuados, a Amazon e a Netflix (o que denota já alguma alteração dos comportamentos de compra dos consumidores), dois sistemas de pagamento, Mastercard e PayPal, e duas marcas de luxo, a Gucci e a Louis Vuitton.

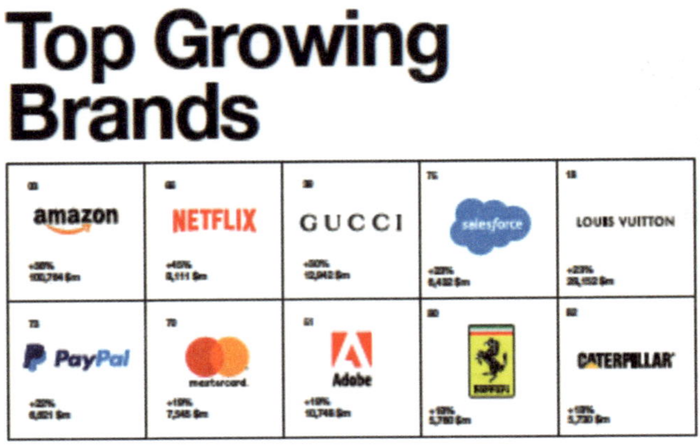

Interbrand 2018

Brand Finance ranking 2018

Rank 2018	Rank 2017	Logo	Name	Country	Brand Value (USD $ Millions) 2018	Brand Value (USD $ Millions) 2017
1	3		Amazon		150,811	106,396
2	2		Apple		146,311	107,141
3	1		Google		120,911	109,470
4	6		Samsung Group		92,289	66,218
5	9		Facebook		89,684	61,998
6	4		AT&T		82,422	87,016
7	5		Microsoft		81,163	76,265
8	7		Verizon		62,826	65,875
9	8		Walmart		61,480	62,211
10	10		ICBC		59,189	47,832
11	14		China Construction Bank		56,789	41,377
12	22		Alibaba		54,921	34,859
13	11		China Mobile		53,226	46,734
14	13		Wells Fargo		44,098	41,618
15	20		Mercedes-Benz		43,930	35,544
16	12		Toyota		43,701	46,255
17	16		BMW		41,790	39,335

Brand Finance 2018

Forbes Magazine ranking 2018

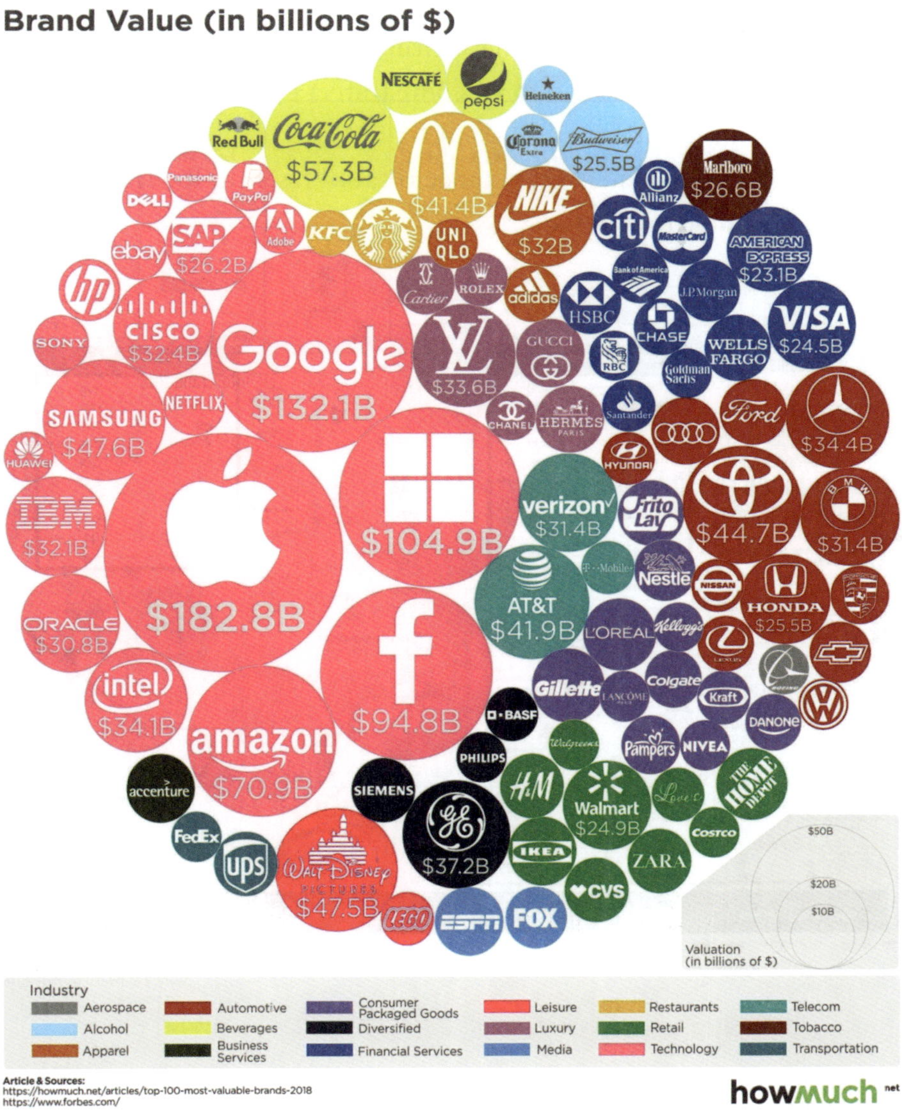

Brandz Kantar Milward Brown ranking 2018

A Consultora Milward Brown e o Grupo WPP desenvolveram a metodologia BrandZ, que mede a força comparativa das marcas e estabelece rankings anuais das mesmas.

As variáveis envolvidas neste modelo são: Presença, Relevância, Performance, Vantagem, Adesão.

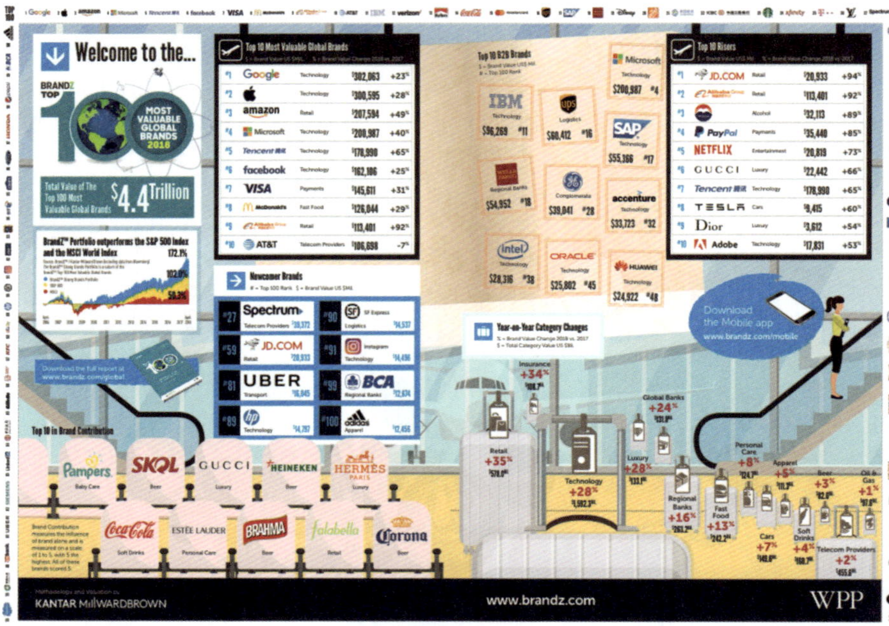

Brandz Milward Brown 2018

BrandZ™ Top 100 Most

	Brand	Category	Brand Value 2018 $Mil.	Brand Contribution	Brand Value % Change 2018 vs. 2017	Rank Change	Country of Origin
1	Google	Technology	302,063	4	+23%	0	
2		Technology	300,595	4	+28%	0	
3	amazon	Retail	207,594	4	+49%	1	
4	Microsoft	Technology	200,987	4	+40%	-1	
5	Tencent 腾讯	Technology	178,990	5	+65%	3	
6	facebook	Technology	162,106	4	+25%	-1	
7	VISA	Payments	145,611	5	+31%	0	
8	McDonald's	Fast Food	126,044	4	+29%	2	
9	Alibaba Group	Retail	113,401	3	+92%	5	
10	AT&T	Telecom Providers	106,698	3	-7%	-4	
11	IBM	Technology	96,269	4	-6%	-2	
12	verizon	Telecom Providers	84,897	3	-5%	-1	
13		Tobacco	81,914	3	-6%	-1	
14	Coca-Cola	Soft Drinks	79,964	5	+2%	-1	
15	mastercard	Payments	70,872	4	+42%	5	
16		Logistics	60,412	5	+4%	0	
17	SAP	Technology	55,366	3	+23%	4	
18		Regional Banks	54,952	3	-6%	-3	
19	Disney	Entertainment	53,833	5	+3%	-1	
20		Retail	47,229	3	+17%	4	
21	中国移动 China Mobile	Telecom Providers	46,349	4	-18%	-4	
22	ICBC 中国工商银行	Regional Banks	45,853	2	+45%	6	
23		Fast Food	44,503	4	+1%	-1	
24	xfinity	Telecom Providers	43,056	3	+3%	-1	
25	T · ·	Telecom Providers	41,499	3	+8%	0	

Source: BrandZ™ / Kantar Millward Brown (including data from Bloomberg)
Brand contribution measures the influence of brand alone on financial value, on a scale of 1 to 5, 5 highest

Brandz Milward Brown 2018

TOP 20 RISERS

Rank	Brand	Category	Brand Value 2018 $ Million	Brand Value 2017 $ Million	Brand Value % Change 2018 vs. 2017	Country of Origin
1	JD.COM	Retail	20,933	10,768	+94%	
2	Alibaba Group	Retail	113,401	59,127	+92%	
3		Alcohol	32,113	16,983	+89%	
4	PayPal	Payments	35,440	19,156	+85%	
5	NETFLIX	Entertainment	20,819	12,057	+73%	
6	GUCCI	Luxury	22,442	13,548	+66%	
7	Tencent 腾讯	Technology	178,990	108,292	+65%	
8	TESLA	Cars	9,415	5,876	+60%	
9	Dior	Luxury	3,612	2,352	+54%	
10	Adobe	Technology	17,831	11,649	+53%	
11	中国平安 PING AN	Insurance	26,141	17,260	+51%	
12	adidas	Apparel	12,456	8,296	+50%	
13	amazon	Retail	207,594	139,286	+49%	
14	Allianz	Insurance	9,424	6,356	+48%	
15	ICBC 中国工商银行	Regional Banks	45,853	31,570	+45%	
16	太平洋保险 CPIC	Insurance	6,134	4,247	+44%	
17	SHISEIDO	Personal Care	3,827	2,691	+42%	
18	Bank of America	Regional Banks	17,439	12,286	+42%	
19	mastercard	Payments	70,872	49,928	+42%	
20	LV	Luxury	41,138	29,242	+41%	

Source: BrandZ™ / Kantar Millward Brown (including data from Bloomberg)

Brandz Milward Brown 2018

Análise igualmente interessante é o da determinação da importância da componente de valor "marca" no valor final, como se pode observar no quadro abaixo.

TOP 15 IN BRAND CONTRIBUTION

Rank	Brand	Category	Brand Contribution Index	Brand Value 2018 $ Million	Brand Value 2017 $ Million	Brand Value % Change 2018 vs. 2017	Country of Origin
1	Pampers	Baby Care	5	20,183	22,312	-10%	
2	Coca-Cola	Soft Drinks	5	68,042	66,489	+2%	
3	SKOL	Beer	5	8,263	8,146	+1%	
4	ESTĒE LAUDER	Personal Care	5	5,436	4,215	+29%	
5	GUCCI	Luxury	5	22,442	13,548	+66%	
6	Brahma	Beer	5	4,478	4,385	+2%	
7	HEINEKEN	Beer	5	11,884	10,878	+9%	
8	falabella	Retail	5	5,373	NEW	NEW	
9	HERMÈS PARIS	Luxury	5	28,063	23,416	+20%	
10	Corona	Beer	5	8,292	8,119	+2%	
11	BURBERRY	Luxury	5	4,483	4,285	+5%	
12	[illegible]	Beer	5	10,928	9,949	+10%	
13	GUINNESS	Beer	5	4,144	4,080	+2%	
14	PayPal	Payments	5	35,440	19,156	+85%	
15	FedEx.	Logistics	5	22,218	19,441	+14%	

Source: BrandZ™ / Kantar Millward Brown (including data from Bloomberg)
Brand contribution measures the influence of brand alone on financial value, on a scale of 1 to 5, 5 highest

Brandz Milward Brown 2018

B2B

No referente às marcas B2B, o ranking é liderado pela Microsoft, seguida da IBM, UBS e SAP. Também aqui, 10 das maiores 20, pertencem ao sector da tecnologia, com 4 marcas da logística neste ranking.

TOP 20 B2B

Rank	Brand	Category	Brand Value 2018 $ Million	Brand Value 2017 $ Million	Brand Value % Change 2018 vs. 2017	Country of Origin
1	Microsoft	Technology	200,987	143,222	+40%	US
2	IBM	Technology	96,269	102,088	-6%	US
3	UPS	Logistics	60,412	58,275	+4%	US
4	SAP	Technology	55,366	45,194	+23%	Germany
5	Wells Fargo	Regional Banks	54,952	58,424	-6%	US
6	GE	Conglomerate	39,041	50,208	-22%	US
7	accenture	Technology	33,723	27,243	+24%	US
8	intel	Technology	28,316	21,919	+29%	US
9	ORACLE	Technology	25,802	21,359	+21%	US
10	HUAWEI	Technology	24,922	20,388	+22%	China
11	HSBC	Global Banks	23,633	20,536	+15%	UK
12	FedEx.	Logistics	22,218	19,441	+14%	US
13	cisco	Technology	21,331	16,725	+28%	US
14	citi	Global Banks	21,258	17,580	+21%	US
15	DHL	Logistics	20,568	15,844	+30%	Germany
16	Shell	Oil & Gas	20,264	18,346	+10%	UK
17	J.P.Morgan	Global Banks	18,251	14,129	+29%	US
18	ExxonMobil	Oil & Gas	18,222	18,727	-3%	US
19	Adobe	Technology	17,831	11,649	+53%	US
20	salesforce	Technology	17,026	12,234	+39%	US

Source: BrandZ™ / Kantar Millward Brown (including data from Bloomberg)

Brandz Milward Brown 2018

Marcas portuguesas mais valiosas

Um estudo de 2016, da Brand Finance, revelou que a marca portuguesa mais valiosa é a EDP, seguindo-se a Galp Energia; os grandes retalhistas Pingo Doce e Continente, encontram-se no Top 10, onde figuram também dois bancos, a CGD e o Millennium BCP.

Rank					Brand Value (USD $ Millions)	
2016	2015	Logo	Name	Country	2016	2015
1	1		EDP		2,335	3,146
2	2		Galp Energia		1,158	1,443
3	3		Pingo Doce		695	678
4	5		Caixa Geral de Depósitos		503	594
5	4		Millennium bcp		439	605
6	11		TAP Air Portugal		349	313
7	6		Continente		321	467
8	7		Nos		310	387
9	9		Meo		296	339
10	12		Altice Portugal		0	307
11	14		Jerónimo Martins			
12	16		Santander-Totta			
13	8		Cimpor			
14	10		Grupo Mota-Engil			
15	13		Grupo Portucel-Soporcel			
16	15		BPI Vida e Pensões			
17	18		Super Bock			

Brand Finance 2016

13

VENCER NA ERA DIGITAL

What sets Breakthrough Brands apart from other promising up-and-coming brands is their ability to leverage current technology, prepare for change, and balance innovation with core values.

Alex Lirtsman, Chief Strategist, Interbrand

13.1. O futuro da gestão das marcas

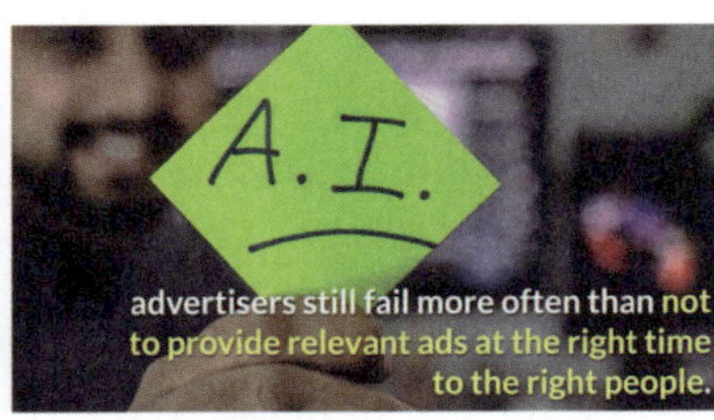

A internet e os media sociais vieram revolucionar e criar a disrupção na relação dos consumidores com as marcas.

As novas formas de relacionamento e interacção têm vindo crescentemente a substituir e ocupar o papel que os media tradicionais vinham ocupando durante décadas, isto não significará que estes irão desaparecer, mas que terão de se ajustar e criar, técnica e comercialmente, ao novo ambiente competitivo.

A valia destes novos meios traduz-se na oportunidade e actualidade, na capacidade de interacção ao momento, na relevância e na possibilidade de melhor adequação da mensagem ao receptor.

Os media "tradicionais" – o termo terá de ser corrigido, visto que mesmo os existentes se terão de revolucionar – a comunicação de massa poderá continuar a ter o seu papel, principalmente na criação da notoriedade de uma marca, pela sua capacidade de exposição a grandes audiências. Contudo, os novos media vieram trazer "mais verdade" à comunicação, pela intervenção de pessoas independentes que fazem circular mensagens desinteressadas sobre marcas, o que dificilmente acontece com quem as gere. Esta intervenção, veio gerar uma maior pressão sobre eventuais promessas falsas ou de difícil concretização na utilização de um produto de uma marca, face à possibilidade de emissão de opinião aberta e online de quem o possa ter já utilizado, ou tenha experiências anteriores com a marca.

As marcas deixarão de ter um papel tanto de "dizer o que fazem e o que provocam", face a pessoas que passaram a ter a capacidade de afirmar "o que verdadeiramente a marca é".

O novo grande desafio das marcas é o de tentarem "penetrar" nos espaços comunicacionais, nas comunidades onde os consumidores estão presentes e ter um papel activo e relevante face a essas comunidades.

Absolut Vodka and the Internet of Things. *Connected Cocktails*

A Absolut entra no mundo da Internet of Things, através da sua agência Sharp End. A Absolut vende mais de 100 milhões de garrafas anualmente e pretende utilizar esses recipientes para comunicar com os seus clientes constituindo, na realidade, um novo media.

Um exemplo disso é o Projecto Gutenberg, um conceito baseado na IoT. Ele compreende uma biblioteca de garrafas, com formato de livro, com uma garrafa da bebida colocada numa plataforma ligada a um PC. Esta plataforma disponibiliza serviços, como entrega ao domicílio, receitas de cocktails e ofertas personalizadas. A utilização é maximizada para os clientes habituais.

Heineken

Outro exemplo é o do Heineken, que usa a garrafa para avisar o consumidor quando está quase vazia, encomendando automaticamente outra.

Em bares e discotecas, acende uma luz cada vez que é movimentada ou com a música ambiente. A Amsterdam Heineken Experience, em Amsterdão, disponibilizou garrafas com GPS para orientar os turistas à visita a uma visita ao museu da cerveja.

Marcas do futuro

Étienne Mérineau, CMO da Heyday.ai, uma plataforma conversacional baseada em IA, para marketers e retalhistas, fala em "*liquid branding*, um novo paradigma da comunicação", em virtude da flexibilidade e necessidade introduzida na criação e gestão de marcas, por oposição ao processo de planeamento rígido e de controlo, anteriormente utilizado para o efeito.

Segundo Mérineau, as marcas têm de acentuar as suas características intangíveis mas, principalmente, o tom e a sua capacidade de conversação. "*Conversations not campaigns, will become the core pillars of brand building. AI-first brands will evolve to be more liquid, ever-evolving, self-adjusting personas that leverage context to become more relevant and likable*".

Neste novo mundo, quase que paradoxalmente face à evolução das TI e da IA, as marcas têm de actuar como pessoas reais e ser hiperpersonalizadas, das quais as pessoas se queiram "tornar amigas".

No limite, as marcas serão mais autónomas, autodesenvolvendo-se através de logaritmos autocriados, num processo de crescimento autónomo.

A assunção desta realidade e, caso as marcas, assumam esta "liquidez", serão certamente mais flexíveis, mais multifacetadas e talvez "mais imperfeitas", alterando a sua personalidade para se adaptarem às diferentes circunstâncias, através da análise em tempo real, das conversações com os clientes (*chat and listen*). Esta situação poderá ser compensada pela apresentação de uma maior autenticidade, instantaneidade e humanidade.

Uma outra consequência, para que isso aconteça, será todo o processo de criação de marca que, em alternativa, não será não poderá ser, tão planeado e pré-definido.

A sociedade digital, uma nova oportunidade para as marcas

A era digital veio/vai criar novas oportunidades para as marcas vencerem:

— novas e mais eficazes formas foram criadas para facilitar o acesso aos consumidores e clientes, quer em termos de comunicação, quer em termos de acesso aos produtos.
— a possibilidade de melhor interagir com os clientes, envolvendo-os no ecossistema da marca, intensificando as relações e aumentando as taxas de conversão e de recomendação.
— criando narrativas, histórias e experiências únicas, pela possibilidade de conhecimento aprofundado dos clientes e pela oferta de produtos devidamente ajustados aos gostos dos mesmos.

A Revolução futuro no Marketing Digital: Blockchain

A arquitectura Blockchain consiste num registo descentralizado – porque a tecnologia existe nos computadores dos seus utilizadores e não num servidor central – encriptado, de dados e de soluções que permite transacções electrónicas de dados, como dados pessoais, contratos, bases de dados clínicas, de entre outras, incapazes de serem corrompidas ou modificadas.

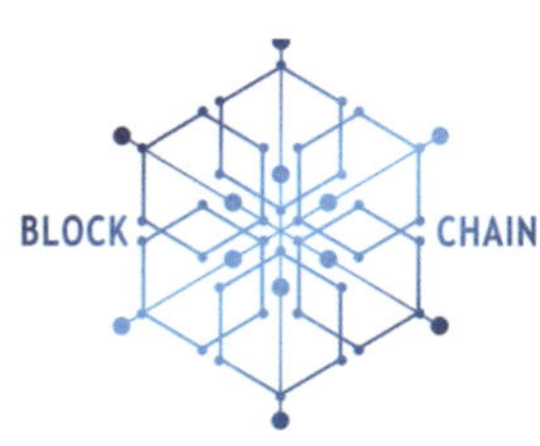

Não se especificando os detalhes da solução técnica, devido a não ser do âmbito deste livro refira-se, contudo, que a base de funcionamento da tecnologia é a seguinte: todas as transacções, dados, etc, surgem por ordem cronológica e cada registo designa-se por "bloco". Na sua essência, a tecnologia Blockchain, disponibiliza informação criada e partilhada, numa perspectiva *peer-to-peer*, na qual os utilizadores assumem a responsabilidade de manter os registos actualizados, sem a necessidade de qualquer autoridade central que mantenha o registo dos dados.

Vulgarmente, tem-se confundido Blockchain com Bitcoin, o que é um erro, sendo esta criptomoeda sido concebida sobre a plataforma segura Blockchain.

As soluções Blockchain podem acrescentar valor às marcas, devido à sua transparência e autenticidade, valores importantes na percepção de uma marca, para os consumidores.

As marcas sabem que os Millennials são socialmente conscientes e querem produtos que sejam consequência de práticas social, ética e ambientalmente sustentáveis, mas desejam ter a garantia e, se possível, a verificação da veracidade do que as marcas comunicam.

O Blockchain cria, assim, uma oportunidade para as marcas terem um *track record* transparente e verificável, por exemplo, no que se refere às origens das matérias-primas e outros componentes de fabrico, mais do que as habituais etiquetas usadas.

A nova solução permite, ainda, eficiências organizativas e operacionais, como um maior ajustamento entre a procura e a produção, como de inventário e na cadeia de fornecimento, em virtude da interconexão existente entre todos os participantes na cadeia da procura e da oferta.

O Blockchain pode ser utilizado em conjugação com a *geofence data* nos domínios da privacidade da recolha de dados que possam ser utilizados automaticamente em campanhas de *geofencing*, após decisões de *opt in*, por parte dos clientes.

Também para a verificação de eventuais fraudes produzidas por *bots* no domínio dos *clicks*, o Blockchain pode ser utlizado, para a detecção da veracidade dessa situação ter sido efectuada por humanos ou não.

Já existem no mercado diversas soluções e plataformas que se baseiam em tecnologia Blockchain, permitindo transparência e autenticidade nos circuitos de recolha, armazenamento e tratamento de dados pessoais.

Esta nova oportunidade já está a ser implementada por várias empresas, como o Banco Santander, a Kodak, ou a nova criptomoeda digital Bitcoin.

Atendendo ao reforço de confiança que a tecnologia Blockchain permite, começa a ser falado entre os marketers da possibilidade de rebranding de marcas que utilizem esta plataforma nas suas soluções tecnológicas, como factor extra de garantia de autenticidade e confiança para essas marcas.

Algumas plataformas têm já surgido no mercado, assentes em tecnologia Blockchain, como o exemplo do Wibson, um *Marketplace* descentralizado, onde utilizadores podem vender os seus dados pessoais a anunciantes, sem a quebra da sua privacidade e sem a intervenção de intermediários. Acresce, que este procedimento dá corpo ao verdadeiro marketing de permissão, e à ética de utilização de dados, devido à iniciativa voluntária de quem cede os mesmos, num ambiente de privacidade e ainda evitar a fraude, devido à tecnologia ser descentralizada, não permitindo ataque directo de hackers.

A tecnologia Blockchain é verdadeiramente disruptiva no que se refere ao mercado da publicidade, podendo vir a alterar o processo de compra de media – impactando negativamente a Google – os marketers e publicitários poderão actuar directamente junto dos consumidores, adquirindo os dados que necessitem para as suas campanhas, capturando os comportamentos dos consumidores.

A relevância desta nova tecnologia traduz-se nos projectos que algumas grandes empresas já estão envolvidas, como a Microsoft (oferece armazenamento dobre esta plataforma a bancos, serviços de saúde e está a desenvolver um sistema descentralizado de identificação); a Amazon; IBM; Reebok (substituição da prova de autenticidade impressa, por um chip ligado a uma aplicação Blockchain, impossibilitando a sua cópia fraudulenta); Walmart (aplicação da tecnologia à gestão de stocks).

TECNOLOGIA BLOCKCHAIN

Em suma, a tecnologia Blockchain vai gerar uma verdadeira revolução na forma como as marcas interagem com os consumidores, permitindo:

- Desenvolver esquemas de prevenção de fraude identitária, identificando claramente os utilizadores
- Ajustar os sistemas aos mecanismos regulatórios, como o SGPD, indo permitir no futuro, aquando da sua maior utilização, um reforço da confiança nas marcas, por parte dos consumidores, no que se refere ao tratamento dos seus dados pessoais
- Uma maior veracidade e segurança de utilização dos mesmos, por parte das marcas
- Verdadeira personalização *one-to-one* de dados
- A eliminação de intermediários, no processo de acesso a dados e de compra de media
- Maior poder ao consumidor, porque pode ceder os seus dados pessoais, quais, quando e a quem quiser
- Só aceder aos dados de quem os fornece, por quem tenha permissão para isso
- Fazer o *rebranding* da marca, assumindo-se como mais inovadora e utilizadora da nova tecnologia
- Reduzir custos operacionais às empresas (segundo a Accenture, os bancos de investimento que optarem por esta tecnologia, poderão reduzir os seus custos operativos em cerca de 30%)
- A sua aplicação a sistemas de fidelização de marcas, permitindo até o intercâmbio financeiro de benefícios entre marcas parceiras
- Em plataformas de ecommerce, nomeadamente na música, para garantir os direitos de autor
- Licenciamento de conteúdos, com especial relevância para influenciadores na utilização de fotos, vídeos, músicas, na verificação da sua utilização nos termos devidos
- Muitas outras aplicações, como as votações eleitorais e outras ainda não imaginadas

A Inteligência Artificial

A Inteligência Artificial vai penetrar em todas as áreas. O marketing continuará a sofrer um processo de automatização, o que irá alterar o marketing-mix. Como referido, a IA vai igualmente transformar o comportamento dos consumidores.

A IA já está na base de muitas aplicações disponíveis no mercado, muitas vezes sem os consumidores se aperceberem disso:

— *Chatbots* (Disney Chatbot)
— *Assistentes* de vendas virtuais (Conversica)
— *Real-time sentiment analysis* (IBM's Watson)
— Mecanismos de recomendação (Amazon, Netflix)
— Comércio cognitivo (Sentiment)
— Conteúdo cognitivo (Persado)
— Optimização em tempo real do mix de media
— Planeamento e Compras

Segundo Gerry Murray, analista principal da consultora IDC, novas equipas vão ser necessárias, "*new cognitive markets teams*":

— Cientistas de dados (para a modelização de dados)
— *Data-driven marketers* (definição dos objectivos de negócio)
— Analistas de negócio (gestores de projectos)
— Tecnólogos de marketing (gestão de infraestruturas; integração de sistemas; ligação às TI)

A Computação Quântica

A tecnologia em desenvolvimento, da computação quântica (já iniciada em 1980), como o Projecto IBM Q Network(*), vai permitir um aumento exponencial do poder computacional (volume e velocidade de tratamento de dados) que, conjugada com a *machine learning*, gera o tratamento mais rápido e mais qualitativo, no reconhecimento de padrões comportamentais dos consumidores.

Esta maior capacidade, segurança, qualidade de tratamento e rapidez, vão provocar um impacto considerável – talvez ainda não totalmente inaginado – na gestãi relacional das marcas.

Outras empresas têm, igualmente, vindo a desenvolver projectos nesta área como, de entre outras, a Microsoft, Google Research (Google+NASA), Intel, HP, Alibaba Lab.

EM SUMA:

Consumers are sick of bullshit. And brands will have to adjust.

Suzanne LaBarre, Fast Company

A gestão futura das marcas será pautada por:

— Maior flexibilidade e adaptabilidade, perante mercados e consumidores, que alteram processos, interesses e gostos.
— Mensuração mais eficaz e em tempo real.
— A vivência experiencial dos consumidores vai desempenhar o papel mais importante no processo de relacionamento e decisão.
— O consumidor vai ser o verdadeiro "dono da Marca". A marca será o que o consumidor quiser que seja.

(*) O consórcio português QuantaLab, liderado pela Universidade do Minho, com mais três entidades, juntou-se a esta, a maior rede internacional de computação quântica.

— A actividade de *brand management* terá de ser totalmente integrada na empresa que a gere, sendo comandada ao mais alto nível da hierarquia.
— A tecnologia vai integrar e mesmo determinar a gestão da marca.
— A marca continuará a acentuar-se como o mais valioso activo da empresa.
— A marca deixará completamente a comunicação unilateral e passará a ser meramente relacional.
— As marcas serão mais verdadeiras e éticas.
— As experiências com a Realidade Virtual vão dominar o mundo da comunicação das marcas.
— A marca vai assumindo e, continuará cada vez mais, um papel político na promoção e defesa de causas, na medida em que as associações que faça sejam relevantes para os consumidores e cidadãos. (Na sequência da decisão de Trump em banir cidadãos de alguns países muçulmanos, a Starbucks pretende contratar 10 000 refugiados; a Airbnb, ofereceu alojamento gratuito a refugiados; a Budweiser, ressaltou as suas origens da imigração em anúncio da Super Bowl.)

13.2. Maximizar o sucesso de uma marca em 10 vectores (Modelo IEC)

Um dos objectivos deste livro, é o de sistematizar os factores mais relevantes para o sucesso de uma marca, os quais foram sendo referidos nos diversos capítulos. Os mesmos encontram-se condensados, no que designei por modelo IEC, Identidade-Estratégia-Comportamento, no qual 10 vectores são elencados como imprescindíveis para esse objectivo.

Naturalmente que: uma forte Identidade e Proposta de Valor fortes; uma Estratégia bem definida e uma organização estabelecida com base naquela identidade e valores; um Comportamento relacional, atento e interactivo, é fulcral para o sucesso da marca.

Só uma marca forte e relevante, flexível, ágil e desafiadora, conseguirá atingir os objectivos a que se propõe, desejavelmente como fonte de valor para os seus clientes, para os accionistas e restantes *stakeholders*. Uma marca responsável, transparente, com uma personalidade forte, que não engane os consumidores. Uma marca que, sendo o sonho de alguém, tenha um efeito de expansão da economia e da sociedade.

IDENTIDADE

1. (I) Uma forte UVP, *Unique Value Proposition* e um Propósito.
2. (I) Flexibilidade e Relevância.
3. (I) Consistência, Consistência, Consistência.

ESTRATÉGIA

4. (E) A marca como modelo de negócio e base do pensamento estratégico.
5. (E) Estratégia de liderança, *out-of-the-box* e disruptiva.
6. (E) Envolver fortemente os colaboradores.
7. (E) Auditoria contínua.

COMPORTAMENTO

8. (C) Ampla exposição comunicacional.
9. (C) Conteúdos e experiências memoráveis.
10. (C) Fomentar apóstolos e cultivar comunidades da marca.

1. **(I) Uma forte UVP, *Unique Value Proposition*, autêntica e aspiracional e um Propósito.**
O consumidor avalia um produto e uma marca, não só em função dos benefícios funcionais que um produto dessa marca aporte, mas em função dos benefícios emocionais que possa obter, maximizados por representações aspiracionais que a marca lhe traga.
Uma forte proposta de valor, avaliada como diferenciada e única, constitui o activo mais importante, tendo na base uma hipótese de maior sucesso.
É fundamental a adopção de causas sociais e humanitárias (um propósito) por parte das marcas, perante a crescente valorização dos cidadãos quanto a estas associações.
Ainda mais do que uma óptima qualidade e funcionalidade, as marcas melhor sucedidas, são aquelas que conseguem gerar uma maior percepção de valor, de escolha certa, relevância e satisfação na utilização dos seus produtos.
2. **(I) Flexibilidade e relevância.**
Perante um mercado que evolui com uma elevada velocidade, a marca tem de ser suficientemente flexível, para se poder adaptar a essas alterações, comportamentais dos clientes, tecnológicas, da concorrência, de forma a manter a sua relevância perante os mesmos.
A manutenção da relevância, isto é, a adequação das suas características às necessidades e interesses dos clientes, perante os seguidores da marca é essencial, de forma a que se mantenha a relação e o desejo e continuidade da compra.
3. **(I) Consistência, consistência, consistência.**
Uma marca tem de revelar consistência, ao longo do tempo. Constituindo a marca, uma dada promessa perante o mercado, é indispensável que revele coerência com essa promessa e seja consistente, na sua prática e relação, de forma a não criar situações de insatisfação, estranheza ou desconforto, perante um conjunto de princípios assumidos, divulgados e que, eventualmente, possam não vir a ser cumpridos.

Marcas há que têm mantido, ao longo dos anos, uma elevada consistência na elaboração dos seus produtos, na comunicação com os seus alvos, nas associações que estabelece, de forma a que a relação de confiança seja honrada e mantida, perante os seus clientes e o mercado, em geral, como por exemplo, a BMW ou a Absolut.

4. (E) **A marca como modelo de negócio e base do pensamento estratégico.**
A marca, a sua identidade, personalidade, princípios e valores, tem de constituir a base da formulação da estratégia de negócio e da própria organização empresarial. Só uma empresa centrada no cliente, nos valores da marca e organizada de forma a materializar coerentemente a proposta de valor ao cliente, tem condições para alcançar o sucesso.

A marca não pode ser uma função acessória ou departamental do negócio, só assegurada por um departamento. Ela tem de constituir a base do pensamento estratégico, de todas as decisões estratégicas e das práticas, do negócio.

5. (E) **Estratégia de liderança, *out-of-the-box* e disruptiva.**
No sentido da diferenciação e da maior eficácia, o "pensar fora da caixa" conduz, normalmente, à criação de soluções mais inovadoras e disruptivas face ao estabelecido.

As grandes inovações de produto e de marca, das últimas décadas, têm sido consequência do repensar de cima a baixo e fora dos trâmites geralmente aceites e praticados, gerando soluções que põem em causa os modelos tradicionais de negócio, gerando maior atracção dos consumidores e maiores resultados potenciais. Citem-se os conhecidos exemplos da UBER, Netflix, AirBnB, Facebook, Apple, de entre muitos outros.

Também as marcas actualmente melhor sucedidas, não são as que tradicionalmente acumulavam activos corpóreos elevados, mas as que criam valor, através da criação de uma marca forte implementada com base em soluções tecnológicas inovadoras. Também neste domínio, os casos anteriores servem de exemplo.

6. (E) **Envolver fortemente os colaboradores.**
Muitas empresas centram-se nos clientes e na concorrência, esquecendo que parte importante da sua proposta de valor se baseia no desempenho e relação dos seus colaboradores com os clientes. É fundamental que os colaboradores se sintam envolvidos com os valores da marca e compreendam que são parte relevante no processo. Desta forma, é indispensável uma forte formação dos mesmos, face ao que a marca é e quer representar para os clientes, de forma a que esses colaboradores contribuam positivamente para a afirmação e desenvolvimento da marca no mercado.
7. (E) **Auditoria contínua.**
Perante o mercado em constante mudança e o comportamento dos consumidores, é necessário acompanhar e medir o desempenho da marca, a sua focagem e imagem.
A auditoria à marca não pode ser, unicamente, feita como o era anteriormente através de inquéritos e estudos normalmente anuais. Ela tem de ser feita permanentemente, através do acompanhamento das reacções dos consumidores, as suas opiniões, queixas, sugestões, expressas nas redes sociais.
Não pode ser mais possível deixar uma pergunta sem resposta, uma reclamação sem solução, uma sugestão ignorada. Os meios digitais permitem ter para as marcas, uma fonte de informação e de valor que deve/tem de ser aproveitada, sob pena de se perderem clientes, não conquistar novos e comprometer-se o resultado das empresas que as gerem.
Inquéritos regulares, estudos de mercado, análise de reclamações e sugestões, acompanhamento dos *posts* dos clientes, constituem instrumentos de excelência para a melhoria da prestação, avaliação da qualidade percebida e da notoriedade e, globalmente, para a auditoria comportamental das marcas.
8. (C) **Ampla exposição comunicacional.**
Perante a proliferação e dispersão de meios de comunicação existente, on e offline, a eficácia da comunicação vai-se tornando mais

difícil. No entanto, os novos canais digitais e as redes sociais permitem atingir mais directa e proximamente alguns grupos de cidadãos-alvo das diferentes marcas.

A marca deverá utilizar todos os canais ao seu dispor, que se revelem relevantes para atingir o seu alvo de forma dinâmica, os media tradicionais, os media sociais, assim como instrumentos de maximização da sua presença e visibilidade.

A comunicação tem, assim, de ser cada vez mais ampla, bilateral, interactiva, criteriosa e devidamente segmentada, acompanhando, em tempo real, as jornadas dos clientes, de forma a assegurar que a mensagem pretendida atinja os receptores que se pretendam atingir.

9. **(C) Conteúdos e experiências memoráveis, com forte conexão emocional.**

Num ambiente de forte concorrência, de sobre oferta, de vida cada vez mais preenchida e de stress, os consumidores procuram obter alguns factores extra, em actividades de compra que são obrigadas a fazer.

A criação de experiências positivas no actos de relação e de compra, podem constituir um factor suplementar de atracção, memorização e desejo de repetição na relação com uma marca.

Quanto mais memorável for a experiência de um consumidor com uma marca, maior será a probabilidade de querer repetir, a visita a uma loja, ou acto de compra.

Sabendo-se também que o factor emocional é o mais forte na memorização, na decisão e na satisfação de compra, a marca deve tentar criar uma forte experiência emocional positiva no acto de compra, de forma a motivar o cliente à repetição de compra e à preferência da marca.

Tanto assim é, que estando provado que mais de três quartos das decisões dos consumidores têm base emocional, é fundamental criar essas conexões emocionais positivas para garantir o sucesso futuro.

10. **(C) Fomentar apóstolos e campeões da marca.**

Sendo que as pessoas em geral têm tendência para dar maior relevo e credibilidade perante as opiniões gerais dos utilizadores e daqueles que se relacionam com a marca, em detrimento das mensagens institucionais da mesma, torna-se relevante incentivar a criação de seguidores e mesmo, se possível, apóstolos da marca que possam transportá-la para um ambiente de credibilidade desejado.

Um apóstolo da marca tende a defendê-la e a promovê-la, como de sua se tratasse, criando um ambiente favorável à aceitação e venda dos seus produtos, provocando movimentos de *pull*, de entusiastas, que assumem um comportamento sempre expectante e positivo face às novidades que possam surgir dessa marca.

Estes apóstolos constituem, assim, os principais defensores da marca, sem esforço para ela e praticamente sem custos de divulgação, assumindo ainda uma mais elevada eficácia.

As comunidades da marca, incentivos por ela ou mesmo auto-formadas constituem, no ambiente actual, um dos factores de maior relevância para o sucesso de uma marca.

As Marcas estão para ficar

Fotos: Carlos M.Oliveira

Muitos consumidores têm declarado que poderiam prescindir de grande parte das marcas. Sabendo-se, no entanto, que significando, mesmo para estes, um conjunto de códigos e de informações, dificilmente poderiam viver sem elas nos tempos actuais.

As marcas estão de tal modo integradas na sociedade, na forma e nos estilos de vida que, a sua não existência, tornaria o processo de escolha para o cidadão, dos bens a adquirir, extremamente mais difícil.

O Homem é um ser racional/emotivo. Numa perspectiva, "unicamente racional" – o que só é possível à luz das "teorias microeconómicas das escolhas racionais" – o consumidor poderia fazer escolhas unicamente com base nos benefícios funcionais dos produtos. Mas o cidadão é um ser emotivo/racional, logo valoriza, mesmo que não tenha disso consciência, igualmente os benefícios e as experiências emocionais a que é sujeito.

As empresas querem-nas...

... e os consumidores também!

BIBLIOGRAFIA

Aaker, David. *Building strong brands*, The Free Press, Nova Iorque, 1996.

Aaker, David. *Relevância de marca*, Ed. Bookman, Porto Alegre, 2011.

Abtan, Olivier; Banton, Christine; Bonelli, Federico; Piannon, Nicola; Tsusaka, Miki. *Digital or die: the choice for luxury brands*, BCG, Set 2016.

Atkin, Douglas. *O culto das marcas*, Ed. Tinta da China, Lisboa, 2008.

Brito, Carlos Melo e Lencastre, Paulo *et al. Novos horizontes do marketing*, Ed. D. Quixote, Lisboa, 2014.

Celeste, Pedro e Moniz, Luis Bettencourt. *52 Métricas de marketing e vendas*, Ed. SA-Sabedoria Alternativa Produções, Lisboa, 2015.

Christensen, Clayton. *The innovator's dilemna*, 1997.

Coelho, Carlos e Rocha, Paulo. *Brand Taboos*, Ed. Booknomics, Lisboa, 2007.

Colon, Geoffrey. *Disruptive marketing*, American Management Association, Nova Iorque, 2016.

De Chernatony, Leslie. *Towards the Holy Grail of defining brand*, Ed. Marketing Theory, 2009.

de Oliveira, Carlos Manuel. *O marketing em Portugal: dos anos 60 ao futuro*, Ed.Prime Books, Lisboa, 2017.

Dru, Jean-Marie. *Beyond disruption*, Ed. John Wiley & Sons, Nova Iorque, 2002.

Haig, Matt. *Brand royalty*, Ed. Kogan Page, Filadélfia, 2006.

Harvard Business Review. *Measuring Marketing Insights*, Insight Center Collection, HBR, 2016.

Hill, Dan. *Emotionomics*, Ed. Kogan Page, Filadélfia, 2009.

Inova Consulting. *What's next? Trend map 2020-2030*, São Paulo, 2018.

Kapferer, Jean-Noel. *The new strategic brand management*, Kogan Page, Reino Unido, 2008.

Keller, Kevin Lane. *Strategic brand management*, Prentice-Hall, New Jersey, 2003.

Kotler, Philip e Keller, Kevin. *Marketing Management*, Pearson, Prentice Hall, New Jersey, 2006.

Kotler, Philip. *Kotler on marketing*, Ed. The Free Press, Nova Iorque, 1999.

Kerner, Noah e Pressman, Gene. *Marcas Cool*, Ed. Lua de Papel, Lisboa, 2008.

Kotler, Philip *et al. Marketing 4.0*, Ed. Wiley, New Jersey, 2017.

Kumar, Nirmalya. *Private label strategy*, Harvard Business School Press, Boston, 2007.

Lencastre, Paulo *et al. O livro da marca*, Ed. D. Quixote, Lisboa, 2007.

Lindstrom, Martin. *Brand sense*, Free Press, Nova Iorque, 2005.

Lindstrom, Martin. *Brandwashed*, Ed. Gestão Plus, Lisboa, 2011.

Olins, Wally. *A marca*, Ed. Verbo, Lisboa, 2003.

Rambourg, Erwan. *The Bling Dynasty: Why the Reign of Chinese Luxury Shoppers Has Only Just Begun*, Wiley, 2014.

Ries, Al e Trout, Jack. *Positioning*, McGraw-Hill, Nova Iorque, 1986.

Roberts, Kevin. *Lovemarks*, Ed. Saatchi & Saatchi, M.Books do Brasil, 2005.

Rowles, Daniel. *Digital Branding*, Ed. Kogan Page, Londres, 2018.

Salinas, Gabriela. *Valoración de marcas*, Ed. Deusto, Barcelona, 2007.

Sampson, Stephen. *Leaders without titles*, 2011.

Tavares, Victor. *Gestão de Marcas*, Escolar Editora, Lisboa, 2016.

Tongeren, Michel Van. *Retail branding*, BLS Publishers, Amsterdão, 2003.

Zaltman, Gerald. *How customers think*, Harvard Business School Press, Boston, 2003.

Zeferino, André. *Digital Marketing Analytics*, Ed. Sabedoria Alternativa Produções, Lisboa, 2016.

Várias revistas e websites, como Business Insider, Fast Company, Harvard Business Revue, Digital Warriors, MIT Sloan Management Review, BCG Reports, Block Geekes Community, Campaign, Ad Age, Marketeer, Meios & Publicidade, Imagens de Marca, Forbes Magazine.